グローバル化と言語政策

サスティナブルな共生社会・言語教育の
構築に向けて

宮崎里司＋杉野俊子 ［編著］
MIYAZAKI Satoshi　　SUGINO Toshiko

明石書店

はじめに
移民受入れ国としてのサスティナブルな言語政策転換

　2017 年現在、日本は、他の OECD 諸国と比べ、移民・難民受入れ国としての国際貢献度はかなり低い。しかしながら、これまで、移民や難民の国際移動転換に寄与していない日本も、国際人口移動の歴史的推移を見ると、戦前は、高い人口増加率を背景に、1896 年の台湾併合、1910 年の日韓併合、そして、1932 年の満州国の建国などを経て、日本人の移民送出し国として知られていた。その後、終戦により、植民地が喪失し、引き揚げや旧植民地出身者が帰国し、一時的に受入れ超過となったものの、80 年代に至るまで、国際的な人口移動は、概ね低調であった。その後、1980 年代の外国人労働者の増加に伴い、1989 年に外国人の在留資格制度と入国審査手続の簡便・迅速化、外国人の不法就労取り締まり強化を目的とした、出入国管理及び難民認定法の改正が行われたのに伴い、国際移動転換に大きくシフトした。その結果、中国籍人口がそうした転換をリードし、送出し国が多様化し始め、同時に、家族的紐帯から人的資本による選別へシフトした。具体的には、家族滞在や永住者の配偶者の他に、専門的職業従事者、興行、技能、企業内転勤、投資経営、非正規滞在、留学、研修・技能実習、日系人などといった多様な在留資格の外国籍人口、帰化人口、およびいずれかに由来する人口が増加し、かつ、就労を目的とした一時的滞在から、永住に切り替えるケースも増えていった。

　日本は、2011 年より、人口減少過程に入っており、このままの減少傾向が続いた場合、2065 年の総人口は 8800 万人余りになると予測されている。こうした外国に由来する総人口比は、2015 年現在、2.6%（約 332 万人）にすぎないが、2040 年には、6.5%（約 726 万人）、2065 年には、12.0%（約 1075 万人）に達し、特に、若年層の割合と、エスニックな多様性が増してくると予想されている。なお、日本における 2065 年の予想数値と比べ、主要先進国は、それをはるかに上回っている。日本がこれらの国々同様、安定的な人口を維持するためには、外国人のエスニック・ダイバーシティの増加に対し、移民受入れに関して、早急に、ソフト・ハード両面でのインフラ整備を模索しなければならない。

これが、サスティナブルな移民社会の構築につながる。

　サスティナビリティ学（Sustainability science：持続可能性）とは、エコロジー、政治、経済、文化などに関する人類の文明活動が、将来にわたって持続できるかどうかを表す概念で、グローバルなビジョンを構築するための基礎として提唱された超学的な学術領域である。1987 年に、「環境と開発に関する世界委員会」（World Commission on Environment and Development）が発行した最終報告書 "Our Common Future"（『地球の未来を守るために』）において、「現在の世代の欲求も満足させるような開発」が取り上げられた。その後、2015 年の国連総会において、地球環境や経済活動、人々の暮らしなどを持続可能とするために、「誰も置き去りにしない（leaving no one left behind）」を共通の理念に、すべての加盟国が、2030 年末までに取り組む環境や開発問題に関する世界の行動計画（持続可能な開発目標 Sustainable Development Goals: SDGs）が採択された。その開発目標の一例として、「あらゆる形態の貧困や飢餓の撲滅」「あらゆる年齢の健康的な生活の確保と福祉の促進」「すべての人々への公平な質の高い教育の提供」「ジェンダー平等の達成と女性のエンパワーメント」「持続可能な現代的エネルギーへのアクセスの確保」「完全かつ生産的な雇用とディーセント・ワーク（適切な雇用）の促進」「各国間の不平等の是正」「気候変動およびその影響を軽減するための緊急対策」などが提唱されているが、日本が先んじて取り組むべき課題もあり、政府は 2016 年 5 月に、安倍晋三首相を本部長とする持続可能な開発目標推進本部を設置した。

　本書は、こうした持続可能性と言語政策に焦点を当て、「移民に対する言語教育とサスティナビリティ」「多言語・複言語教育政策とサスティナビリティ」「マイノリティの言語政策とサスティナビリティ」、そして「専門分野別言語教育とサスティナビリティ」という 4 部から構成されている。

　第 1 部は、渡戸「自治体の外国人移民政策と言語問題」、松岡「社会を支える外国人移住者と受入れ社会とのコミュニケーション構築 —— 多文化社会の持続可能性を支える仕組み」、宮崎「ヨーロッパ市民のための言語文化リテラシーとヨーロッパ言語共通参照枠（CEFR）—— 英国の EU 離脱とサスティナビリティの観点から」、そしてロ・ビアンコ（Lo Bianco）「言語政策 —— オーストラリアの多文化主義の中心と周縁」の 4 章から構成されている。渡戸と松岡による、多文化社会、多言語社会化する自治体およびコミュニティによる言語問

題のほか、宮崎とロ・ビアンコは、英国の EU 離脱に端を発したヨーロッパ市民教育と言語問題や、移民国家オーストラリアが抱える言語政策の課題を記している。

　続く、第 2 部の、「多言語教育政策とサスティナビリティ」では、杉野が母語＋第一・第二外国語＋豊かな人間性の言語教育」を、そして、奥村が日本の初等外国語教育をオーストラリアの言語教育政策の観点から分析している。また、オストハイダは、今後、多言語社会化する日本のコミュニケーション問題を検証している。

　第 3 部では、持続可能なマイノリティの言語政策に焦点を当てた。野沢は、インド・サンタル語の事例から、文化の持続可能性と部族言語について言及し、飯野は、日本の大学教育においては、マイノリティである外国人留学生をサスティナブルな観点からどのような言語政策を構築すべきかを論じ、喬穎・宮崎は、中国の「一帯一路」の国家戦略と外国語教育政策を紹介し、多様な外国語教育をどのように維持させていくべきかを考察している。

　最後の第 4 部では、専門分野別言語教育とサスティナビリティの関連の中で、ビジネス、観光、そして司法の場面で求められる言語教育ならびに言語政策に触れている。粟飯原は、ビジネス日本語に注目し、専門日本語言語教育の再考を求め、藤井は、中国語圏からの訪日観光客の受入れに際して、どのような多言語対応を整えるべきか、そして、中根は、外国人が関係する司法手続における言語権についてそれぞれ検証している。

　日本は、現実には、相当数の外国人が暮らしているにもかかわらず、近現代史を通じて、国家建設のためのレトリックとしての言語政策が欠けていた。地方自治体と国の取り組みを比べると、外国人住民が住む地域社会の言語面でのニーズの対応については、自治体のほうがはるかに先進的な工夫をしている。今後は、一般的に日本語リテラシーが劣ると言われる外国人納税者に広範な言語関連サービスを提供するとともに、言語の多様性を問題としてではなく、文化資産、または財産（asset）と捉えられるかの「構え」が問われている。リセント（2000 年）は、言語政策の発展においては、まず、言語が実用的な財産であり、国家建設のツールでもあるとみなされた段階、次に言語に対する中立的な見方が、言語政策のイデオロギー的側面を批判的に見る意識に取って代わられた 1970 年代と 80 年代、そして世界規模での人やモノの移動やアイデンティティの相互作用に注目が集まる現在、の 3 段階があると提唱している。日本の

言語政策が、依然、第1段階に基づいており、単一言語の価値体系は、内部の言語伝達のニーズやコミュニティ言語の存在を、政策レベルでは認識しないことを意味している。

　桂木（2005年）は公共哲学の立場から、言語問題、言語教育政策問題、移民・難民社会など、広範囲な領域を包括し、言語問題の指針となる「言語イデオロギー」の意義を提唱している。マイノリティの言語話者である、移民や難民を含む外国人や少数民族、障がい者、年少者、非識字者などの社会地位を向上させ、統一、普及、改革、管理、保持、継承などといった活動を通して、社会的排除から、どのように包摂させる言語計画を立案させていくかが問われる。

　いまこそ、小宮山・竹内（2007）の指摘する、社会的、人間的システムへの関心を高め、多文化多民族な移民社会へと移行するなかで、その多様性を認識し、複層な課題の解決に向け、俯瞰的・統合的アプローチで取り組む、持続可能な言語政策が求められている。

　最後に、本書の刊行にあたっては、編集の取りまとめに時間を要しながらも、辛抱強くお待ちいただいた明石書店の遠藤隆郎氏にお礼を申し上げたい。またそれ以前に、本書の企画段階からご支援いただいたにもかかわらず、2016年に、病のため永眠された故小林洋幸氏に対しては、ご存命中に刊行できなかったことを心からお詫び申し上げる次第である。

　　　2017年盛夏

編者　宮崎里司

グローバル化と言語政策
——サスティナブルな共生社会・言語教育の構築に向けて
目 次

はじめに──移民受入れ国としてのサスティナブルな言語政策転換⋯⋯⋯ 3

第1部　移民に対する言語教育とサスティナビリティ

第1章　自治体の外国人移民政策と言語問題⋯⋯⋯⋯⋯⋯⋯⋯⋯⋯ 15
渡戸一郎

はじめに⋯⋯⋯⋯⋯⋯⋯⋯⋯⋯⋯⋯⋯⋯⋯⋯⋯⋯⋯⋯⋯⋯⋯⋯⋯⋯⋯⋯ 15

1．外国人移民に対するホスト社会の言語政策⋯⋯⋯⋯⋯⋯⋯⋯⋯ 17

2．日本における自治体の外国人移民政策の展開⋯⋯⋯⋯⋯⋯⋯⋯ 19

3．住民としての外国人移民の変化（1990年代〜現在）⋯⋯⋯⋯⋯ 23

4．自治体の外国人移民言語政策の体系化に向けて⋯⋯⋯⋯⋯⋯⋯ 25

5．これからの自治体の外国人移民政策の課題⋯⋯⋯⋯⋯⋯⋯⋯⋯ 28

第2章　社会を支える外国人移住者と受入れ社会との
コミュニケーション構築
──多文化社会の持続可能性を支える仕組み⋯⋯⋯⋯⋯⋯⋯⋯ 32
松岡洋子

1．いつの間にか近くに外国人が⋯⋯⋯⋯⋯⋯⋯⋯⋯⋯⋯⋯⋯⋯⋯ 32

2．ボランティアの日本語学習支援による課題への対応⋯⋯⋯⋯⋯ 34

3．外国における移民とのコミュニケーション構築施策例⋯⋯⋯⋯ 36

4．外国の施策から学ぶこと⋯⋯⋯⋯⋯⋯⋯⋯⋯⋯⋯⋯⋯⋯⋯⋯⋯ 43

まとめ──日本はどうするのか？⋯⋯⋯⋯⋯⋯⋯⋯⋯⋯⋯⋯⋯⋯⋯ 46

第3章　ヨーロッパ市民のための言語文化リテラシーと
ヨーロッパ言語共通参照枠（CEFR）
──英国のEU離脱とサスティナビリティの観点から⋯⋯⋯ 48
宮崎里司

1．問題の所在⋯⋯⋯⋯⋯⋯⋯⋯⋯⋯⋯⋯⋯⋯⋯⋯⋯⋯⋯⋯⋯⋯⋯ 48

2．移民とEU⋯⋯⋯⋯⋯⋯⋯⋯⋯⋯⋯⋯⋯⋯⋯⋯⋯⋯⋯⋯⋯⋯⋯⋯ 50

3．EU市民とヨーロッパ共通言語参照枠（CEFR）⋯⋯⋯⋯⋯⋯⋯ 52

4．CEFRの今後の課題──サスティナビリティの観点から⋯⋯⋯⋯ 57

結語⋯⋯⋯⋯⋯⋯⋯⋯⋯⋯⋯⋯⋯⋯⋯⋯⋯⋯⋯⋯⋯⋯⋯⋯⋯⋯⋯⋯⋯ 59

第4章　言語政策
──オーストラリア多文化主義の中心とその周縁で ………… 61
ジョセフ・ロ・ビアンコ（吉浦芽里・宮崎里司訳）

はじめに ……………………………………………………………………… 61

1．アプローチ ……………………………………………………………… 63

2．移民のコンテクスト …………………………………………………… 64

3．原住民のコンテクスト ………………………………………………… 65

4．社会的革新主義者の原点 ……………………………………………… 66

5．保守的な革新 …………………………………………………………… 67

6．多文化教育のスコープ ………………………………………………… 69

7．言語政策 ………………………………………………………………… 70

8．多文化主義の検討課題 ………………………………………………… 70

9．分割された学問分野としてのアジア研究 …………………………… 71

10．リテラシーとしての英語 ……………………………………………… 72

11．90 年代における言語政策の後退 …………………………………… 74

12．言語と文化に関する計画のディスコース …………………………… 75

結 論 ………………………………………………………………………… 78

第2部　多言語教育政策とサスティナビリティ

第5章　オーストラリアの言語教育政策から
　　　　日本の初等外国語教育を考える
──多民族社会ビクトリア州を事例として ………………………… 83
奥村真司

はじめに ……………………………………………………………………… 83

1．ビクトリア州の多言語教育政策 ……………………………………… 85

2．日本の初等外国語教育への提言 ……………………………………… 94

第6章　言語的観点から日本のサスティナビリティを考える
──「母語＋第一・第二外国語＋豊かな人間性」の言語教育

··· 99

杉野俊子

はじめに ··· 99

1. 言語サスティナビリティ ······································· 101

2. 多言語主義 ··· 102

3. 日本の外国語教育 ·· 104

4. 英語ができれば「国際人」になれる、という幻想 ········· 108

5. 現実に即した言語サスティナビリティ ····················· 109

結論と提言 ·· 112

第7章　日本の多言語社会とコミュニケーション
──意識・政策・実態 ·· 116

オストハイダ　テーヤ

1. 移民国家日本と言語教育政策の現状 ······················ 116

2. 「外国語」教育に反映する言語観 ·························· 119

3. 共通語としての日本語 ·· 125

おわりに ·· 128

第3部　マイノリティの言語政策とサスティナビリティ

第8章　外国人留学生の受入れとサスティナブル社会の実現
──言語政策の視点から ····································· 135

飯野公一

1. 来日留学生の増加傾向 ·· 136

2. 留学生数増加政策──「国益」への貢献を前提 ·········· 138

3. 日本の大学の施策と企業のニーズ ·························· 143

おわりに──留学生の多様性、言語ニーズの多様性の理解へ ······ 146

第9章　中国の外国語教育政策の動向
　　——「一帯一路」政策を中心に ……………………………………… 151

　　　　　　　　　　　　　　　　　　　　　喬　穎・宮崎里司

　はじめに …………………………………………………………………… 151

　1．中国における外国語教育の歩み ……………………………………… 152

　2．「人的・文化的交流」（人文交流）をねらいとする外国語教育

　　（2014年〜現在） …………………………………………………… 155

　考察と結論 ………………………………………………………………… 160

第10章　文化の持続可能性と部族言語
　　——インド・サンタル語の事例を通して …………………………… 164

　　　　　　　　　　　　　　　　　　　　　野沢恵美子

　はじめに …………………………………………………………………… 164

　1．持続可能性と文化的多様性 …………………………………………… 165

　2．文化、言語、アイデンティティ ……………………………………… 166

　3．インド東部サンタル語の状況 ………………………………………… 168

　4．サンタル語の言語領域調査 …………………………………………… 170

　5．言語の使用領域と運用能力 …………………………………………… 171

　6．オル・チキ教室と言語運動 …………………………………………… 173

　むすび ……………………………………………………………………… 174

第4部　専門分野別言語教育とサスティナビリティ

第11章　変容する社会における専門日本語言語教育とは
　　——ビジネス日本語定義の再考から見える持続可能な

　　専門日本語教育 ………………………………………………………… 181

　　　　　　　　　　　　　　　　　　　　　粟飯原志宣

　はじめに …………………………………………………………………… 181

　1．ビジネス日本語の定義 ………………………………………………… 183

　2．専門日本語とビジネス日本語 ………………………………………… 190

　3．専門日本語と言語政策 ………………………………………………… 192

　まとめ ……………………………………………………………………… 195

第12章　中国語圏からの外国人観光客受入れに求められる
　　　　多言語対応について ……………………………………………… 197
　　　　　　　　　　　　　　　　　　　　　　　　　　　　　藤井久美子
　　　1．訪日外国人観光客の現状 ……………………………………… 197
　　　2．中国語圏からの訪日外国人のための言語サービス ……………… 203
　　　まとめ ………………………………………………………………… 209

第13章　司法手続における言語権と多文化社会 ………………… 210
　　　　　　　　　　　　　　　　　　　　　　　　　　　　　中根育子
　　　1．司法手続における第二言語・非母語話者の言語権 …………… 210
　　　2．司法手続における言語権保障の実践 ………………………… 213
　　　3．司法手続における言語権の尊重に向けて ……………………… 220

　　おわりに …………………………………………………………………… 225

　　索 引 ……………………………………………………………………… 228

第1部

移民に対する言語教育とサスティナビリティ

　第1部は、「移民に対する言語教育とサスティナビリティ」という共通テーマに、定住や永住を目指す移民に対し、どのような言語政策を施すべきかを考えた論文が集められている。あわせて、先進的な移民政策に取り組んでいる東アジアおよびEUの事例研究を紹介しながら、分析考察ならびに政策提言も込められている。

　渡戸は、「自治体の外国人移民政策と言語問題」というタイトルの下、21世に入り諸外国が移民受入れに政策転換した後でも、公式な移民受入れを避けている日本は、外国人移民の増加が問題化しているなかで、外国出身者やその子どもたちに対する言語政策については、基本的な問題項目が整いつつあり、そうした段階において、社会統合の前線を担う自治体と地域社会の限界や問題点を取り上げながら、現段階での課題を論じ、提言を試みた。

　松岡は、日本に移住する外国人と受入れ側の社会がどのようなコミュニケーションを構築すべきかを、労働人口減少が課題となっている韓国、台湾、ドイツに注目し、第二言語教育や受入れ社会側の変容を促す公的な施策の分析を行い、公的な仕組みづくりと市民の支援をどうすべきかについて論じた。

　宮崎は、英国のEU離脱に端を発したヨーロッパの統合と拡散の動きに対し、ヨーロッパ市民が、サスティナブルな言語文化リテラシーを保持するために、どのような方策が考えられるのかを、複言語・複文化主義や行動中心主義を基に、ヨーロッパ言語共通参照枠（CEFR）の観点から考察した。

　ロ・ビアンコ（Lo Bianco）は、「言語政策 ── オーストラリア多文化主義の中心とその周縁で」と題し、オーストラリア多文化主義の枠組みと思想、そして具体的な実践が辿った変遷において、言語政策が転換された局面を明らかにした。具体的には、多文化主義に代わる新たな言語政策のレトリックは、「アジア・リテラシー」に移り、さらに、少数派のアイデンティティの保全や継承語としての権利、および新自由主義的な経済的効率性と、国民全体の英語の識字率の向上を目的とした「英語リテラシー」に関心が移っていった変遷を論じている。

第1章

自治体の外国人移民政策と言語問題

渡戸一郎

要　旨

2000年代に入ってドイツや韓国が移民受入れに政策転換した後でも、日本は移民の受入れを公式には避けている。しかしこの間、日本でも外国人移民の増加は続き、自治体と地域社会が社会統合の前線を担ってきたが、限界や問題点が明確になっている。他方、外国出身者やその子どもたちに対する言語政策については、基本的な問題整理ができる段階に到達しており、本章ではこうした段階に至る過程と現段階での課題について論じ、提言を試みる。

はじめに

2000年代に入る頃から、日本ではグローバル化の進展や人口減少時代の到来を見据えて、移民の受入れをめぐる議論が再燃してきた[1]。近年では人口減少の進行による生産年齢人口の大幅な減少や地方の小規模自治体の「消滅」などが懸念されているが、日本政府は当面、女性や高齢者の人材活用、ロボットの活用も含めた生産効率化、若者の地方への誘致などの政策を優先している[2]。

1　例えば、小渕政権下でまとめられた「21世紀日本の構想」懇談会『日本のフロンティアは日本の中にある』（2000）では、「移民政策へ踏み出す」という項目を建て、「日本社会の発展への寄与を期待できる外国人の移住・永住を促進する、より明示的な移住・永住制度を設けるべきである」としている。

2　日本政府は同時に、技能実習制度の拡充によって建設・農業・介護などの労働力不足の補完を図る政策も打ち出している。一方、毛受（2011）は人口減少が進む地方都市への移民誘致を提唱している。

第1部　移民に対する言語教育とサスティナビリティ

　1980年代末以降、外国人労働者・移民受入れ論議の波が何度かあったにも
かかわらず、日本はこれまで、永住を前提とした「移民」（狭義）を受け入れ
ない立場を取り続けてきた。そのため、外国人に対する社会統合政策の体系的
な構築は、米国・カナダ・オーストラリアなどの「移民国家」に比べ、大きく
立ち遅れている。2000年代に入ると、長年「非移民国家」を自認してきたド
イツと韓国が移民受入れに政策転換した。両国では、根拠法に基づき政府が統
括して移民の言語教育を実施しており、単言語社会への言語統合を目標にして
いる（松岡2014）。そうしたなかで、強固なエスノ・ナショナリズム（単一民族
神話）に基づく日本政府の守旧的姿勢が目立っている。

　日本政府が日本語講習など社会統合に向けた事業を国費で実施してきたのは、
インドシナ難民[3]、条約難民[4]、中国帰国者[5]など、極めて限られた人々に留ま
る。これら以外の"ニューカマー"外国人に対する社会統合に向けた政策は、
小中学校における「日本語指導が必要な」外国人児童生徒に対する施策を除け
ば、その多くを自治体と地域社会（ボランティア・NPO・自治会など）が担ってき

3　日本におけるインドシナ難民は、1978年の正式受入れ決定から、1981年の難民条約加
　入後、82年の出入国管理及び難民認定法によって受入れ態勢の整備が始まる（1979年に姫
　路市、80年に大和市に定着促進センターを開設し、日本語教育開講）。その後、89年末の
　同法改正により、インドシナ難民の大半は「定住者」とされたが、90年代以降、難民1.5
　世や2世の成長を背景に「永住者」に切り替える者が増加し、今日では日本国籍取得者
　も増えている。こうしたインドシナ難民は80年代後期から急増するいわゆる"ニューカ
　マー"外国人に先行する外国人集団と位置づけられるが、時間の経過とともに、その集団
　規模の小ささ（2005年末までの受入れ数1万1319人）もあって「見えにくい存在」となっ
　ている（渡戸2013）。
4　難民条約の定義に基づく難民として認定を受けた者を言う。ただし、難民の受入れは国
　家の義務ではなく、その認定行為は基本的に各国政府に委ねられている（墓田2016）。な
　お、条約難民の地位を認めない場合でも、申請者に対して何らかの保護を与え、在留を認
　める場合もある（補完的保護）。ちなみに、日本における2015年の難民認定申請者は69か
　国、7586人であり、5年連続で過去最多を更新したが、難民認定された者はわずか27名
　にとどまった。なお、人道的配慮による在留許可者は79名である。庇護数は合計106名
　となり、2年連続で減少となった（田中2016）。こうした日本政府の姿勢は、世界的に難民
　問題が深刻化するなかで、極めて消極的だと批判されている。
5　永住帰国した中国残留日本人のこと。1990年代には2783人（残留孤児1129人、残留婦
　人1654人）が永住帰国した。同伴家族を含めると、日中国交正常化から2005年までに、2
　万6506人が永住帰国した（猪俣2013）。1984年に所沢市に中国帰国孤児定着促進センター
　（のちに中国帰国者定着促進センター）が設置され、生活日本語の習得支援活動が行われた。

16

た[6]。しかし、今日「多文化共生」と呼ばれる、自治体レベルのこうした取り組みには言語支援中心の偏りが見られ、外国出身者を含むマイノリティの多様性が社会にとって望ましい価値だという、ホスト社会の意識の形成に必ずしもつながっていないという問題がある。

　本章では、「外国人」を、日本国籍取得者を含む外国出身者として広義に用い、また「移民」を、永住・定住など、実質的に日本に生活の本拠を構築している定住外国人とその子どもたち（特に移民第二世代まで）を含む概念として、用いる。したがって「外国人移民」と言う場合、新来の外国人から実質的に移民として日本に定着している人々までを幅広く指している[7]。

　以下では、まず、外国人移民に対するホスト社会の言語政策の概念的整理を行った上で、言語政策に焦点を当てつつ、1980年代末からの外国人住民政策の展開を振り返る。そして、自治体レベルの外国人移民向け言語政策の体系と課題の検討を通して、それをこれからの自治体の外国人移民政策の課題に位置づけてみたい。

1．外国人移民に対するホスト社会の言語政策

　はじめに、近年の移民言語研究の成果を踏まえた庄司博史（2013）に拠って、言語政策、多言語政策、移民言語政策の定義と位置づけについて確認しておこう。〈言語政策〉とは、「国家あるいは地方自治体など公的権力が、独自の理念に基づきその支配領域において言語間の秩序を決定し、それに基づき特定の言語の地位を高めるとともに機能を充実させ、普及、教育を実施する活動総体」を指す。そして、「複数言語の存在を前提に、その間の調整を重視する政策」が〈多言語政策〉と定義される。そこには、地域言語や先住民言語などの〈地

6　ちなみに2007年11月時点で、日本語教員数3万1234人のうち55％超がボランティアとなっている（「平成19年度国内の日本語教育の概要」文化庁調べ）。このように、外国人に対する言語学習支援は市民活動としてボランティアを中心に活発に行われているが、それに対する政府の関与は、文化庁による地域日本語教育、「生活者としての外国人」のための日本語教育事情など、ごくわずかである（松岡2014）。

7　なお、ここでの「移民」は、永住を志向する「古典的な移民」ではなく、出身国社会とのつながりを維持・再生産しつつ、移住先社会との間を往還して「トランスナショナルな社会空間」を生み出す、現代型の「トランスマイグラント」を意味している。

第1部　移民に対する言語教育とサスティナビリティ

域的多言語政策〉と、非地域的少数言語としての移民言語を対象とする〈移民言語政策〉が含まれる。本章で扱う外国人移民に対するホスト社会の言語政策とは、後者の移民言語政策ということになる。

　移民言語政策は近年、日本でも〈多言語サービス〉（広報メディア、案内表示、ガイドブックなどの多言語化の事業。図書館における多言語サービスを含む）や〈多言語支援〉（個人に対し、窓口での手続きや書類作成において介助する通訳や翻訳事業、多言語相談）が一定の広がりを見せているものの、前提となる多言語政策全体の見取り図が必要だとして、庄司は以下のような4項目を提示している（庄司2013）。

①言語の地位にかかわる政策（言語の地位や使用に関する法的規定）
②移民への言語教育（移民への受入れ国の国語や公用語などの主流言語の教育、移民言語の母語教育）
③司法・警察・入管、行政や住民サービスにおける政策（司法通訳、自治体の多言語使用）
④言語政策への合意を得る政策

　日本の現状はどのように捉えられるだろうか。庄司の議論を踏まえて整理してみよう。まず①の言語の地位や使用に関わる法的規定は日本にまだ存在しない。それゆえ②の外国人移民のための母語教育は、移民言語の地位問題があいまいなために進めがたいものとなっている。それに比べ、外国人移民への受入れ国の主流言語の教育は取り組みやすくはなっている[8]。③の自治体の多言語使用には前述の〈多言語サービス〉や〈多言語支援〉が含まれるが、それらを効率的に行うための技術的・経済的問題がある（予算を投じても費用対効果が得られるとは限らない。少数言語の中の少数言語にまで多言語サービスを行うには困難が伴うなど）。最後に、④の多数派の合意形成に向けた政策は、「非移民国家」を自認している日本の政治的文脈おいては、依然として主要なアジェンダになり

8　戦後の日本語教育政策の展開過程については、野山（2009）が一定の総括を試みているが、2007年に文化審議会国語分科会に戦後初めて日本語教育小委員会が設けられ、(1)日本語教育の政策的位置づけと、(2)地域におけるそのための体制整備について言及されたと報告している。

にくい現状がある、と指摘できよう。

２．日本における自治体の外国人移民政策の展開

　以上のような日本における外国人移民言語政策の特徴と現状を念頭に置きながら、あらためて第二次世界大戦後の自治体の外国人移民政策の展開過程を振り返ってみよう。

1）同化政策から「在日」コリアンの権利擁護へ

　敗戦までの〈多民族帝国〉のもとでは、植民地の人々を「帝国臣民」とする同化政策が展開され、日本語を優位言語とする少数言語の序列化・周辺化が進められた。また、大阪・東京などの近代産業都市や筑豊などの炭鉱町などに朝鮮人集住地域が形成されたが、戦後になると、帰国を視野に子どもたちへの国語（母語）講習の取り組みが広がる。しかし、結果的に日本に残留した人々とその子孫は「在日」韓国・朝鮮人等と呼ばれるようになり、高度成長期に強化された「単一民族国家」神話のもとで「見えない人々」とされると同時に、彼らに対する差別が続いた。しかし在日2世・3世の若者などによる異議申し立てや権利擁護運動を背景に、70年代前半、自治体（川崎市など）レベルで在日コリアン差別撤廃政策（国民健康保険適用、市営住宅入居資格の国籍条項撤廃、児童手当の支給）が始まる。また、80年代には指紋押捺拒否運動が展開され、一部の自治体では押捺拒否者を告発しない方針が採られた。これらの取り組みは、80年代末以降のニューカマー外国人政策構築の基盤になっていく。

2）難民／人権レジームへの参加と国内法の整備

　日本政府は1978年のインドシナ難民の受入れを端緒に、79年国際人権規約批准、81年難民条約加入によって難民／人権レジームに遅ればせながら参入し、社会保障制度の国籍条項の撤廃など、領域内外国人に対するいくつかの平等措置を実施した（古屋2013）。また、1981年には中国残留孤児の訪日調査が始まり、90年代には残留日本人の永住帰国がピークを迎えた。しかしこれら中国帰国者にとって日本語習得は大きな壁であり、日本語ができないため、生活困窮者が多かった。そこで各地で国家賠償請求訴訟が提訴されたことを背景に、2007年改正中国在留邦人支援法が成立し、給付金支給や医療費支援が実

第 1 部　移民に対する言語教育とサスティナビリティ

現した（猪俣 2013）。これらの政策動向は自治体の外国人の権利擁護政策にも
影響を与えた。

3）自治体の外国人・移民政策の構築と体系化へ

　1980 年代後半（バブル期）の、アジア系の若者を主体とする"ニューカマー"
外国人の急増を受けて、自治体と市民団体等による対応が始まる。また、90
年施行の改正入管法のもとで日系 3 世までに「定住者」の在留資格が付与され
ることになり、日系人労働者とその家族が大都市周辺の製造業地域や地方工業
都市などに急激に増えていく。以下、今日までの動向を 4 期に分けて見ていこ
う。

　Ⅰ期「応急的対策期」（80 年代末〜90 年代前半）

　急増する新来外国人の急増を受けて、大都市インナーシティの自治体を中心
に、庁内の多言語サイン設置、多言語情報の提供、外国人相談窓口の開設など
どが取り組まれ、「地域国際化」政策の一つの柱として位置づけられた。また、
市民活動としてボランティアによる日本語教室や支援団体などが各地に生まれ
ていく。1993 年には研究者や自治体職員有志によって『外国人は住民です』（江
橋崇編、学陽書房）という書籍も刊行された。

　Ⅱ期「支援・参画」政策期（90 年代半ば〜90 年代後半）

　外国人居住者の定住化に伴って複雑化する各種ニーズへの対応が課題となっ
ていく。とりわけ子どもの保育・教育問題が顕在化する。次第に「内なる国際
化」が重視されるようになり、「外国人住民政策」の体系化が模索され始める。
その過程で、一部の自治体では、外国人住民の「支援」（NPO・ボランティア・
エスニック組織との協働も含む）と同時に、「参画」を図るようになる。外国人の
地方参政権の不在のもと、「外国人会議」（1996 年川崎市、98 年神奈川県など）の
自治体行政参画の仕組みづくりが始まる。また、住民投票条例における永住外
国人への投票権付与も一部の自治体で取り組まれた。さらに、地方参政権の導
入についても地方議会の決議などが全国に広がった時期があったが、国会での
与野党の保守派の強い抵抗を前に、今日まで地方参政権は結実していない（加
藤 2010）。

Ⅲ期「多文化共生」という名の統合政策へ（2000 年代）

浜松市長の呼びかけで日系南米人急増地域の自治体が集まり、「外国人集住都市会議」が創設された（2001 年）。同会議は自治体レベルの外国人住民政策の限界を中央省庁に訴えると同時に、新たな地域「統合」政策としての「多文化共生」政策を展開した（豊田市「多文化共生推進会議」、浜松市「地域共生会議」など）。2000 年代前半には特に不就学児問題（小島 2016）や日本語学習などのあり方に取り組んだ。さらに、リーマンショック後の日本語学習の重要性の認識の高まり[9]を受け、外国人学習センターを独自に開設した浜松市の事例もある。

このような自治体の取り組みを踏まえて 2006 年 3 月、総務省が「地域における多文化共生推進プラン」を提示し、都道府県・政令市や外国人集住自治体などが同種のプランを策定するよう促した。このプランは、(1)コミュニケーション支援（情報の多言語化、日本語及び日本社会に関する学習の支援）、(2)生活支援（居住、教育、労働環境、医療・保健・福祉、防災、その他）、(3)多文化共生の地域づくり（意識啓発、外国人住民の自立と社会参画）、(4)多文化共生施策の推進体制の整備から構成されていたが、2007 年度には、(5)防災ネットワークの構築が加えられた。

ちなみに総務省自治行政局国際室の調べ（2016 年 4 月 1 日現在）では、「多文化共生に関する指針・計画を単独で策定している」自治体は全体の 5%（17 道府県、8 政令市、61 市、5 区、1 町）にとどまっている。しかし、「国際化施策一般に関する指針・計画の中に含めている」が 6%、「総合計画の中に含めている」が 31% となっており、これらを合わせた 42% の自治体で「多文化共生施策を策定している」という結果が示されている。一方、「策定しておらず、今後策定の予定もない」は 56% と、過半数の自治体で多文化共生施策は重視されていない。言い換えれば、今日の日本社会における多文化共生の取り組みは地域的な偏りが強い政策分野だと言えよう。こうした傾向の背景には、外国人移民の集住地域（準集住地域を含む）と散在地域（非集住地域）における政策課題の顕在性の程度と優先順位の違いが存在していよう（徳田ほか 2016）。

9　派遣会社に丸抱えの状態で働いていた日系南米人労働者の多くは、工場でも地域社会でも日本語学習の必要性を感じずに生活を送ることができたが、リーマンショック後は求職の際に日本語能力を問われるようになった。

第 1 部　移民に対する言語教育とサスティナビリティ

Ⅳ期「外国人の住民化」と外国人材導入の拡大（2010 年代）

　2012 年、「新たな在留管理制度」が施行され、自治体は中長期滞在外国人を住民基本台帳に統合できるようになり（外国人登録制度は廃止）、「外国人の住民化」が制度上実現した。しかし他方で、この新制度からは非正規外国人が排除され、不可視化されるという問題も生じている[10]。一方、同年から「（高度人材に対する）ポイント制」が導入されるとともに、2014 年には、国家戦略特区制度等を活用した「規制緩和」による外国人労働者の受入れ拡充政策が打ち出され、「介護」「家事労働」のビザ導入の検討や、技能実習の適用が拡大されることになった（造船、建設、農業など）。こうした政府の政策動向を踏まえて、法務省入管局の「第 5 次出入国管理基本計画」（2015 年 9 月）では、以下の諸点を掲げている。

　①日本の経済社会に活力をもたらす専門的技術的分野の外国人の積極的な受入れ
　②少子高齢化の進展を踏まえ、今後の外国人受入れのあり方を本格的に検討すべき時が到来（専門的・技術的分野と評価されない外国人の受入れについて、経済的効率、社会的コスト、産業構造、環境整備、治安等幅広い観点から、国民的コンセンサスを踏まえつつ政府全体で検討する。このため、諸外国の制度等について把握し、国民の声を積極的に聴取する。）
　③新たな技能実習制度の構築に向けた取り組み（優良団体・機関の実習期間の延長、受入れ人数枠の拡大）（これは 2016 年 11 月、「外国人技能実習制度適正化法」として成立した。）
　④在留管理制度の的確な運用等による外国人との共生社会の実現への寄与

　また、2000 年代に入り各地で災害が連続し、特に 2011 年の東日本大震災が発生したことで、「多文化防災訓練」の重要性が高まると同時に、災害時の多

10　住民票のない非正規滞在外国人住民への行政サービスの保障については、例えば母子手帳の交付、入院助産制度などがあるが、自治体ごとにバラつきが生じており、在留管理制度への移行後も取り扱いは変わっていないにもかかわらず、十分に周知されていない面がある。

22

言語支援センターの必要性も認識され、広域連携に向けた取り組みが進み始めた。さらに、2013 年以降各地で高まるヘイトスピーチ・デモに対応する民族団体や市民団体、裁判所、自治体等の動きが活発化し、2016 年、「本邦外出身者に対する不当な差別的言動の解消に向けた取組の推進に関する法律」、いわゆる「ヘイトスピーチ解消法」が成立した。同法は理念法としての限界があるものの（師岡監修 2016）、これに連動して自治体による条例策定が始まった（大阪市に次いで川崎市が策定の検討開始）。

　なお、2016 年 5 ～ 7 月に実施された共同通信の「外国人住民に関する全国自治体アンケート」[11] によれば、外国人住民専門の担当部署を設けている自治体は、都道府県で約半数（55.3%）、市区町村で 1 割強（12.2%）に留まっている。また、外国人住民専門担当職員数は都道府県で 216 人、市区町村で 901 人であり、そのうち常勤職員は 746 人（66.8%）となっている[12]。逆に見ると、この政策分野では他の業務と兼務する職員が多く、高い専門性の獲得を期待できない可能性があると言えよう。

3. 住民としての外国人移民の変化（1990 年代～現在）

　さて 1990 年代以降、住民としての外国人移民はどのように変化してきたのだろうか。これまで政策立案の基礎データを得るために、各地の自治体が外国人住民調査を実施してきたが、ここでは、約 20 年ぶりに詳細な外国人市民調査を実施した川崎市の『外国人市民意識実態調査報告書』（2014 年郵送調査、15 年インタビュー調査）から、主な知見と提言[13] を摘記してみよう。

　第一に、出身国・地域、渡日の経緯、在留資格、就労状況、家族・世帯構成などで、外国人住民の「多様化」が進展している。「市民意識」の定着が見られる一方、外国人住民が抱える問題や必要とする支援を一括りに論じられない

11　この調査は全自治体の首長宛てに行われ、回収率は都道府県 100.0%、市区町村 92.6% であった（全体で 92.8%）。

12　"準集住地域" とみなされる福井県越前市でも、長年市民課の嘱託職員として働いてきたブラジル人女性を 2016 年度から初の外国人職員として採用したと報じられ、注目された（福井新聞、2016 年 3 月 24 日付け）。

13　これらの知見や提言は、同報告書の調査チーム（柏崎千佳子、竹ノ下弘久、塩原良和、西口里紗、チャート・デビト、髙橋誠一、宮島喬、裵重度）によるものである。

難しさが指摘される。ここには、暮らし向きの「二極化」（中間層と貧困層の分化）の進展も関連していよう（これにはジェンダーや出身国による差異と重なる部分もある）。日本社会の不平等構造の中核的な要素は、外国人移民の経済状況にも大きく影響していることが注目されている。筆者による浜松市・磐田市の事例調査では、さらに第二世代の若者の間にも二極分化が見出された。大学に進学し地域の主力企業に就職する者がいる一方、ダブルリミテッド（セミリンガル）のまま、製造業の現場仕事に就いている中卒あるいは高校中退の者もいる（渡戸 2017）。こうしたなかで、きめ細かな施策づくりが重要性を増すとともに、外国人住民にとって制度へのアクセス、支援者とのつながり、「場」（教会、学習支援教室等）の確保がますます重要になっている。

　第二に、在日コリアンなどのオールドカマーだけでなく、ニューカマーとして来日した外国人住民の高齢化が進行している。年金未加入者問題、医療通訳問題、介護保険制度周知の遅れの問題があるが、さらに文化的背景の違いに配慮したケアの場づくり、介護の担い手となる外国人住民（家族介護、介護施設職員）の育成などが課題になっている。

　第三に、言語政策に関連する課題としては、(1)通訳・翻訳体制の整備（特に労働、教育、医療、防災等の分野では翻訳や通訳派遣の必要性が高い）、(2)相談体制の拡充（外国人登録事務がなくなった分、外国人にとって窓口がわかりにくくなった面もある）、(3)情報の多言語化（マイノリティ言語や「やさしい日本語」での発信の必要性）が挙げられた。以上を住民サービスの中に体系的に位置づけ、専門性を高めていくこと、特に相談スタッフなどの地位の安定化は重要な課題となり続けている（渡戸 2009）。

　第四に、日本語を学ぶ姿勢と努力は日本で定住し自立した市民になるのに必要である。他方、日本では、家族、学校、地域での文化的同化圧力が強いなか、どれだけ母語・母文化を尊重できるかが問われる。つまるところ日本の文化、社会が共に変わることなしに「多文化共生」はあり得ない。

　最後に、外国人が暮らしやすい社会の実現には、制度・政策と市民社会の両者からの土壌づくりが重要になる。具体的には、(1)多文化共生推進条例等の制定、(2)公務員・教員・弁護士等として就労する外国人の増加、(3)NPO・ボランティア活動の広がり、(4)異文化間結婚・近隣交際などでの交流の深まり、(5)差別・偏見の解消が挙げられている。

4．自治体の外国人移民言語政策の体系化に向けて

　以上を踏まえて、自治体の外国人移民向けの言語政策の体系化に向けた課題を挙げておきたい。

1）行政情報の多言語サービス

　「言語サービス」とは「外国人が理解できる言語を用いて、必要とされる情報を伝達すること」と定義される（河原・野山編 2007）。この点は重要である。情報の受け手よりも、ホスト社会の論理や視点で禁止や注意喚起の多言語サインなどが掲示される傾向が往々にして見られるからである。情報の受け手の立場をどのように理解し、適切な形と内容で情報を提供できるかが常に問われよう。

　また、ホスト社会の主流言語に不慣れな外国人（特に短期滞在者）に対する多言語サービスの必要性は、行政情報の分野だけに限られない。近年、インバウンドの外国人ツーリストの増大に対応して、交通、宿泊、買い物、観光、宗教、医療サービスなどの多言語情報が整備されていく必要があらためて叫ばれている[14]。しかし自治体ではこうした短期滞在者向けの多言語サインや多言語サービスだけでなく、中長期滞在者の増加に対応した各種行政サービスや手続きなどの多言語情報提供の重要性が増している。

　さらに、従来の情報提供の媒体は冊子・文書・HP 中心だったが、必ずしも有効に利用されないという問題がある。そこで、多言語による行政情報の提供においては、国・県・大学・エスニック組織・NGO・自治会・商店会などとの連携・協働が不可欠であると同時に、希望者への SNS による情報提供、コミュニティ FM やエスニック・メディアなどとの連携を通じた多言語サービスも重要になる。

　なお、多くの自治体では日本語（ルビふり）のほかに英語・中国語・韓国語による情報サービスが行われているが、その他の少数言語への対応には各地域の特性に応じた対応が必要になる。この点については、どのような種類の行政

14　『都市問題』2017 年 1 月号（後藤・安田記念東京都市研究所）は「異文化接触としてのインバウンド」を特集し、多言語情報提供の前提となる異文化理解や情報の質の問題を提起している。

情報をどのような形で多言語化すべきかを示す「多言語サービス・ガイドライン」の策定と庁内での共有が行われるべきである。そして、災害時の情報提供だけでなく、普段から「やさしい日本語」を意識した工夫も重要だろう。

2）多言語支援

外国人移民の増加に伴い多言語支援の範囲が拡大してくる。しかし少数言語の通訳者は常に不足しがちで、いたとしても的確な通訳能力がある人とは限らないという質の問題がある。そこで、登録された通訳者ボランティアと相談者をつなぐ電話などでの通訳サービスの活用も試みられているが、特定の人に負担が集中してしまうことが避けられない。さらに、こうした多言語対応の限界を前提とした場合、「やさしい日本語」（庵 2016）の活用が重要性を増している[15]。特に医療通訳については近年全国的に取り組みが広がりつつあるが、通訳報酬のアップ、制度的根拠づくり、専門職化、医療機関からの認知などが課題とされている（FREW・西村 2016）。

一方、外国人相談は 1990 年代以降、ニューカマー外国人急増自治体から次第に全国に広がった。2000 年代に入ると、定住化の進展に伴い、在留資格、住宅、労働、福祉、保健、医療、教育、こころの問題など、内容が多岐にわたる複雑な相談事例が増えてきた（渡戸 2009）。こうした変化に対応するため、例えば東京都内では 2002 年度から専門家リレー相談が試みられてきたが、基本的には自治体の相談窓口の担当者の専門能力の向上がキーになっている。そこでは庁内各課との連携だけではなく、地域や広域の諸機関・諸団体とのネットワーク、専門団体・当事者団体などとの連携・協働が必要になる。したがって相談員には相談内容に応じてこうした諸機関・諸団体・専門団体などの資源をコーディネートする力量が求められる（杉澤ほか編 2015）。

15　庵（2016: 224）は「やさしい日本語」の「やさしい」には、「易しい」だけでなく「優しい」という意味もあると述べている。そこでは「誰もが同じ土俵に立てるという観点から出発する、という発想」が求められる。そして、外国人のために日本語を調整する訓練をすることは、自らの日本語運用能力を高める格好の機会であり、一般の日本語母語話者が「やさしい日本語」の使用を実践することは、結果的に、地域社会における共通言語としての「やさしい日本語」という側面を日本社会の中に広げることになるという（同: 189-190）。

3）日本語・学習支援・職業訓練など

①子どもに向けた日本語・母語教育、学習支援

　日本語教育が必要な児童生徒に対しては取り出し教室などでの日本語指導が行われてきたが、対象となる児童生徒の増加と多様化（日本国籍者も増加）、また、集住化（在籍5人以上の学校の増加）と同時に散在化（在籍1人の学校の増加）が指摘されている（「日本語指導が必要な児童生徒の受入状況等に関する調査」平成26年度結果）。自治体の教育委員会と学校によって取り組みはさまざまだが、文科省の有識者会議が「学校における児童生徒等に対する教育支援の充実方策について」（2016年6月）を提示し、「多様化する児童生徒に応じたきめ細かな指導、日本語指導、適応指導、学力保障等の総合的な指導の必要性」や「外国人児童生徒等のライフコースの視点に立った体系的・継続的な支援、ロールモデルの提示」などを提言した。民間におけるオンラインを活用した日本語学習の試みとともに、注目される。なお、日本語指導の過程は必ずしも母語教育を排除するものではないことに留意が必要だろう。

　またリーマンショック以降、派遣労働者として工場などで働いていた日系南米人の多くが失職して帰国したが、子どもを持つ家族世帯などで日本に残った人々は、失業・貧困問題を抱えながらも定住化（あるいは永住者への移行）の傾向を深めた。国では2009～2014年度に「定住外国人の子どもの就学支援事業」（虹の架け橋事業）を実施したが、2015年度からは「定住外国人の子どもの就学促進事業」に移行している（自治体を通じての申請となり、かつ事業費の3分の2を自治体が負担することになった）。こうした制度改変のもと、自治体の政策課題としての認識が問われるとともに、外国にルーツを持つ子どもの学習支援活動が手薄な地域の底上げをどのように図るかが課題である。さらにこの点に連動して、中卒あるいは高校中退の子どもたちへの就学・進学・就職支援も重要である。日本で生活していく可能性が大きいにもかかわらず、そこで生きるために必要な教育達成を諦めかけている子どもたちに対し、少なくとも高卒の資格を取得できるような支援が喫緊の課題であろう（この点に関連して、高校でも日本語教育が保障されることが重要である）。

②成人に向けた日本語教育、職業訓練等

　前述のように、日本では国としての言語政策が確立されていないため、外国人移民、特に成人のそれに対する移民言語政策の体系化も大幅に遅れているの

第1部　移民に対する言語教育とサスティナビリティ

が現状である。そのほとんどはボランティアベースで運営される地域日本語教室に委ねられたままであり[16]、90 年代に始まったこうした教室では今日、ボランティアの高齢化や不足が問題となっている。自治体はこうした現実をきちんと把握した上で、住民としての外国人移民に対する日本語教育の機会を保障しうる環境を整備することが課題となる[17]。なお、浜松市の外国人学習センターでは、大量失業した日系南米人労働者が日本語学習に来ることを期待したが、実際の参加者は限られたという。ここには、当事者における言語学習の重要性の認識をいかに高めるかという課題が横たわっている。

　また、労働政策では職業訓練に際して日本語教育を組み合わせることが求められている。しかし、政策立案者は移民の言語能力と社会統合の度合に相関があると考えるが、現実には言語能力以外の要素が社会統合上の障壁になっている（教育レベルの低さ、仕事のスキルの低さなど）という指摘（松岡 2014）にも留意する必要があろう。言語や技能の習得による外国人移民の主体化、ホスト社会への参加の促進、そして異主体間での「協働」と「連携」の推進。こうした政策の前提として、多言語サービスとともに日本語学習や母語学習の機会の保障が必須ではないだろうか。

5．これからの自治体の外国人移民政策の課題

　以上、日本における自治体の外国人移民政策の展開、住民としての外国人移民の変化、そして外国人移民向け言語政策の体系化に向けた課題について検討してきたが、2000 年代以降の最も大きな変化は、外国人移民の「多様化」と

16　例えば、かながわ国際交流財団による「かながわの日本語学習支援──現状とこれから」（2009 年 3 月）では、調査対象となった日本語ボランティア教室の 88% が年間 20 万円以下の予算で運営されていると報告されている。また、日本語学校の多くは大学への進学を前提とした留学生向けカリキュラムを基本としており、定住者向けのコースを設置している学校もあるが、数が限られている。

17　日本語教育保障法研究会（新矢麻紀子ら）が提案した「日本語教育保障法案」(2009) では、国が日本語教育の振興のための施策の基本方針を策定し、その区域内の社会的条件に照らして日本語教育振興等の施策を総合的に実施することが相当だと認められる関係都道府県が基本計画を策定するとしている。そして、国および地方公共団体は地域社会における日本語教育、子どもの日本語教育、雇用関係等における日本語教育にかかる責務を持つ、として、日本語教育従事者に対する雇用の確保と安定の整備・充実を義務づけている。

同時に「市民化」が進んだことだと思われる。従来、外国人移民は「支援されるべき弱者」と位置づけられることが多かったが、いまでは「自立した市民」として就労・納税・社会活動などで日本社会に貢献することが期待される存在となったと言えよう。もちろん今日でも「支援」の観点による政策が必要な外国人移民の存在を無視すべきではない。しかしそれ以上に、日本社会にとって外国人移民の存在が深く組み込まれ、すでに社会の不可欠な部分を占めるようになっており[18]、各種の「権利」を保障する基本理念や基本法を整備することが必要な段階に至っていると考えられる。

　また、今日の社会では、外国人移民だけに焦点化するのではなく、性、年齢、障碍、民族、国籍・出身地、言語、宗教など、多様なマイノリティに配慮した社会づくりに取り組むことがより基本的に求められるようになっている。自治体政策の課題は、こうした多様な市民との共生を前提とし、地域の実情に即した的確な展開に取り組むことにある。その意味で「多文化共生」を特別な政策分野ではなく、自治体政策全体を見直す必須の観点の一つに位置づけ、新たな自治体文化の創造を目指すことが重要となろう。

　これまで自治体は、地域の問題構造や多様な住民のニーズに対応した取り組みを積み重ねながら、国の政策の不在や不備を補完し、国レベルの基本政策の確立を求めてきた。外国人移民政策でもこうした傾向が強かったと言える。しかしこれからは、「多様性」「差異の承認」「公正と人権」「公開と参加」など、住民の多様化を踏まえた自治体としての基本理念を確立することを通して国に対して基本法の制定を求めるなど、「下からの政策形成」の戦略的展開がますます求められる段階に入っている。「持続可能な移民社会・言語教育」の構築に向けた政策目標を定め、そこに向けた重層的なレベルでの連携と着実な歩みが期待されている。

文 献

庵 功雄（2016）『やさしい日本語——多文化共生社会へ』岩波新書
猪俣祐介（2013）「中国残留日本人」編者代表・吉原和男『人の移動事典——日本からアジア

18　10年前には見られなかったが、近年、公的な会議や集会などで日本語で意見を述べる外
　　国人移民が増えたと実感する機会が多くなった。

へ・アジアから日本へ』丸善出版

加藤恵美（2010）「外国人の『参加』——その権利を保障するために」渡戸一郎・井沢泰樹編『多民族化社会・日本——〈多文化共生〉の社会的リアリティを問い直す』明石書店

川上郁雄（2002）「日本の国際化とインドシナ難民——ベトナム系住民の視点を中心に」梶田孝道・宮島喬編『国際化する日本社会』東京大学出版会

河原俊昭・野山広編（2007）『外国人住民への言語サービス——地域社会・自治体は多言語社会をどう迎えるか』明石書店

小島祥美（2016）『外国人の就学と不就学——社会で「見えない」子どもたち』大阪大学出版会

庄司博史（2013）「多言語政策——複数の共存は可能か」多言語化現象研究会編『多言語社会日本——その現状と課題』三元社

杉澤経子・関聡介・阿部裕監修（2015）『これだけは知っておきたい！ 外国人相談の基礎知識』松柏社

田中晋（2016）「2015年難民動向分析——日本」難民研究フォーラム編『難民研究ジャーナル』6号、現代人文社

徳田剛・二階堂裕子・魁生由美子（2016）『外国人住民の「非集住地域」の地域特性と生活課題——結節点としてのカトリック教会・日本語教室・民族学校の視点から』創風社出版

富谷玲子・彭国躍・堤正典編（2014）『グローバリズムに伴う社会変容と言語政策』ひつじ書房

中川正春（2017）「『日本語教育推進基本法』を考える」田尻英三編『外国人労働者受け入れと日本語教育』ひつじ書房

「21世紀日本の構想」懇談会（2000）『日本のフロンティアは日本の中にある——自立と協治で築く新世紀』講談社

日本語教育保障法研究会（2009）「日本語教育保障法案」

野山広（2009）「これまでの日本語教育政策——1945（昭和20）年以降の動向に焦点を当てながら」田尻英三編『日本語教育政策ウォッチ2008——定住化する外国人施策をめぐって』ひつじ書房

墓田桂（2016）『難民問題——イスラム圏の動揺、EUの苦悩、日本の課題』中公新書

古屋哲（2013）「グローバルな政策規範と日本の移民法制／制度の変化」編者代表・吉原和男『人の移動事典——日本からアジアへ・アジアから日本へ』丸善出版

FREW, G. Abuloph Nicolas・西村明夫（2016）「日本における医療通訳システムの進展と課題」移民政策学会編『移民政策研究』8号、明石書店、193-203頁

松岡洋子（2014）「単言語社会における移民との共通言語構築の方向性——ドイツ、韓国を事例として」富谷玲子・彭国躍・堤正典編『グローバリズムに伴う社会変容と言語政策』ひつじ書房

毛受敏浩（2011）『人口激減——移民は日本に必要である』新潮新書

師岡康子監修・外国人人権法連絡会編（2016）『Q&A ヘイトスピーチ解消法』現代人文社

渡戸一郎（2009）「自治体政策における『外国人相談』の意義と課題——多言語政策としての『言語サービス』の視点から」『外国人相談事業』東京外国語大学多言語・多文化教育研究センター

渡戸一郎（2011a）「自治体・国の多文化共生政策の再構築に向けて」『都市住宅学』74号、都市住宅学会、4-9頁

渡戸一郎（2011b）「多文化社会におけるシティズンシップとコミュニティ」北脇保之編『「開かれた日本」の構想——移民受け入れと社会統合』ココ出版

第 1 章　自治体の外国人移民政策と言語問題

渡戸一郎（2013）「インドシナ難民の独自性と定住外国人としての共通課題」『外国人コミュ
　　ニティ調査報告書 2──ともに社会をつくっていくために』かながわ国際交流財団
渡戸一郎（2017）「『編入モード』から見る日系ブラジル人の位置と第二世代の課題──リーマ
　　ンショック後の外国人集住地域の事例を通して」渡戸一郎・編集代表、塩原良和・長谷
　　部美佳・明石純一・宣元錫編『変容する国際移住のリアリティ──「編入モード」の社会
　　学』ハーベスト社
渡戸一郎・井沢泰樹編（2010）『多民族化社会・日本──〈多文化共生〉の社会的リアリティを
　　問い直す』明石書店

31

第1部　移民に対する言語教育とサスティナビリティ

第2章

社会を支える外国人移住者と
受入れ社会とのコミュニケーション構築
——多文化社会の持続可能性を支える仕組み

松岡洋子

要　旨

　日本は、労働人口の減少と並行し、この四半世紀の間に移民[1]的背景を持つ人々が急増した。しかし、日本のような同化的・単一文化的傾向の強い社会に異言語異文化の背景を持つ人々が生活することによって、さまざまな問題が生じ、その対応はこれまで市民が中心になって進められてきた。一方、韓国、台湾、ドイツでは日本と同様に労働人口減少が課題となっているが、そこでは移民的背景を持つ人々の第二言語教育施策と、受入れ社会側の変容を促す公的な施策が展開されている。急激に多文化化が進む社会の持続可能性を高めるためには、公的な仕組みづくりと市民の変容との双方が求められる。

1．いつの間にか近くに外国人が

　日本各地で少しずつ外国人の存在が目立つようになってきたのは 1980 年前後からである。英語指導助手や国際交流員、スポーツ交流員など国際交流を目的とする人々、インドシナ難民や中国残留帰国者など日本社会に移住する移民背景の人々、農林漁業に従事する男性の結婚難に対応した国際結婚移民、労働力として受け入れられた日系人や技能実習生、投資家や企業経営者、留学生など、実に多様な外国人の移住と定住化が進んでいる。
　1980 年代半ばから、好景気を背景として国内の製造業では安価な労働力が

1　本章では、本来の居住国を変更した人を「移民」と称する（https://refugeesmigrants. un.org/definitions, 2017 年 9 月 1 日閲覧）。

第 2 章　社会を支える外国人移住者と受入れ社会とのコミュニケーション構築

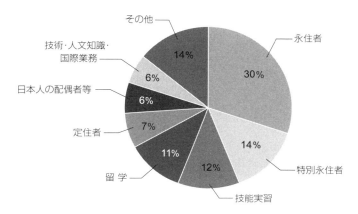

図 1　在留資格別の外国人の割合
出所：平成 28 年末法務省在留外国人統計より筆者作成

得られなくなり、観光ビザで入国した出稼ぎ目的のアジアからの人々を労働力として受け入れた。その後、1990 年に政府は改正入管法を施行して、日系人を主な対象とする「定住」の在留資格を新設し、日系人（3 世まで）を単純労働力として合法的に日本に還流させた。また、1993 年に研修・技能実習制度によって、事実上、外国人労働力受入れに門戸を開いた結果、単純労働に従事する外国人が急増した。技能実習制度は、その後、改定を重ねながら受入職種が年々拡大され、中小企業や一次産業等の貴重な労働力として機能してきた。

また、経済連携協定により、2002 年から順次、フィリピン、インドネシア、ベトナムから看護師・介護福祉士候補者の受入れ制度が始まり、各地の病院、社会福祉施設で、外国人ケアワーカーの姿が見られるようになった。看護師、介護福祉士のように国家資格の取得を求められる分野でも外国人が必要とされるようになっている。

法務省在留外国人統計によると、2016 年 12 月現在、238 万 2822 人の外国人が住んでいる（図 1 参照）。この数は 2012 年末と比べ、わずか 4 年で約 35 万人増加した。

また、厚生労働省が発表した外国人雇用統計によると、108 万 3769 人の外国人労働者が日本にいる（2016 年 10 月統計：図 2 参照）。2017 年からは技能実習の職種として介護等も追加され、さらに特区制度を活用した外国人の家事労働の受入れなども行われ、ますます日本人と身近に接する外国人労働者が増える。

第1部　移民に対する言語教育とサスティナビリティ

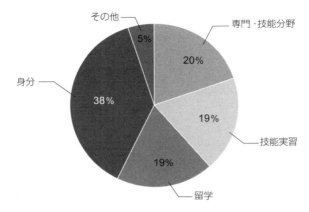

図2　在留資格別の外国人雇用者の割合
出所：厚生労働省外国人雇用状況（平成28年10月現在）より筆者作成

　日本社会は、同化的・単一文化的傾向が強く、「移民」の受入れに対するアレルギーがあると言われる。「労働力が不足するから外国人を受け入れます」という政策を急速に進めることは、社会の反発や混乱を招く恐れがある。そのため、苦肉の策として、民族的同一性を持つ日系人を受け入れ、血統的なつながりを強調することで移民に対する抵抗感をやわらげた。研修・技能実習制度は、途上国への国際貢献であり、いずれ母国に帰る客人を迎え入れるものとして国民の理解が得られているとみなされている。しかし現実には、単純労働を外国人が担っているのであり、その受入れ方法や劣悪な労働条件が社会問題となっているケースも少なくない。

2．ボランティアの日本語学習支援による課題への対応

　外国から来て日本に住む人々を取り巻く課題は多様だが、その主な原因は「外国人に日本語能力がないからだ」と捉えられがちで、日本語ができれば課題はすべて解決すると考えられている。また、ある程度の期間、日本に暮らしていれば、自然に日本語ができるようになると考える人は多い。さらに、日本語を教えることは日本人なら誰にでもできる、と一般的には考えられている。そのため、地域で暮らす外国人も、外国人を雇用する人も日本語を学ぶことに投資しようとはしない。また、日本語を教える行為に対して、そこに専門

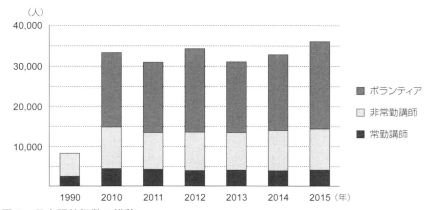

図3　日本語教師数の推移
出所：文化庁「平成27年度日本語教育の概要」より筆者作成

的知識やスキルの必要性をさほど認めず、ボランティアでよしとする傾向がある。文化庁が実施している「日本語教育実態調査」の2016年度の結果を見ると、ボランティアとして日本語教育に関わる人の割合が高いことがわかる（図3参照）[2]。この調査はすべての日本語ボランティアから回答を得ているわけではなく、ボランティア比率が実際にはより高いことが推測される。

　地域の日本語教室の活動内容は、教科書に沿って日本語の文型を中心に教えるものや、外国人との交流活動が中心のものなど多様であり、教えたい人、習いたい人が集まり、それぞれの活動が展開されている。外国人が地域の一員として社会参加できるように支援するというグループもあれば、困っている外国人を個人的に応援したいという人々もいる。また、単に外国人に日本語を教えることそのものが目的だという人もいる。日本語教育だけでなく、生活支援や通訳支援などをボランティアとして担うケースも多い。日本語教室は、単なる日本語学習の場以上に地域に住む外国人を支えている。

2　文化庁は1967年から日本語教育実態調査を毎年実施している。この調査によると、ボランティアで地域の日本語教育に携わる人の割合が高いが、民間のボランティアによる日本語教室全体がこの調査に回答しているわけではなく、高等教育機関や日本語学校などを除く地域の日本語教室に限定すれば、ボランティア依存率はさらに高いことが推測される（http://www.bunka.go.jp/tokei_hakusho_shuppan/tokeichosa/nihongokyoiku_jittai/h27/pdf/h27_zenbun.pdf, 2016年12月25日閲覧）。

第1部　移民に対する言語教育とサスティナビリティ

　このようなボランティア活動は自由意思に基づくものである。いつ、どのような活動をするか、そして、いつ辞めるかもボランティアの意思次第だ。最近、各地で日本語ボランティアの高齢化が進み、新しいボランティアを募集しても、これまでのようには組織的・継続的に日本語教室に関わる人が集まらないというケースが少なくない。外国人の少ない地域では日本語教室を閉じたところも出ている。政府や自治体が多文化共生を謳い、外国人が労働力として欠かせなくなりつつある今の状況で、コミュニケーション課題解決の大きな役割を担う地域の日本語教育や外国人支援活動をこのようにボランティア依存のままにしておくのは危険だ。これまでは、「あったらいいな」という支援だったのかもしれないが、これからは、なくてはならない事業・施策として、政府や自治体、あるいは外国人を受け入れたコミュニティは責任を持って持続させていく必要があるのではないだろうか。

3．外国における移民とのコミュニケーション構築施策例

1）隣国ではどうしているか──韓国・台湾の施策例

　日本と同様に韓国も、主要一言語で公的・私的領域いずれのコミュニケーションも成立し、統一された国民教育や同質的文化背景によって社会常識などが共有された社会である。その反面、主要言語ができず、常識を共有しない移民にとっては社会参加がかなり困難だと言える。

　一方、台湾は多様な言語が社会の中に混在し、複数言語使用者も珍しくない。つまり、多言語状況に寛容であり、なんらかの手段を使ってコミュニケーションを成立させようとすることが日常化している。

　日本、韓国、台湾は、国民の高学歴化、少子高齢化、産業構造の転換という課題への対応のため、外国人労働者、結婚移住女性の受入れを急速に進めたという共通点を持つ。例えば、2015 年の合計特殊出生率では、日本 1.43、韓国 1.29、台湾 1.12 と[3]、いずれも人口を維持するために必要とされる 2.08 を大きく下回っており、成熟社会の課題が一気に顕在化している。この状況に対し、韓国でも台湾でも日本と同様、結婚あっせん業者が仲介する国際結婚が 1990 年代から急増した。その背景には、女性が高学歴になり結婚相手への要求水準

3　http://www.globalnote.jp/post-3758.html（2016 年 12 月 25 日閲覧）

が高くなったことで、相対的に学歴が低い男性、あるいは低所得層の男性が結婚難に陥ったことがある。結婚あっせん業者はアジアの途上国の若い女性を紹介し、年齢差のある国際結婚が急増した。途上国の女性にとってはよりよい生活を求め、就職感覚で先進国の男性との国際結婚を選択するという側面がある。しかし、男性は40代以上、一方の女性は20代という年齢差のあるカップルが多い。ことばも文化も年齢も大きく異なる者同士の結婚生活の維持は容易なものではない。さらに男性が低所得者、あるいは身障者であることも稀ではない。結婚移住女性は、夫やその老親とのコミュニケーションもとれず、経済的にも余裕がない状態で、やがて子どもが生まれ、ますます生活に追われるようになる。ことばを学ぶ機会もないため、ことばをさほど必要としない低収入の単純労働に従事しながら家事と育児をこなすという悪循環が続く。ことばだけでなく、その国の教育についての知識も不十分なため、子どもの教育に関わることができず、その結果、子どもにも悪影響が及ぶ。さらに、夫からの家庭内暴力が問題となるケースもある。韓国でも台湾でも、政府はこのような現状に危機感を持ち、国としてこのような国際結婚家庭を支援することで、新たな家族形成、次世代の人口維持を図ろうとしている。具体的には、以下のような事業が展開されている。

①韓国の多文化家族支援施策

　韓国では2007年に在韓外国人処遇基本法、2008年に多文化家族支援法を制定し、国際結婚家庭の支援を公的に行うようになった。具体的には、新設された女性家族部が全国各地に多文化家族支援センターを委託設置して、そこを拠点に韓国語教育、相談業務、家族支援プログラム等を実施している。2016年現在全国217のセンターが法律で定められた多文化家族支援業務を行っている。また、法務部は2009年から社会統合プログラム（KIIP）を開始し、特に結婚移民に対しては約200時間の韓国語教育と50時間の韓国社会理解講座を受講して試験で一定程度の成績に達した場合、帰化要件等の緩和を認めている[4]。一方、国際結婚家庭ではことばや文化の違いによって意思疎通が十分にできず、家庭内暴力などのトラブルが頻発している。これを防止するため、2014年からは結婚ビザの取得要件が厳格化され、韓国語能力証明（TOPIK 韓国語能力試験

4　http://multiculture.dibrary.net/posts/list/202/43069/ja_JA.do（2016年12月25日閲覧）

初級1）の提出、または夫婦間の意思疎通が可能な言語があることを証明することが求められるようになった。韓国政府は「ことばは暮らしていくうちに自然に覚えられる」という楽観主義をとらず、カップルの間にコミュニケーション手段があることを確認することで国際結婚家庭の問題を未然に防ごうという姿勢を見せていると言えよう。

　また、低所得者層の多い国際結婚家庭への経済的支援策として、職業訓練や就職相談事業も展開されている。特徴的なものとしては、結婚移民に観光ガイド、多文化講師（幼稚園、小学校などで国際結婚家庭の出身地紹介などの多文化理解講座担当）、英語講師などの養成プログラムを実施し、外国人を人材として活用しようと試みている。さらに、結婚移民の同国人コミュニティの形成と活動支援事業が多文化家族支援センターを中心に行われ、母親側の文化継承と精神安定の機能を担っている例や、韓国人の夫、子どもを含めた家族単位の交流事業などもある。釜山の市場では、観光振興を目的として、結婚移民による多国籍料理の屋台の出店を行政が支援している。これらの事業は、習得した韓国語能力を生かして韓国社会と実質的なコミュニケーションを図る機会を提供し、韓国社会への参画を促す意図がある。しかし、「多文化家族支援」のために国の予算を使うことに対する韓国社会からの批判もあり、また、実際にはこれらの事業が国際結婚家庭の収入増加や結婚移民たちの社会参加につながるのか、今後の検証が必要である。さらに、多文化家族に対する韓国社会の理解を促進するために、結婚移民の出身国の文化紹介や子どもたちに対する啓発教育なども進められている。しかし、多文化家族を優遇しすぎるという批判もあり、2017年からは外国人労働者も含むすべての外国人を支援対象とした社会統合事業が進められている。

　②台湾の新移民（結婚移民）支援施策

　台湾では、結婚移民（主に女性）を「新移民」と称し、韓国と同様、言語教育や職業訓練などの支援を行っている。台湾では当初、言語、文化を共有する中国大陸の女性との結婚が中心だったため、コミュニケーション課題は見えにくかった。その後、インドネシアを中心とする東南アジアの華僑女性との結婚が増加したが、華僑であるため会話には問題がないが、漢字の読み書きができないために台湾での生活に支障をきたすことが課題として認識された。その後は中国系以外のアジアからの結婚移民が急増した。その結果、家庭内のコミュ

ニケーションができずに、韓国と同様にさまざまな問題が顕在化した。台湾に来る結婚移民は韓国以上に若く、また学歴の低い女性が少なくない。これに対し、政府は 2005 年に外国籍配偶者支援の基金を設立し、「外籍配偶生活輔導班」と称する 72 時間の日常生活情報および言語習得のクラスを小中学校、民間の支援団体などに委託して運営するようになった。この受講証明があれば、「外籍配偶帰化測試」という帰化試験が免除されるという優遇策がとられている。なお、帰化については、結婚移民は一般の帰化申請者より優遇されており、台湾に合法的に 3 年以上滞在し（一般は 5 年以上）、外国籍配偶者対象の帰化試験合格、台湾国内の学校での 1 年以上の就学証明、または外籍配偶生活輔導班受講証明のいずれかを提出することで申請が可能となっている。いずれにしても、政府は結婚移住者に対し、ごく初歩的ではあるが言語能力を求めるようになった。また、母親の言語・文化継承のため、多言語絵本読み聞かせ活動などを子どもたちに対して行っている。筆者が台湾を訪問した際にも、小学校などで結婚移民に対する中国語学習支援と同時に多言語絵本の読み聞かせ事業が行われていた。結婚移民に対して言語教育を行うだけでなく、学歴を高め、就労スキルを向上させることで社会参加を促し、国際結婚家庭の経済力向上も図ること、また、結婚移民自身や国際結婚家庭の子どもたちを外国と台湾を結びつける人材として育成する施策を台湾政府は進めている。

③韓国の外国人労働者対象の施策

韓国、台湾ともに、新たな家族を形成する結婚移民、国際結婚家庭に対する支援が手厚く行われていることが特徴的であるが、それに対して、外国人労働者に対する支援はそれほど積極的に行われていない。外国人労働者はいずれ帰国する人々であり、正規の市民として受け入れられていないということだ。

韓国では、2004 年に、外国人労働力の受入れのシステムとして機能していた産業研修制度（1993 年より）を順次廃止し、外国人雇用許可制に転換して正式に外国人労働者の受入れを始めた[5]。この制度では入国条件として韓国語試験（EPS-KLT）の成績証明が求められている。また、入国後にはごく短期間ではあるが、オリエンテーションが義務付けられており、そこで、職場で使われ

5　韓国の外国人労働者事情については（独）労働政策研究・研修機構のレポートなどに詳しい（http://www.jil.go.jp/foreign/labor_system/2015_01/korea.html 等参照）。

る韓国語教育や労働者としての権利・義務についての講座が実施される。このほかに、就労後の韓国語学習支援、コンピュータスキルなどの就労力向上トレーニング、健診、病気やけがの治療支援、就職先でのトラブルに対する相談、帰国後の就労スキルアップを目指した帰還プログラムなどの支援が外国人勤労者支援センター等の支援機関で受けられる。また、これらの機関は、外国人労働者に対する地域社会の偏見をなくすための努力を続けている。安山、富川などの外国人労働者集住地域では、多文化祭りなどで外国人労働者が文化紹介を行うなどの行事を開催し、地域社会との交流を促進している。しかし、外国人労働者に対して、韓国社会から偏見や差別的な視線が未だ向けられている。

④台湾の外国人労働者に対する施策

台湾では、韓国、日本と比べて外国人労働者の雇用はかなり広範囲な業種にわたり、シンガポールなどと同様に、家事労働などにも広がっている。台湾でも、韓国と同様、自国での雇用が確保できない業種に外国人の雇用が許可されている。外国人を雇用する際には給与明細などは労働者が理解できる言語で表示することが雇用者側に義務付けられ、外国人雇用税も徴収され、外国人労働者の雇用にかかる業務や権利保護などの資金に活用されている。しかし、外国人労働者の言語能力に関する義務や規定はなく、韓国と同じように外国人労働者支援センターなどで、言語学習支援や相談、生活支援などが受けられるものの、台湾社会への統合は考えられていない。

2）ヨーロッパではどうしているか——ドイツの移民政策の事例

ドイツでは、韓国、台湾のような結婚移民と労働者という対応の差はなく、人口政策（＝労働力）としての移民政策が中心である。ドイツは、第二次世界大戦からの復興期に外国人労働力を導入した経験を持つ。しかし、ドイツの外国人労働者はガストアルバイターと称され、いずれ帰国する一時滞在者としてみなされてきた。1970年代のオイルショック以降、外国人労働力の受入れは停止されたが、その後も外国人労働者たちはドイツに定住し続けた。ドイツは長く血統主義をとり、外国人をドイツ社会の一員とは認めてこなかった。ドイツは第二次世界大戦時のナチスドイツのホロコーストへの反省から、反民族差別社会への転換を図ったが、特にトルコなど宗教の異なる外国人に対する差別や排斥がたびたび起こり、社会問題化した。この頃、日本と同様に移民の社会

統合問題への対応は市民レベルの活動が中心だったが、労働人口の減少に向き合うため、また、フランスなど隣国での移民問題の深刻化も相まって、政府レベルの対応が検討され始めた。

その後、移民の受入れか制限か、で意見の対立が続いたが、2005年にいわゆる新移民法が施行され、ドイツは移民受入れ国家として法整備を進めた。この新移民法では、内務省の下部局として難民移民局を設置して移民の受入れに関わる行政業務を統括した。そして、新規移民に対して600時間のドイツ語学習および30時間のドイツ事情学習を課して、日常生活である程度の自立が可能な中級前半レベルのドイツ語能力（ヨーロッパ言語共通参照枠CEFRのB1レベル）習得と、ドイツ社会の基本的な知識の習得を義務付けた。このドイツ語・ドイツ事情学習プログラムは社会統合プログラムと称され、教育機関、教師、教材などが政府によって規定・監督され、教育の質的保証が図られている。また、受講料の半額は政府が負担し、低所得者に対しては自己負担分の受講料や教室に通う交通費などの補助もある。

しかし、実際にドイツ語・ドイツ事情教育が始まると、600時間の学習では目標の能力に到達しない移民の多さが問題となった。例えば、トルコ人移民男性は宗教上の理由から結婚相手を本国から呼び寄せることが多いが、その結婚相手は母国でも学校に行ったことがなく、文字の読み書きもできない人も多い。さらに宗教上の理由から男性と同じ教室で学ぶことができないなどの理由で、ドイツ語学習が進まない。また、年少者は将来のキャリア形成を目標とした対応が求められる。筆者は以前、いくつかの統合コースのドイツ語教室を見学したが、学習意欲が低く、教師の文法説明などを理解できない移民の姿もしばしば見られた。また、教師側もこのような学習者に対応するスキルが不十分で、多様な課題を持つ学習者を同じ教室で学ばせることに限界が見られた。これに対応して、政府は2007年以降、対象別の統合コースを開設し、速習400時間コースや、ドイツ語900時間までの延長コースを認めた。また、ドイツ事情教育も45時間に延長し、さらに2015年には60時間に延長され、ドイツ社会で暮らすための知識を持つことを移民にさらに求めるようになった。これは、言語能力だけでなく、ドイツ社会を理解し、ドイツで暮らすための共通認識を持つことが移民の社会統合に必須だという姿勢の表れである。また、ドイツ語能力も1つ下のA2レベルを仮合格として認めるなどして、学習の進まない移民に対するドイツ語習得を奨励した。一方、結婚移民に対しては出身国での

ドイツ語習得を課し、ドイツ政府認定の教育機関（ゲーテインスティテュート等）から A1 修了証明の取得を求めるようになった。

　以上のように、ドイツでは、ドイツ語能力およびドイツに関する基本的知識を持つことが社会参加の必須条件であることを移民に対して明示している。フランクフルトなど多言語による行政サービスが充実している地域もあるが、移民の母語は多様であり、すべての言語に対応することは困難である。政府は予算を使ってドイツ語・ドイツ事情教育の機会を保障し、それに対して移民はドイツ語能力およびドイツ社会知識の習得を持った上で社会統合されることに合意し、ドイツに定住していくのである。

　ここ数年、ドイツの移民の受入れは、統合から包摂へと方向転換を図ろうとしている。移民の持つ文化を尊重し、国際社会とのつながりの担い手として移民を受け入れようと政府の姿勢が変化しているのである。そのパイロットプロジェクトとして、いくつかの都市でウェルカムセンターと称する外国人受入れの部署が設置され、移民のドイツ社会への融合を支援している。

　一方、2013 年から 2015 年に 100 万人を優に超える難民を大量に受け入れた結果もたらされた社会の混乱から、移民に対するドイツ社会の視線は厳しくなった。特に、2015 年 12 月 31 日にケルン中央駅で起きた外国人による集団暴行・窃盗事件をめぐって、移民・難民の受入れを奨励したメルケル首相やレーカー・ケルン市長に抗議が殺到した[6]。このような事件は、ドイツの極右勢力の台頭の追い風となり、ドイツ社会における移民・難民に対する批判が高まることにつながる。保守傾向の強いバイエルン州などでは、一旦難民申請が認められた難民に対して就労許可を取り消すような対応も見られるようになっている。しかし、ドイツ全体としては、憲法の規定に従い政治難民の受入れを積極的に行っている。さらに、労働力人口減少対策として労働力の獲得のために難民を受け入れるメリットがあるという。新移民法では、難民申請中の者に対する統合コースの受講は認めていないが、2015 年の法改正により、シリア、イラン、イラク、エリトリアの 4 か国からの難民は難民認定を受ける可能性が高いという理由から、認定以前から統合コースの受講が可能となった。また、それ以外の難民申請者に対しても、市民ボランティアによるドイツ語教育や生

6　この事件はケルンだけでなく、北ドイツでも同時に発生したが、犯行グループは外国人であることがわかっているだけで、ドイツへの移民・難民だと証明されたものではない。

活支援が行われ、2015年の難民受入れのピーク時にボランティアの数も一時的に急増した。このように、難民に対するドイツ市民の姿勢は賛否両論がある。

4. 外国の施策から学ぶこと

1）日本は多言語国家に変われるか？

前項では韓国、台湾、ドイツの事情を見たが、筆者はシンガポールでも移民のコミュニケーション施策について調査を行った。シンガポールのような多言語国家では、複数の言語が公用語として認められ、個人が複数の言語能力を持ち、複言語コミュニケーションが常態化している。これは、シンガポールが国の成立時から複数の民族によって構成されたためである。しかし、国家として成熟し、社会の統一性が求められるに従い、言語コミュニティ間をつなぐ共通言語が必要となってくる。シンガポールの場合は、教育言語として、またビジネスのツールとして英語がかなりの比率で社会の共通言語として機能しており、若い世代では出自の民族語ではなく英語が第一言語になっているケースも多い。そして、複数の言語が個人や社会の中にあることは当たり前のことであり、状況や必要に応じて、使われる言語が入れ替わる。複数の言語コミュニティとの接触に、複数の共通言語を持つというのがシンガポール人のアイデンティティであり、決してそれぞれの言語コミュニティが孤立、分断されているわけではない。しかし、日本のように単言語単文化的傾向の強い社会では、シンガポールのような社会を実現することは困難である。社会が多言語化することに対する必要性と共通認識が持てるか、そのための教育投資ができるか、など、大きな変革が求められる。

2）移民の言語習得は自然に進むのか

では、長く住んでいれば、移民は移住先の言語を使えるようになるのだろうか。表1に、移民を受け入れた社会の言語能力について、受入れ社会側が移民に期待する能力と、移民自身が習得を期待する能力との違いについて、韓国、台湾、ドイツでの聞き取り調査から抽出した要素を整理した。

これを見ると、結婚移民のようにその社会と深く結びつき永住する人々に対しては、受入れ社会はかなり高い言語能力を期待している。一方、移民側は日常生活を営み、すぐに収入を得られる単純労働に従事する程度の言語能力で十

第 1 部　移民に対する言語教育とサスティナビリティ

表 1　移住社会の言語能力に対する期待の差

	受入れ社会側の期待	移民側の期待	
		基礎段階	発展段階
結婚移民	継続的能力向上・自立 ・自立力 ・家族生活維持に必要な 4 技能	基礎会話で十分 ・日常会話 ・単純労働就労レベル ＊読み書き能力不要	必要に応じて ・キャリアアップ ・子どもの教育支援 ＊社会参加能力
労働移民	不要・自己責任 ・雇用主は社会との接触期待なし ＊人権上の必要性を支援者は主張 ＊トラブル等で近隣住民は不安	不要 ・収入重視 ・必要性認識無し	必要に応じて ・キャリアアップ ・帰国後のためのキャリア形成

出所：筆者作成

分だと考える人が多い。もちろん、中には生活レベルを向上させるためにより
高い言語能力の習得を目指す移民もいるが、母国での教育レベルが高くない
ケースが多いため、学習意欲が高い人は少数である。これに対して、一時滞在
者である労働者の場合、受入れ社会（特に雇用主）も移民も言語能力習得への
期待は低い。一般的には言語習得のために時間的金銭的コストはかけない。し
かし、労働者も、ことばや習慣がわからないことによる不利益を被ることが多
く、受入れ社会側もコミュニケーションできないことによる誤解・衝突などの
困難を抱えることになる。

　この状況を見ると、移民本人や受け入れた人々の期待に頼るだけでは心も
とないことがわかる。「長く滞在すれば、そのうちことばができるようになり、
社会常識も理解するだろう」というのは、楽観的にすぎる。いくら長く滞在し
ても、受入れ社会との接触や社会参画の機会が限定されれば言語習得は進まず、
書記能力を学習なしに獲得することはない。しかも、ことばの習得に対する期
待値がこの調査で見られたようなレベルに留まるのであれば、移民自身も受入
れ社会も、ことばの習得に対する努力を怠るだろう。

　日本では長い間、ボランティア中心の日本語学習支援活動が行われているが、
1990 年代に急増した日系人、結婚移民などには日本語学習の機会は保証され
ておらず、その必要性に対する認識も低いまま現在に至っている。共通言語を
持たず、文化・習慣も異なる人々が混在することによって、集住地域が多様な
課題を抱えたことは先述したとおりである。また、2011 年の東日本大震災の
際には、20 年も日本に滞在しながら日本語の情報が理解できずに避難が遅れ

44

た、必要な支援が受けられず不利益を被った、という訴えが被災地の結婚移民や労働者から聞かれた。このような事態を招いたのは、市民レベルの支援に任せたための限界と言えるのではないだろうか。

3) 移民受入れのための言語・社会事情習得施策の意味

これまで見てきたように、韓国、台湾、ドイツでは、どのような外国人を何のためにどのように受け入れるのかが検討され、それに対応する施策が講じられていることがわかった。

ドイツの施策は言語能力および社会事情知識の習得を義務化した点で特徴的である。移民を社会に受け入れ、その権利を尊重すると同時に社会に対する責務を果たすように意識化するために、この2つが不可欠だという姿勢を示している。ドイツでも、日本と同じように、もともとはボランティアや地域のコミュニティが移民に対するドイツ語学習や生活の支援を担ってきた。しかし、法的根拠もなく、強制力もない状態では、移民の言語能力を高め、社会参加を促す手法には限界があり、さまざまな課題が生じた。その経験を踏まえて、新移民法でのこのような対応が現れた。これは、受入れ社会にとっても移民にとってもメリットがあるというドイツの判断である。

一方、韓国や台湾では、「家族」という社会の基本単位の形成を重視し、結婚移住女性に対して言語および社会事情教育施策をとった。その受講は義務ではないが、帰化条件等に対してインセンティブを与えることによって、安定的な家族形成を促し、これが人口減少対策として機能することも期待されている。韓国では、この施策をさらに進めて、希望する外国人労働者に対しても言語習得支援を行うという政策転換が図られており、外国人を社会の人材として受け入れるという姿勢をさらに見せ始めている。

さらに、移民に対する言語教育施策だけでなく、ドイツでも韓国でも受入れ社会側の変化を促す施策も見られる。例えば、公務員や移民支援機関の職員等に対する異文化トレーニングの実施や、移民と地域住民との協働による新たな地域づくりのためのパイロット事業の推進といった努力がある。筆者が調査したミュンヘン市では、部局長級職員に対して、各部局の職務上の特徴に合わせた異文化トレーニングが義務化されており、部局長はそこで得た知識やスキルを部局内で広める役割を担う。また、韓国の警察官、教員、多文化家族支援センターの職員等に対しても、異文化対応力の高める研修が実施され、課題を共

有しながらその対応について検討されるようになっている。このように受入れ社会にも変化を生じさせることによって、移民が習得した言語能力が受入れ社会との共通言語として機能し、新たな社会の構築が進むことが期待されるのである。

まとめ──日本はどうするのか？

　共通言語を持たずに、多様な人々が住む社会は不安定であり、持続可能な社会とは言えない。ドイツは、移民に対する言語・社会知識の習得を義務化することで、その課題を克服しようとしている。韓国、台湾では、家族形成によって社会に定着する結婚移民に対して、言語・社会知識の習得に対するインセンティブを与えることで、移民の自主性に任せるだけでなく、言語学習を奨励している。いずれも、受入れ社会が法的、財政的根拠を作り、コミュニケーションの持続可能性を担保しようとする施策である。受入れ社会が移民を必要とし、その受入れに社会が責任を持つ姿勢の表れである。

　一方日本は、人口減少に対応する手段として外国人の労働力の受入れを急激に進めているが、日本社会と外国人がコミュニケーションを確保するための日本語教育を、ボランティアの善意や行政等のわずかな対応に頼っている。ボランティアによる日本語教育や生活支援活動には法的根拠がなく、そのため財政的基盤も弱く、持続可能性は低い。実際に、この四半世紀続いてきた各地のボランティアの日本語教室が、ボランティアの高齢化により閉鎖される事例が増えている。シンガポールのような多言語対応の力も持たない日本社会では、この状況を黙認することで社会が不安定化することが危惧される。

　日本社会は未だに「よりよい生活を求めてやって来た外国人を受け入れてやっている」「困っている外国人を助けてやっている」と考えているのではないだろうか。人口が減少する先進諸国では、労働力の確保は喫緊の課題である。その対応のために少子化対策と同時に、外国人労働力の導入を急速に進めており、移住を希望する人々は、条件のよいところを選べる時代になっている。日本社会は、外国からの労働力をどのように確保するのか、それと同時に、「住んでいればそのうち日本語ができるようになる」「日本人なら誰でも日本語は教えられるから、ボランティアで教えれば大丈夫」という言説を見直し、日本語教育をはじめとする外国人受入れ施策を講じる必要がある。あるいは、外国

第 2 章　社会を支える外国人移住者と受入れ社会とのコミュニケーション構築

人に頼ることなく、社会を縮小させながら維持する方向に転換する、という選
択肢もあるだろう。世界最速で進む少子高齢化社会を持続可能なものにするた
め、日本はその選択を迫られている。

　本稿は、科学研究費補助金基盤研究（B）課題番号 24401025「移住者と受入れ住民のコ
　ミュニティ形成に資する複言語コミュニケーションと人材育成」および、基盤研究（B）
　課題番号 16H05724「コミュニティの公共人材を対象とした多文化対応力開発プログラ
　ムの国際比較」（いずれも研究代表者・松岡洋子）による研究成果の一部である。

第1部　移民に対する言語教育とサスティナビリティ

第3章

ヨーロッパ市民のための言語文化リテラシーと
ヨーロッパ言語共通参照枠（CEFR）
——英国の EU 離脱とサスティナビリティの観点から

宮崎里司

要　旨

本章は、英国[1] の EU 離脱に端を発した、ヨーロッパの統合と拡散の動きに対し、ヨーロッパ市民がサスティナブルな言語文化リテラシーを保持するために、どのような方策が考えられるのかを、ヨーロッパ言語共通参照枠（CEFR）の理念である、複言語・複文化主義や行動中心主義の観点から考察する。さらに、エコロジー、政治、経済、文化などに関する人類の文明活動が、将来にわたって持続できるかどうかを表す概念である、サスティナビリティ学（Clark 2007）を念頭に、ヨーロッパ市民が、幸福な生活を営むための基盤である、社会システム（social system）をどのように構築すべきかを、ヨーロッパ市民の相互理解を通して育むヨーロッパ・アイデンティティや言語政策をキーワードに検証する。

1. 問題の所在

英国の欧州連合（European Union: EU）離脱の是非を問う国民投票（referendum）が、2016 年 6 月 23 日に実施され、離脱支持（Brexit）が 51.9%（1741 万票）と、残留支持（Bremain）の 48.1%（1614 万票）を 4% 近くも上回った。世界第 5 位の経済大国（名目 GDP US ドル：IMF - World Economic Outlook Databases, 2016 年 4 月版）であり、北大西洋条約機構（North Atlantic Treaty Organization: NATO）の主要加盟国による、初めての EU 脱退となった。また、この日は、同時に世界の

1　本章では、イングランドをイギリスではなく、英国と表記する。

株式市場で、2兆ドル（約200兆円：6月24日時点での円換算）の価値が失われた日でもあった。これにより、原加盟の6か国（ベルギー、ドイツ〔加盟時西ドイツ〕、フランス、イタリア、ルクセンブルク、オランダ）から28か国に膨らんだ拡大路線（More Europe）は、最大の危機を迎え、「EUの大統合時代（European integration）」の終焉を告げる日となった。英国がEUに加盟した1973年の欧州経済は、いわゆる、石油ショックによる「ユーロペシミズム（Euro pessimism）」の時代であり、成長の恩恵に浴する機会は少なかったと言える。当時、経済状態が似通った西ヨーロッパ9か国の加盟により、総人口は約2億5000万人であったが、現在は、28か国、約5億人（5億800万人）の規模となっている（Eurostat 2016）。しかも、現在域内での経済および所得格差や失業率の差が大きく、最も失業率の高いギリシャ（25.0%）と低いドイツ（4.63%）では、5.4倍近い格差がある（IMF - World Economic Outlook Databases 2016年4月版）。特に、ここ数年は、ギリシャの債務問題や、中東およびアフリカ諸国からの難民問題などで加盟国同士が対立したのに加え、EU首脳部の強権的な政治主導が顕著化し、英国民の不満を駆り立ててきた。今回、EU離脱に賛成した投票者は、自らは、「汎ヨーロッパ主義（Pan Eurocentrism）」を支持する者であり、必ずしもヨーロッパ大陸各国との決別を望んでいるわけではないという立場をとっていた割合も多かった。むしろ、EU本部（ブリュッセル）を中心とした統合態勢の進め方についての反発であり、英国の主権が侵されているという不満である。EU統合の過程や手続きに対して、反発する概念や思想である、EU懐疑主義（Euroscepticism）派が各国で支持を伸ばす背景には、移民問題の他に、選挙によって選出されていないEU官僚によって政策が決められ、民意が反映されていないことへの不満がある[2]。さらに、労働者の自由移動（移民）問題だけでなく、安全保障やテロ対策で問題を抱えるなか、貿易シェアやイノベーション能力、人口の面で欧州が世界の他の地域と比べて、英国が相対的に地盤沈下し、内向き志向になっていくのではないかとの危機感もある。そうした中、保守党のキャメロン首相の後任として、第27代保守党党首に、テリーザ・メイ（Theresa May）を指名し、同時に、第76代首相の誕生となった。メイ首相は、2009年に発効されたEU基本条約であるリスボン条約第50条の規定に基づく

2　加盟国別の欧州議会議席数（2013年のクロアチア加盟後）において、英国の議席数は、ドイツの99議席に次ぎ、フランスと同数の72議席となっている。

離脱手続きに入ると明言した。メイ首相は、離脱派と残留派の調整役として期待されている。本章は、英国の EU 離脱に端を発した、ヨーロッパの統合と拡散の動きに対し、ヨーロッパ市民が、持続可能な言語文化リテラシーを保持するために、どのような方策が考えられるのかを、ヨーロッパ言語共通参照枠（CEFR）の理念である、複言語・複文化主義、ならびに行動中心主義の観点から考察する。さらに、サスティナビリティ学（Clark 2007）を念頭に、ヨーロッパ市民が、幸福な生活を営むための基盤である、社会システム（social system）をどのように構築すべきかを、ヨーロッパ市民の相互理解を通して育むヨーロッパ・アイデンティティや言語政策をキーワードに検証する。

2. 移民と EU

2004 年、旧東欧諸国をはじめとした 10 か国の新規加盟（ポーランド、チェコ、スロバキア、ハンガリー、スロベニア、エストニア、リトアニア、ラトビア、マルタ、キプロス）に対し、英国は制限を付けなかったため、自由に人が出入りできるようになったが、そこに、2007 ～ 08 年からの世界金融危機（リーマンショック）が追い打ちをかけた。

英国では 2015 年、純移民の数が 33 万人となり、そのうちの半分が EU 市民と、統計が示している。また、2010 年以来、EU からは 90 万 4000 人の移民が英国に渡ってきた（Office for National Statistics〔イギリス統計局〕2016）にもかかわらず、政府が移民に発行した国民保険の番号数が 223 万 4030 人にのぼっており、130 万人以上のギャップがあることが判明した。また外国生まれの割合が、1993 年には、7%（380 万人）であったが、2014 年には 13.1%（830 万人）と 2 倍近い増加となった。また、外国籍保有者の割合も、同じ 93 年の 4% から 8.5% に増加している（同：2016）。英国最大野党・労働党が下院議席の多くを占め、同党の「ハートランド（心臓部）」と呼ばれるニューカッスルをはじめとする北東部地域では、今回の投票で最大の争点となった移民の増加が大きな問題となり、反移民の主張を掲げる英国独立党（UK Independence Party: UKIP）が急速に浸透している。その他にも、欧州各国で EU 懐疑派が勢いづき、フランスの極右政党・国民戦線のマリーヌ・ルペン（Marine Le Pen）党首も、英国が欧州に解放と民主主義のための道を提示したとして、国民投票実施を求めている。すでに、オランダでは 4 月、EU とウクライナの「連合協定」の是非をめぐる

第3章　ヨーロッパ市民のための言語文化リテラシーとヨーロッパ言語共通参照枠（CEFR）

国民投票を実施し、反対が多数を占めた。反イスラム・反欧州を掲げるヘールト・ウィルダース（Geert Wilders）氏率いる極右の自由党が勢いづく。今回の国民投票で、残留支持が 62% と圧倒的だったスコットランドでは、自治政府のスタージョン首相（スコットランド民族党〔Scottish National Party: SNP〕党首）は、独立が否決された 2014 年に次ぐ 2 度目の住民投票を俎上に上げるとの考えを示した。EU の移民政策・言語政策は、こうした状況の下、英国が採用しようとする「新孤立主義（new isolationism）」のように、開放より新しい孤立を、他国より自国優先主義（nationalism）を選ぶ傾向の中で高まる、基本理念への懐疑へと変容している。

　EU 統合市場の根幹は、原則である「人、物、資本、サービスの移動の自由（free movement of goods, persons, capital, services）」を基本としているが、今回の投票結果は、これまで述べてきた英国の移民政策やアイデンティティの見直し、さらに EU 域内の安全保障への意思表明とも言える。協定加盟国における共通国境管理の漸進的撤廃に関する協定であり、加盟国間における国境での出入国管理をなくす往来の自由に関する取り決めである、シェンゲン協定（Schengen Agreement）は、現在、ヨーロッパの 26 か国にまで範囲が広がっている。だが英国の離脱派は、移民の抑制を訴えており、「人の移動の自由」に対する英国民のネガティブな考え方を示す一例となった。これに対し、ドイツのメルケル首相などは、「物、資本、サービスだけは、従来通りのままにしながら、人の移動にだけ制限を加えようとするいいとこ取りは身勝手だ」と批判し、欧州理事会（European Council）のドナルド・トゥスク（Donald Tusk）常任議長（EU 大統領）も、投票前、英国が離脱を選択すれば、英国に続く国が現れる「ドミノ離脱」に発展する可能性もあると警告した。「国内の移民問題を国民投票の道具に使い、移動の自由の原則までも変える」という批判である。

　こうした事態はヨーロッパだけではなく、他の EU 以外の国々にも波及している。例えば、オーストラリアでは、イスラム排斥を訴える極右政党のポーリン・ハンソン率いる、ワンネーション党（One Nation Party）が、2016 年 7 月 2 日に行われた、オーストラリア連邦政府の上下両院総選挙で議席を伸ばし、党首を含め、数人が国政に復帰した。さらに、保守党（Liberal Party）政権の、ダットン（Peter Dutton）移民省大臣も、難民はリテラシーに問題があるだけではなく、（廉価な賃金で働くことで）オーストラリア人の仕事を奪っていると発言し、物議を醸した。アメリカでは、同様に、移民排斥を唱える共和党のトラ

51

第1部　移民に対する言語教育とサスティナビリティ

ンプ候補の勢いが止まらず、民主党のクリントン候補を破って大統領となった。

3．EU 市民とヨーロッパ共通言語参照枠（CEFR）

　ここで EU では、域内においてどのような言語政策を採用してきたかについて、理念や思想を振り返ることにしたい。1949 年 5 月に、西欧 10 か国（フランス、イタリア、英国、ベルギー、オランダ、スウェーデン、デンマーク、ノルウェー、アイルランド、ルクセンブルク）が、人権擁護、議会制民主主義、法の支配、平和主義の分野で国際社会の基準策定を主導する、欧州評議会（Council of Europe: CoE）を設立した。CoE は、域内の市民が生涯にわたって多様な言語と文化に対応する能力を身につけるため、国家レベルではなく、個人の異文化適応能力を念頭に置く、複言語主義（plurilingualism）と複文化主義（pluriculturalism）[3] を標榜している。CoE は、主に、人権、民主主義の保護や、社会的、法的規範を確立するための合意形成、共通の価値観に基づくヨーロッパ・アイデンティティ（European identity）の自覚、ならびに文化、教育政策の促進、そして、個人、地域、国家のアイデンティティを尊重しつつ、ヨーロッパ・アイデンティティを育む言語政策を、主な役割としており、言語の多様性や、ヨーロッパ市民の相互理解、民主的市民性、そして社会的結束の促進を目指している（Byram 2008）。EU の法令は 24 の公用語で用意される必要があり、すべての欧州議会議員[4] は議会討論で母国語を使用する権利を有することからも、言語の多様性は欧州の顕著な特徴であり、その維持は EU の重要な目標でもあり、EU の仕組みを支える基礎理念と規定されている。

　そうした CoE の理念を具体化し、EU 市民がどのような言語文化的なリテラシーを身につけるべきかといった課題に応えるためのフレームワークを提供したのが、ヨーロッパ共通言語参照枠（Common European Framework for References of Languages: CEFR）である。CEFR は、ヨーロッパの言語と文化の多様性の中の統合（United in Diversity）をモットーにしながら、平和主義や民主主義および人権を、EU 市民に根付かせるために作られた言語政策でもある。CEFR には、

3　Council of Europe Languages, Diversity, Citizenship: Policies for Plurilingualism in Europe. Strasbourg,13-15 November 2002. Conference Report. 2004, S.5.
4　2009 年 7 月 14 日以降、総数 736 名（比例代表制）。

ヨーロッパの多様な言語と文化を保護し発展させ、EUの市場統合と人材の流動に対応すべく、ヨーロッパの全体性や一体性をこれまで以上に考慮するといった政治的かつ教育的な背景がある。CEFRでは、複言語主義を「個人」の領域、多言語主義を「社会」の領域とみなし、「複数言語」を使用する「個人」が集まった「社会」が、「多言語」社会であると定義している。多言語主義が、社会構成員が複数の言語知識を有し、特定の社会の中での異種の言語の共存を認めながらも、その社会の公用語や通用語の運用能力を有する母語話者をモデルとするのに対し、複言語主義の考え方では、社会的文脈の中で、個人が状況に応じて工夫しながら言語運用を達成することを目標とする。しかしながら、言語知識のない人を支援し、かつ、必ずしも、その社会の公用語や通用語の運用能力を有する母語話者を、理想的モデルとはせず、言語（外国語）学習の達成目標は、「完全な使い手」になることではなく、学習者個々のニーズに合わせた「部分的言語能力（partial competence）」の達成でよいとする点が、多言語主義とは異なっていると言える（North 2009）。当然ながら、多言語主義と複言語主義に、優劣は存在せず、それぞれの国家が抱える、社会的・歴史的および言語政策的な背景によって、採用する言語政策も異なってくるという捉え方が適切であろう。例えば、オーストラリアは、地理的状況から、異なる国々とのたやすい相互交流によって構築された国家ではないので、1970年代の、いわゆる「白豪主義（White Australian Policy）」の時代を経て、多言語多文化主義（multilingualism/multiculturism）に移行していったが、EUは、先の世界大戦により荒廃した国々が、復興する過程において手を結び、平和のための大事業に向けて団結したことにより発足した経緯があるため、EU市民というアイデンティティが形成されやすいという文脈の下、複言語主義という概念が受け入れやすかったと解釈できる。

　2004年および2007年を経て、EUの加盟国が15か国から28か国へと拡大したことを契機に、EUは多言語主義政策にさらに力を注ぎ始め、「すべてのEU市民が母語以外に少なくとも2つ以上の言語を使うことができる」ことを目標に掲げ[5]、加盟国に政策的なコミットメントの実施を促すようになった。2016年現在の統計によれば、EUの公用語は25言語にのぼり、5つの準公用語

5　European Parliament の Language Policy 参照（http://www.europarl.europa.eu/atyourservice/en/displayFtu.html?ftuId=FTU_5.13.6.html, 2016 年 6 月 20 日閲覧）。

第1部　移民に対する言語教育とサスティナビリティ

表1　EU 加盟国の市民による母語以外の言語運用能力

	母語 + 1 言語以上	母語 + 2 言語以上	母語 + 3 言語以上	母語のみ
EU（平均）	54%	25%	10%	46%
母語以外に 1 つ以上の言語を使うことができる EU 市民の割合が高い国（上位 3 か国）				
ルクセンブルク	98%	84%	61%	2%
ラトビア	95%	54%	13%	5%
オランダ	94%	77%	37%	6%

出所：駐日欧州連合代表部の公式ウェブマガジンより引用

（バスク語、カタルーニャ語、ガリシア語、スコットランドゲーリック語、ウェルシュ語）、42 の少数民族言語（セルビア語、ブレトン語、ロマーニ語、シシリア語、イディッシュ語など）、さらに、主な移民の 8 言語（トルコ語、クルド語、アラビア語、ヒンドゥー語、中国語、タミール語など）、そして、5 つの主な外国語（英語、フランス語、ドイツ語、スペイン語、ロシア語）がある。欧州委員会の最新の調査報告書「ヨーロッパ人と言語」（"Europeans and their Languages," 2012）によると、EU 市民が母語として話すのは、割合の高い順に、ドイツ語（16%）、英語（13%）、イタリア語（13%）、フランス語（12%）、スペイン語（8%）、ポーランド語（8%）。母語以外の言語として使っているのは、割合の高い順に、英語（38%）、フランス語（11%）、スペイン語（7%）、ロシア語（5%）となっている。なお、現在の EU加盟国の市民による母語以外の言語運用能力は、表 1 のとおりである。

　英語は、英語を公用語としない 25 の EU 加盟国中、19 か国において最も広く使われている非公用語となっており、母語に次いで有用性が高い言語として、67% の EU 市民が英語を挙げている。こうした複雑な言語状況の中で、EU 市民は、域内に住む他の人々とインターアクションする上で、さまざまな言語を、与えられた目的・状況に応じて使用しうる能力（複言語能力 plurilingual competence）が求められており、表 1 に示されているように、現在、加盟国間で、母語以外の言語で会話できる EU 市民の割合は全体の 54% となっている。

　さらに、CoE は、2001 年を「The European Year of Languages 2001（ヨーロッパ言語年）」と定め、複数言語「1+2」、すなわち「母語プラス EU の 2 か国語」習得を目標に掲げている（大谷泰照ほか編 2010）（三言語主義〔tri-lingualism〕）[6]。そうしたレベルに達している EU 市民は 25% となっている。これは、まさに、EU 市民が習得すべき、EU の市民リテラシー（宮崎 2011）とも言える。また、

54

⑴ EU 諸国の言語の多様性の豊かさ（diversity）を認識する、⑵ 言語運用能力を発揮することの利点を最大限に活用する、⑶ 生涯にわたる言語学習を奨励する、⑷ 語学教育および学習に関する情報を収集・普及させる、⑸ 従来の教授法から脱皮した新しいコミュニカティブ・アプローチの教授法を導入する、ことを目標と定めている。

　ヨーロッパ市民が身につけるべき言語と文化の多様性を考える場合、言語文化学習と社会行動に関する共通フレームを提示する役割を果たしてきた CEFR は、シェンゲン協定で定められている、人の移動の自由を保障する上で、EU 市民一人ひとりが、身につけるべきリテラシーとしての複言語能力、複文化能力に関する言語文化政策を具現化した重要な理念と言える。

　言語使用者や学習者は、さまざまな条件の下で言語活動に携わり、特定の生活領域のテーマと関連するテクストを産出し、受容する言語処理を行うが、CEFR が、学習者を「社会的に行動する者・社会的存在（social agents）」と捉え、一定の与えられた条件、特定の環境、また特殊な行動領域の中で、（言語行動とは限定されない）課題（tasks）を遂行・完成することを要求されている社会の成員とみなす」という CoE の意思を表し、「読む」「書く」「話す」「聞く」といった基本的な 4 技能の他に、「インターアクション（interaction）する」といった能力を重視している理由がそこにある。そうした課題を遂行するための方略を工夫するといった考え方は、行動中心主義（action oriented language learning）にもつながる。また、CoE は、EU 市民のリテラシーを醸成させるさまざまな、教育・文化プログラムを提供している。具体的には、EU の総合的教育計画の一貫で、「質の高い教育促進に欧州レベルで取り組む」というテーマに基づいて、ヨーロッパ市民としての意識を醸成させることを目的とするソクラテス（Socrates）プログラムの下、コミーナス（Comenus）[7]、エラスムス（Erasmus）[8]、グルントビッヒ（Grundvig）[9]、リンガ（Lingua）[10] が用意され、職業訓練に関しては、レオナルド・ダヴィンチ（Leonardo da Vinci）[11] がデザインされている。さらに、EU 内外にある高度教育機関における欧州統合研究分野の研究・

6　European Parliament の URL に掲載されている、Language Policy の欄には、"One of the objectives of the EU's language policy is therefore that every European citizen should master two other languages in addition to their mother tongue" と記載されている。

7　複数の学校の連携、短期間の語学留学（14 歳以上）初等・中等教育の質を高めることを目的とし、マルチ・リンガルのヨーロッパ市民の育成の推進を目的とする。

第 1 部　移民に対する言語教育とサスティナビリティ

教育促進を目的としたジャン・モネ（Jean Monnet）プログラムもあり、現在は、1997 年採択されたリスボン認証条約（Lisbon Recognition Convention）[12] の下、外国の学位・資格の認証に関する情報提供を行うナショナル・インフォメーションセンターを設立し、高等教育機関に対して、ディプロマ・サプリメント（欧州委員会、CoE、UNESCO が共同で作成した学位・資格の学習内容を示した様式）の発行を促進させる機能を盛り込み、欧州高等教育圏（European Higher Education Area）を形成する取り組みが進められている。

　さらに、その後、2005 年には、「第 1 部：高等教育機関の内部質保証に関する欧州基準とガイドライン」「第 2 部：高等教育機関の外部質保証に関する欧州基準とガイドライン」「第 3 部：外部質保証機関に関する欧州基準とガイドライン」から構成される、欧州地域における高等教育の質保証に関するガイドライン（「欧州高等教育圏における質保証の基準とガイドライン」[13]）が策定され、高等教育機関および質保証機関双方にとって共通の参照点となる内部質保証、外部質保証（第三者評価）ならびに外部質保証機関に関する欧州基準が示されている。

　超国家的連合体である EU にとって、加盟国の、サスティナブル（sustainable）な言語的文化的な多様性を保っていくことは重要な関心事であり、「Languages: Europe's asset（言語は欧州の資産である）」[14] と言われるように、言語の多様性は決して障壁ではなく、欧州の文化的な醸成の象徴であるという考え方に基づいている。複言語主義政策には、EU 市民の経済的、教育的、社会的機会を拡大させ、EU 経済の競争力強化に寄与することも期待されていた。このような

8　The European Community Action Scheme for the Mobility of University Students プログラム：高等教育機関のための、1 年以内の留学、他国の大学間での単位の相互認定など。高等教育部門・大学生・研究者の交流推進計画：各地の大学など高等教育研究機関が自由に交流する「欧州学生交流計画」が中心。

9　成人教育の支援を目的とする。

10　国語教育・学習計画、通貨統合・単一市場の拡大、移動の自由、教育・学術交流のため、外国語教育を優先課題としている。

11　研修の支援、人材の流動化、国際連携、語学研修が主な活動。

12　正式名称「欧州地域の高等教育に関する資格認証条約」（Convention on the Recognition of Qualifications Concerning Higher Education in the European Region）

13　正式名称（Standards and Guidelines for Quality Assurance in the European Higher Education Area）

14　Multilingualism: an asset for Europe and a shared commitment（Brussels, 2008 年 9 月 18 日）

56

第3章　ヨーロッパ市民のための言語文化リテラシーとヨーロッパ言語共通参照枠（CEFR）

状況下の下、EU は、2012 年にノルウェーのノーベル賞委員会より、ノーベル平和賞を授与された。受賞にあたり、ヴァンロンプイ欧州理事会常任議長とバローゾ欧州委員会委員長は共同声明で、「EU は、人間の尊厳の尊重、自由、民主主義、平等、法の支配、人権の尊重という価値を軸にして、冷戦で分裂した大陸の再統合を成し遂げた」と述べた。

4．CEFR の今後の課題──サスティナビリティの観点から

　上記のように、CEFR は、平和主義や民主主義および人権を欧州市民に根付かせるために作られた言語政策であり、そうした意味で、持続可能な地球社会へ向けて、グローバルなビジョンを構築するための基礎として提唱された超学的な学術領域である、サスティナビリティ学（sustainability science）と、さまざまな点で連関する。小宮山・武内（2007）では、サスティナビリティ学の基本フレームワークとして、「人間の生存を保証する基盤」である "地球システム（global system）"、「人間が（生存に加えて）幸福な生活を営むための基盤」である "社会システム（social system）"、「健康・安全・安心・生きがいを保証するための基盤」である "人間システム（human system）" という、3 つのシステム間の相互作用を研究対象としているが、CEFR は、そのうち、社会システムと、強く結びついていると判断できる。

　CEFR は、カリキュラムの構築や教授法の提示などといった学校教育現場への具体的かつ一方的な指導ではなく、むしろ言語政策的な問題提起であると言われている。つまり、CEFR の理念は学校教育の枠組みだけに囚われず、サスティナブルな生涯学習が視野に入れられているが、自律的学習者の養成も主眼の一つとして位置づけられ、人々の思想や営みの要素は、社会的な要因によって決定されるという社会構成主義的（Social Constructivism, ガーゲン 2004）学習観が背景にあるとも言える。そのため、CEFR の推進者は、学習者の必要性、動機、特徴、学習教材について振り返らせることを強く勧め、加えて、教師や学習者だけでなく、教育行政機関、試験出題者、教科書作成者や出版社の仕事に一貫性のある基盤を与えることを目的としており、そのために、包括性・明示性・一貫性のある問題提起を記述することが強く求められている。

　ところで、PISA（Programme for International Student Assessment: 学習到達度調査）による、読解リテラシーフレームワーク調査（PISA 2015）では、社会領域の

読解力の評価項目は、CEFR の理念を参考にデザインされている（PISA 2015: 12-13）。CEFR は、元来、外国語や第二言語学習の評価項目として設定されてきたが、PISA は第一言語の評価項目としても注目している。具体的なカテゴリーとして、パーソナル（personal）、公的（public）、職業的（occupational）、そして教育的（educational）領域における、読解力の評価項目を提示している。まず、パーソナルな領域においては、個人的な実用的かつ学問的興味、また、人的ネットワークの維持形成に必要な、e メール、ブログを含めたソーシャルメディアに代表される情報収集に必要な読解力が求められる。また、公的な領域としては、オンラインならびに印刷された、公的文書、イベント、フォーラムスタイルのブログ、ウェブ、ニュース、告知に代表される、パーソナルより広い社会に関係するテキストの読解力が求められる。そして、職業領域の読解力としては、新聞の就職情報の処理でモデルとされるタスクは、Stiggins（1982）の "reading to do" のようなイメージとなり、こうした目的のために書かれたテキストを読み解く能力が求められる。そして、最後の、教育的領域における読解力としては、印刷された教材、インターアクティブな学習ソフトウェア、教育的な見地から作成された読解は、より広範囲の学習タスクの一部として情報収集が求められる。こうした資料は、読み手ではなく、インストラクター側によって選択される。これに関するモデルも、同様に、Stiggins（1982）の "reading to learn" が参考になる。

「多様性の中の統合」を標榜する EU は、交流・留学・就職・移住などといった、域内での移動の自由を基にしている。その理念を言語教育の現場で実践するための道具として、ヨーロッパ言語ポートフォリオ（European Language Portfolio: ELP）を提唱し、それは以下の 3 項目から構成されている。

①言語パスポート（language passport）―言語能力をヨーロッパ共通の尺度で自己評価し、異言語・異文化体験を簡潔に示すもの。
②言語学習歴（language biography）―言語運用能力のほか、言語学習歴や学習目標、異文化・異言語体験を詳細に記録するもの。
③学習成果記録集（dossier）―自らの学習成果（記録・作品）や語学検定証明書などを保存する。

では、ヨーロッパの外国語や第二言語教育関係者は、PISA で導入されたよ

うな、社会領域での評価項目を、教育実践の現場で応用しているのであろうか。CoE が 2005 年春に行った調査（Survey on the Use of Common European Framework of Reference For Languages [CEFR]: Synthesis of results）で明らかになったのは、CEFR は、語学教師、教師養成に携わる関係者、評価担当者、教材作成者によって認識され、特に、教師養成および研修やカリキュラム開発、ならびに評価の観点で活用されていることが明らかになった。一方で、CEFR の理念を、教材に反映させるのは困難であり、CEFR の意義を説明するようなチュートリアルも必要だという意見が出ていた。そして、今後の発展のためには、現場の教師や養成・研修課程の関係者、試験出題者、そして、CEFR の政策に関与する関係者といった、アクター（actor）やエージェント（agent）ごとに、具体的な指針を提示してほしいという要望が寄せられた。このように、CEFR はその哲学や理念において大きな可能性を持つが、本質的な意味において、ヨーロッパ市民には十分理解されるまでには至っておらず、単なる試験的な理念の導入として理解されており、EU 市民に、広範囲にかつ深く根付いているわけではないということが判明した。今後、複言語主義の概念の持つ可能性を理解し、さらなる議論に発展させるため、EU 市民が習得すべき EU リテラシーとしての複言語能力、複文化能力に関する言語文化政策の具現化が望まれる。

結 語

　今回の英国の国民投票の結果は、主に政治的、経済的に加え、国内の社会階層的な要因によるものと分析してきたが、英国の離脱は、単に一国が EU から離れたというだけではない大きな問題を抱え、EU やその他のヨーロッパ諸国の言語文化の側面と決して無関係ではない。ヨーロッパを拡大する動き（more Europe）とは逆に、よりよいヨーロッパを目指す（better Europe）と解釈できるのだろうか。CEFR は、平和主義や民主主義および人権を欧州市民に根付かせるために作られ、多様性の中の統合を目指しながら、EU 市民のリテラシーを醸成するという目標を掲げており、複言語・複文化主義や行動中心主義という 2 つの概念を特徴としている。こうした概念とどのように相容れるのか、リスクテーキングから回避したいという風潮に揺れるヨーロッパは、EU 市民を育てる理念の遂行に向け、さらなるサスティナブルな政策が求められる。

第1部　移民に対する言語教育とサスティナビリティ

本稿は、宮崎里司（2016）「ヨーロッパ市民のための言語文化リテラシーとヨーロッパ言語共通参照枠（CEFR）── 英語の EU 離脱とサスティナビリティの観点から」『Transcommunication』Vol.3-2 Fall 2016, Graduate School of International Culture and Communication Studies, 233-243 頁を加筆・修正したものである。

文 献

Byram, M. (2008) *From Foreign Language Education to Education for Intercultural Citizenship*. Clevedon: Multilingual Matters.

Clark, C. W. (2007) 'Sustainability Science: A room of its own.' The National Academy of Sciences of the USA.

Council of Europe (2001) *Common European Framework of Reference for Languages: Learning, Teaching, Assessment*. Cambridge University Press. 〔吉島 茂・大島理枝他訳（2004、2014）『外国語教育 II　外国語の学習、教授、評価のためのヨーロッパ共通参照枠』朝日出版社〕

Council of Europe (2002) "Language, Diversity and Citizenship: Policies in Plurilingualism in Europe," Strasbourg, 13-15 November 2002 Conference Report, Language Policy Division DG IV-Directorate of School, Out-of-School and Higher Education, Council of Europe, Strasbourg.

Council of Europe (2006) "Survey on the Use of Common European Framework of Reference For Languages (CEFR): Synthesis of results," Council of Europe

North, B. (2009) "CEFR: Nature, Relevance and Current Development"『第 14 回ヨーロッパ日本語教育シンポジウム』ヨーロッパ日本語教師会

Office for National Statistics（https://www.ons.gov.uk/, 2016 年 7 月 15 日閲覧）

PISA (Programme for International Student Assessment) (2015) Draft Reading Literacy Framework March 2013（https://www.oecd.org/pisa/pisaproducts/Draft%20PISA%202015%20 Reading%20Framework%20.pdf, 2016 年 7 月 16 日閲覧）

Stiggins, R. J. (1982) "An analysis of the dimensions of job-related reading," *Reading World* 82: 237-247.

大谷泰照ほか編（2010）『EU の言語教育政策── 日本の外国語教育への示唆』くろしお出版

ガーゲン，K. J.（永田素彦・深尾 誠訳）（2004）『社会構成主義の理論と実践── 関係性が現実をつくる』ナカニシヤ出版

小宮山宏・武内和彦（2007）「サスティナビリティ学への挑戦」小宮山宏編『サスティナビリティ学への挑戦』岩波書店、1-11 頁

駐日欧州連合代表部の公式ウェブマガジン（http://eumag.jp/, 2016 年 7 月 15 日閲覧）

平沢和司・古田和久・藤原 翔（2003）「社会階層と教育研究の動向と課題── 高学歴化社会における格差の構造」『教育社会学研究』第 93 集、151-191 頁

宮崎里司（2011）「市民リテラシーと日本語能力」『早稲田日本語教育学』8・9 号、93-98 頁

ルヒテンベルク，S.（山内乾史監訳）（2010）『移民・教育・社会変動── ヨーロッパとオーストラリアの移民問題と教育政策』明石書店

第4章

言語政策
——オーストラリア多文化主義の中心とその周縁で

ジョセフ・ロ・ビアンコ
（吉浦芽里・宮崎里司訳）

はじめに

　本章はオーストラリア多文化主義の枠組みと思想、そして具体的な実践が辿った変遷において、言語政策が転換された局面について明らかにする。言語政策自体は多文化に関する議論が起こる以前から固有の文脈で存在していたが、1970年代初期から中期にかけてのオーストラリア多文化主義の導入に際し、言語に関する問題には常に意識的な焦点が当てられるようになった。その後およそ15年にわたり、多文化主義と言語政策は、多くの場合、その目的を共有していた。多文化主義に触発された言語政策は、少数言語の児童の教育という課題に対する社会的包摂の視点を持った実際的な取り組みとして、国際的にも認知されオーストラリア国内の諸政策の変革も促進した。

　社会的課題への具体的な対処の必要性が多文化主義思想と組み合わさり、少数派の人々の経済的・教育的統合という政策のレトリックが形成された。人種や民族的な属性によってその構成員を定義する旧来の社会観から徐々に乖離し、人々の関わり合いを重視する意識が新たに広まっていった。しかしながら、国際市場でのオーストラリア製品の流通を促進するという経済的な国益の追求が、新たな優先目標として言語政策に求められるようになると、社会改革のため実用主義的に進められてきた諸政策の発展はその推進力を失う。多文化主義に代わる新たな政策のレトリックは、一般に「アジア・リテラシー」という言葉で表現され、現代のオーストラリアでも、言語政策に係るすべての決定過程において、この志向は支配的なものとなっている。

　この方向転換によって、オーストラリアの言語政策は多文化主義が導入され

る以前の状態に戻ってしまった。その当時の学校教育で扱われる言語は、もともと高い文化的威信を持つフランス語や、西洋文学に欠かせないラテン語に代表されるヨーロッパの古典言語などであったが、アジア・リテラシー期においては、対象になる言語は、国際的な経済情勢、特にオーストラリアと関わりの深い地域の経済情勢を鑑みた戦略的な見地から考慮された。ヨーロッパの言語からアジアの言語へとその方向性を変えて、オーストラリアにとっての外国語教育の重要性が再び強調されたのである。多文化主義の下では、外国語教育ではなく、少数派の人々のアイデンティティの保全と文化的多様性の促進のため、昨今では継承語と呼ばれることも多い、彼らの固有の言語に対する教育支援が行われていた。

　多文化主義下の言語政策が、少数言語の児童の教育に焦点を当てた背景には、他にも2つの理由があった。少数派の人々の言語に対する権利を主張する声が強まっていたことと、年少期のバイリンガル教育が、子どもの知的発達に肯定的な影響を与えるという研究結果を受け、教育的関心が高まっていたことである。「多文化主義」期と「アジア・リテラシー」期のどちらにおいても、英語の存在がもたらす影響は無視できない。オーストラリアの多文化教育を構成する重要な要素の一つは、第二言語としての英語学習者、すなわち先住民と移民両方のために特別にデザインされた英語教育である。また一方で、アジア地域の言語の需要が高まった時期は、世界のグローバル化に伴って教育サービスの商品化と輸出が急速に進み、英語を教授言語とした高等教育が広まった時期と一致する。そのために事実上の国際語としての英語と、一時的に滞在する外国人学生に合わせた英語指導が、今日でも第二言語としての英語教育の主要な構成要素となっている。

　本章では、オーストラリアの政策決定に際しては、時に明らかに、または密かに示されていた、このような方向性の転換について論じる。国内の少数派の人々が抱える問題への認識を高めた移民コミュニティの訴えに代わって、遠く国外の情勢に目を向けた新たな世論の声がその背景にあった。しかし、移民の権利から経済的な国益へというこの言語政策上の目標の転換も、1990年代初期から半ばにかけてまた新たな方針に取って代わられる。英語を国内の言語の最優位に位置づけ、移民に対しても「リテラシー」としての英語習得を掲げる、経済効率性とナショナリズムに依拠した保守的な潮流であった。本章では、この3期にわたる言語政策の変遷を、順に、「多文化主義期」「アジア・リテラ

第4章　言語政策

シー期」、そして「効率主義期」と呼ぶことにする。

　効率主義が立脚する基盤は、市場原理に基づく意思決定という「新自由主義的」な観念に「保守的なナショナリズム」が注入されたものである。効率主義は、経済的競争力を高めるための教育投資を重視する国際的な風潮に非常に影響を受けた思想であり、この観点において識字能力とは常に英語の識字能力を意味していた。英語の識字能力の強化を学校教育の最優先目標に据える考えは、政策論争および実際の施策の中で極めて重要な位置を占めていた。国民全体の英語の識字率の向上という新たな政策目標によって、これまで言語政策が包含してきた、移民や少数民族の子どもに対する特別な言語学習の配慮と、それに付随する英語以外の外国語教育および第二言語としての英語（ESL）教育への関心は薄れていった。

　オーストラリアの言語政策が辿ってきた推移と転換は、このように、それぞれが複雑性を持つ多文化主義と言語政策というものがいかに強化し合い、あるいは時に分岐してきたのかを浮き彫りにした。前述した各期において、言語政策が対象とした人々やその目的は異なり、同じく時々によって異なるオーストラリアという国体とそれを構成する人口構造によって、その政策は正当化されていた。

1．アプローチ

　多文化主義と多文化教育は、結局のところ国内の人口の多様化に対処するための国の施策であり、多元的な人口構成という実態が前提条件として存在している。オーストラリアにおいては、もともと多様な先住民と戦後の移民という2つの存在が、文化的・言語的な複数性の背景にある。オーストラリアが辿ってきた「多文化主義期」「アジア・リテラシー期」「効率主義期」は、言語政策、支配的な政治思想、アジアへの関心の3点を軸に論じられる。またそれぞれにおいて、地理的条件や人口動態、経済的な利益が常に考慮されていた。本章は1970年以降、連邦政府の言語教育計画に影響を与えた、合計67から成る主要な政策と政策文書の内容分析（Lo Bianco and Gvozdenko 2006）を基に考察を行う。

63

2．移民のコンテクスト

　オーストラリアにおける多文化教育の正式な起源は1970年代初期に遡る。戦後移民の人々が自分たちの子どもへの平等な教育機会を求める過程で移民参政権運動が発生し、そこから移民がもたらした社会変化を受け入れ、国自体が文化的に変容するという展望につながっていった。このような考えは当時のホイットラム首相率いる労働党政権（1972～75年）下で最も積極的に推進され、続くフレイザー自由党連合政権（1975～83年）によってさらに拡張された。労働党から自由党に政権が移ってもその政治的基盤として保持されたことは多文化主義に比較的超党派的な性格を与え、その導入期において、与野党の対立による論議や批判をある程度逃れた。それでもなお、移民政策と、そして特に難民と亡命者の受入れは、多文化主義の目的とその包摂する範囲を問うイデオロギー論争の主要な論点であり、近年でもこれらの問題は、政治的な見解の相違との激しい対立を生んだ。

　ホイットラム・フレイザー両首相による多文化主義導入期当初の政策措置は、1947年の戦後大量移民計画およびその遂行に際し採用された成人移民教育プログラム（the Adult Migrant Education Program: AMEP）（Martin 1999）を機能的な面においてはっきりと踏襲していた。AMEPの目的は、戦争によって難民となった大量の東欧系・南欧系移民を含むすべての成人移民に対して英語教育を実施することだった。多文化主義政策も同様、表明された当初から移民のための施策という性格を持ち、多文化教育も当然のようにこの方面から派生した。人口を増やし、国内の労働力および経済を拡大させるという二重の目的に沿って移民計画が立案されてきたオーストラリアにおいて、包括的な政策目標はつまり実際的な定住支援であったと捉えることができる。それに付随する一連の教育施策などにより、プログラム全体にオーストラリアで暮らす人々の連帯感と社会参加の促進という精神性が与えられた。

　1960年代末に、移民の子どもたちが抱える継続的な困難と教育格差に関する研究から、移民教育プログラムの対象を成人移民から子どもたちにも拡張し、専門家による第二言語としての英語教育（English as a Second Language: ESL）を行う必要性が指摘された。このような専門家が提供する英語教育から生まれた、より広範囲にわたって体系化された教育理念とプログラムが、多文化教育と呼べるものである。多文化教育は単に移民を社会的、教育的、経済的な面でホス

ト社会に順応させるための手段ではなかった。ホスト社会側の彼らについての理解が深まることで、社会全体にも変化が生まれたのである。多文化教育が広く推し進めた文化的多様性に対する認識は、移民に対する実際的な英語教育方法以上に議論の的となった。

3．原住民のコンテクスト

先住民の固有の文化や言語に対する権利の問題を取り巻く環境は移民のそれとは異なり、歴史的には個別の文脈で展開されてきたが、その一方で、移民を対象とした諸政策の発展と共に進展した側面もある。決定的な転機は、1967年の国民投票によってアボリジニに関する立法権が州政府から連邦政府に委譲されたことだった。言語権に関するごく初期の認識と文化的・言語的多様性への理解を組み込んだ実験的な教育は、ホイットラムおよびフレイザー政権下では政府レベルの支援を受けながらも、長きにわたりその試みがなされ、開発が進められてきたのは地域においてだった。しかし、数々の重要な訴訟を通じて急速に高まっていた先住民の権利に関する認知は、一般的には、1992 年に最高裁判所が下したマボ判決として知られている（High Court of Australia 1992ab）。アボリジニーが先住者として、受け継いできた土地に対して有する固有の権利を初めて認めた画期的な判決であった。最高裁判所はイギリスがオーストラリア統治に際して適用した、国際法において征服・割譲と並び「領土主権を取得する法的方法」（判決文パラグラフ 33）とされる無主地（テラ・ヌリウス）先占の概念を否定した。土地との伝統的な関係を根拠に、先住民の土地に対する権利がイギリスの入植以前に存在していたことを公式に認めたこの判決は、彼らの固有の言語、文化、法に関する権利の問題も公共政策の重要課題に位置づけられる契機となった。マボ判決最大の功績は先住民の伝統的な土地の所有権についての法的な認識の拡充を図ったことであったが、それと同時に先住民の言語と言語教育に関する意識の向上に寄与した側面も大きい。先住民に対する教育施策と移民に対する教育施策は、それぞれ社会政治的・人口学的な文脈において著しく異なるが、どちらも国内に存在する少数派の人々の声を代弁して、主流とされている教育観を修正しようとする働きかけである。

第 1 部　移民に対する言語教育とサスティナビリティ

4．社会的革新主義者の原点

　社会的革新主義者の原点は、時系列的に整理すると、1972 年 12 月 2 日の総
選挙での労働党勝利を受け、結果的に短命に終わったものの、およそ 30 年ぶ
りの非保守政権となるホイットラム政権が誕生したことが契機となっている。
成人移民教育プログラム（AMEP）および 1960 年代末に移民の子どもたちに対
しても拡充された移民児童教育プログラム（the Child Migrant Education Program:
CMEP）など、それまでの移民定住施策の実績を引き継ぎ、ホイットラム政権
は、多様性を公に肯定し、多元的な国家というイメージの周知に実験的に取り
組むことで、オーストラリアの国としての性格を根本から変えると宣言した。
ここで示された新しいオーストラリアのビジョンは、時代を超えて影響力を
保っている。成人移民の職業参加を促進する手段として、AMEP は彼らにオー
ストラリアの公用語である英語の学習支援を提供してきたが、歴史的な史実が
示唆するように、それは社会に溶け込めない少数派グループが発生することへ
のオーストラリア国民の不安を緩和するためでもあった。英語能力が移民の社
会参加や雇用機会の可能性を左右することは労働市場の実態から明らかであり、
このことが AMEP を常に後押ししてきた。1969 年から 1970 年にかけて連邦
政府主導で移民児童にも教育支援が拡げられたように、これは長期的な国益を
見越した実用主義的な多文化主義と考えることができる。しかし、ホイットラ
ム政権下で推進された多元主義は、より新時代的かつ急進的な側面を持ってい
た。移民はホスト社会に適応するのみでなく、ホスト社会に変化をもたらす存
在であり、なおかつその変化は本質的に肯定的なもので、積極的に促進すべ
きだという考えが初めて示されたのである。ホイットラム政権のアル・グラス
ビー移民省大臣は、「家族としての国家（family of the nation）」というビジョンを
示し、AMEP がこれまで促進してきたような社会統合に加えて、多様性に対
する肯定的な認識という新たな価値観の重要性を唱えた。人々の持つ差異を肯
定すべき当然のこと、かつ新しいオーストラリア像の中心と位置づける考え方
は、多くの政策領域（Lo Bianco and Gvozdenko 2006）に拡大された。多文化主義
に係る政策的介入の最も顕著なものであり、オーストラリアの多文化教育を構
成する中心的な事象であった継承語教育運動もこの時期に始まった。電話仲介
通訳サービスを病院や裁判所、警察署に配置し、またコミュニティ通訳の職業
としての専門性を高めたことも、ホイットラム首相の功績と言える。

66

第4章　言語政策

　ホイットラム政権は教育機会の平等化を目標に掲げて公教育への予算を増大
させ、少数民族や先住民の子どもへの教育もそこに組み込むことで、多文化教
育が掲げた第一の方向性である社会的機会と教育機会（Lo Bianco and Gvozdenko
2006）の平等化への道筋を示した。公的機関は自らが提供する教育や社会参加、
経済的な機会がすべての人に平等にゆきわたるようにする責任があるという考
えに基づき、つまり本質的には、少数派の人々が国内に存在する社会階級の中
に位置づけられていることを前提としていたのである。新たな方向性の公教育
政策を実施するためにホイットラム首相が立ち上げたオーストラリア学校審議
会（Schools Commission）は、言語や文化が異なる都市部の移民人口と先住民と
を機会平等の理念の下に囲い込むことに貢献した。これが一つの下地となり、
言語権に関する最初の政治行動主義的な運動が 1975 年に発生した。改革派に
とっては一連の多文化主義施策は成功と考えられていた一方、市民権の緩和と
強制的な投票義務の付与により、移民やアボリジニの人々の政治への関心が急
速に高まったことに、保守勢力内では強い懸念が示された。

5．保守的な革新

　移民の人々への諸施策が政治色を強め、多文化主義が一般にも受け入れられ
たことから、保守派政党も彼らに着目した。先住民コミュニティと比較して人
口も多く、都市部に居住している移民の存在が、労働党の支持母体（Lo Bianco
2004）になっていると分析したのである。保守派政党の対抗手段は、移民や先
住民の人々が抱える困難を生み出しているのは、労働党が強調する社会におけ
る階級の存在ではなく、そもそもの文化的な差異であるとする解釈だった。家
庭や地域などに住む移民のみで構成される内輪のコミュニティと、ホスト社会
の学校や公共機関などマジョリティの人々が集まる場との間の文化的な不一致
を保守派は指摘し、マイノリティが直面する不利益を、労働党のような社会
経済的な観点ではなく、個別かつ文化的な側面から捉えることを主張した。こ
れによって、労働党が社会格差の是正のために推進してきた教育改革は求心力
を失うこととなった。保守派政党のこの主張は、社会におけるマイノリティの
存在のもう一つの捉え方であり、その思潮は現在も続いている。少数派の人々
（Lo Bianco 2004）を社会の固定の位置に留まらせ、自己実現を阻むものは、社
会階級の存在であるのか、それとも文化的な差異であるのか。その後 20 年余

67

第1部　移民に対する言語教育とサスティナビリティ

りにわたり、多文化主義についての議論はこの2派の主張の間を往還していた。前者は少数派が直面する差別や不利益が、彼らと多数派の人々との間の不平等の源であるとして、社会全体の変革の必要性を唱えた。一方で後者は、文化的多様性を尊重しつつ、統一された国体のための献身の必要性を強調した。少数派が被る不利益は社会全体の問題ではなく、過渡的かつ周縁的な個人の経験だと位置づけたのである。ホイットラムからフレイザーに政権が移り、2つの重要な出来事が新政権の多文化政策を形作ることとなった。イギリスのヨーロッパ市場への参入と、オーストラリアの大量のインドシナ難民受入れである。それぞれ異なる意味合いにおいて、これらの出来事はオーストラリアの文化政策と多文化主義に深く甚大な影響を与えた。オーストラリアの資源と一次産業はヨーロッパという既存市場を失い、東アジア市場の開拓が積極的に行われた。また歴史的にも、前例のない大量のアジアからの人々の流入によって、人口構成の面でオーストラリアのヨーロッパ色は薄れ、アジア化の傾向が際立っていった。

　フレイザー政権は言語の地位を社会的な階級の中に位置づけるという意味において労働党に共鳴していたエスニック系の人々の支持の獲得に尽力した。ホイットラム政権が多文化主義政策の基盤を築いたとすれば、フレイザー政権はより広範囲かつ持続性が高く、歴史的にも意義深い施策の数々を実行したのである。フレイザー政権は1978年にガルバリー報告書を採用し、それから何年もの間、多文化主義政策はその指針に沿って展開されていった（Moore 1996）。フレイザー政権下での多元主義政策は従来の国家主導型から移行し、移民による自助努力が重要視された。少数派の人々のコミュニティが公共団体と連携し、福祉サービスや言語、宗教的な問題に関する支援を提供することが奨励された。公的機関は施策の実施ではなく、支援に徹するという考え方である。ガルバリー報告書の勧告に基づき、さまざまな領域で多文化主義に基づく施策が取り入れられた。多言語ラジオ放送の拡大や、公共テレビ放送の多言語・多文化化に向けた取り組みの開始、また学校教育におけるすべての科目教育に多文化的な視点が取り入れられ、英語教育の分野においては学習者の置かれた状況と必要性に即した教授法の開発が進められた。

6．多文化教育のスコープ

　その時々に応じて、それぞれに向けられた関心や重要度は異なっていたものの、ホイットラム・フレイザー時代には以下の6つの領域が多文化教育の範囲と位置づけられていた。

　　①移民と先住民、そして彼らの子どもたちに対する専門家による英語教
　　　育の提供
　　②移民および先住民の子どもたちの第一言語の維持
　　③コミュニティの固有の言語（継承語）教育
　　④歴史、地理、公民などすべての科目教育に文化的多様性の視点を取り
　　　入れること
　　⑤両親の教育への参加
　　⑥少数派の人々への否定的・差別的な表現に対する積極的な批判

　前半の3点が、オーストラリア多文化主義においては言語政策の部分を構成する。

　後半の3点は、ソニア・ニエトが彼女の著作において挙げた、アメリカのような文化的多様性の高い社会のための教育の基本的な特徴とされる7点に類似している。彼女の主張を換言すれば、多文化教育は非差別的でなければならず、本質的かつすべての生徒にとって重要なものである。広くゆきわたり、社会正義に向けられ、またそれは結果ではなく過程であり、クリティカル・ペダゴジー（批判的教育）（Nieto 2000）の概念が組み込まれている。その本質は哲学、つまり単なる教室環境や教師の存在（Nieto 2000）あるいは教育内容の問題を超えて、世界をどのように見るかという概念である。多文化教育の実践にあたり言語教育は中心的な課題であり、往々にして、多文化教育自体がどのように社会や人々に捉えられ、実践されているかを示す指標でもあった。言語教育がもともと必要性から生まれたものであること、また保守派と改革派の政治的対立に際して思想的な性格を与えられてきたことがその背景にある。それを踏まえ、ここからは、言語に関する問題に特に焦点を当てて論を展開していく。

7．言語政策

　1974年頃からメルボルンでは包括的な言語教育の提供を望む人々の声が高まっていたが、ガルバリー報告書を受けその要望は一層強くなった。言語に関する、より組織的な教育支援や、公的に認められた権利が求められていたのである。1981年からはエスニック系団体の連合組織である、豪・エスニックコミュニティ連合議会（the Federation of Ethnic Communities Councils of Australia: FECCA）が指揮を執って、言語に関する権利や社会の多言語化（Ozolins 1993）への意見・要望を取りまとめ活発な議論が行われた。オーストラリア全土から、数千人を動員した全国会議の開催に政府も動き、1982年、国家言語政策に関する超党派的な上院委員会がフレイザー政権によって立ち上げられた。しかし翌1983年、保守連合政権は総選挙に敗れ、ホイットラム前首相より慎重かつ合意形成を重視する、新党首ホーク氏率いる労働党に政権の座が再び移る。

　国家言語政策の立案に係る上院の一連の活動はホーク労働党政権下で引き継がれたが、1984年に報告書が発表されると、そのような政策が国家に与える深甚な変化に直面した政府は採用に難色を示した。FECCAは国家的な言語政策の確立に向け、先頭に立って積極的なロビー活動を続けた。1987年6月、内閣は最終的にオーストラリアにおいて初めてとなる「言語に関する国家政策（National Policy on Languages: NPL）」（Lo Bianco 1987）を承認し、英語圏の国として初めて多言語国家に向けて舵を切った。NPLは連邦議会で超党派的な支持を得た。このことは、国内の移民、先住民、そして言語やリテラシーに関する国際的な問題に対処しうる国家的な枠組みを作るため、積み重ねられてきた言語計画の長い歴史が、一つの到達点を迎えたことを示していた。

8．多文化主義の検討課題

　1989年に発表された「多文化国家オーストラリアのためのナショナルアジェンダ（National Agenda for a Multicultural Australia）」は、国内のさまざまな多様性への新たな答えを、国が示した一つの分水嶺とも言える政策指針報告書であり、特に文化的多元主義の解釈についてガルバリー報告書から顕著な移行が示されたものであったが、この指針にも超党派的な連携がはっきりと見受けられる。ナショナル・アジェンダが示した文化的多様性、社会統合、そして経済的効率

性の3原則には、社会が多様な文化の存在にいかに応えるかについての広範囲な政治的同意が強調された、折衷的な姿勢が表れているとも言える。社会的階級による不利益という従来のレトリックは「生産的多様性」という中立的な概念に移行し、ガルバリー報告で強調された文化的な差異への肯定的な姿勢は保持しながら、国家という組織の枠組みの中で、オーストラリアへの忠誠、いわば公共精神や市民意識といった新たな側面が付与された。つまり、多元主義的な社会統合政策である。これまで言語政策と多文化主義は、その起源を共にして発展してきたが、この頃からは異なる組織や行政の管轄下でそれぞれ独自性を持った施策が実施されるようになった。ホーク政権下で、言語政策は識字率の向上や貿易上必要となる言語、事実上の国際語としての英語教育などより密接に経済効率の追求に関わるものとなり、その権限は教育訓練省に委託された。一方で多文化主義に係る施策は、内閣総理大臣と移民省に委ねられた。多文化主義と言語政策の分岐は、これらの行政組織が管轄する領域でそれぞれ固有の利害関係が発生していたこと、そして究極的には、文化や言語の多様性自体についての統一されていた価値観が分断されつつあったことを反映している。1990年代初期からは、反差別立法の拡大と人権・機会均等委員会の発足、そして1994年に最高裁判所が先住民の土地に対する所有を認めたマボ判決、またアボリジニ・トレス海峡諸島民委員会の発足など、少数派の人々の声を代弁する組織の専門化と細分化が進んだ。仮に完全な連携ではなかったとしても、これまではある程度協働していた少数派の権利に関する諸団体は、それぞれの専門性に沿って分離し、アジア・リテラシー、つまりアジアの文化や言語の学習の需要の高まりはそれを強調する現象だった。

9. 分割された学問分野としてのアジア研究

アジア地域との関係強化を重要視した教育方針は、連邦政府の諮問機関である「アジア教育審議会（the Asian Studies Council: ASC）」（Herriman 1996; Lo Bianco 2004）が中心となり1986年から進められた。オーストラリアの地理的条件と経済的関心を考慮し、戦略的に教育の方向性をアジア地域重視にしようとする世論にも後押しされこの動きは勢いづいた。当時求められていたより深く体系的なアジアに対する理解は、多文化教育ではなく歴史や社会科、外国語教育に結びつけられることが圧倒的に多かった。オーストラリア全体の需要に応え、

アジア社会との地理的近接性を活かすこの教育方針に、ASC はアジア・リテラシーという造語を当てた。具体的に学ぶ対象にはアジアの経済大国の公用語が選ばれ、時に貿易のための言語と言われるほど、アジアの言葉という存在はオーストラリアの貿易関係を語る上で欠かせない要素になった。時を同じくしてオーストラリア外務省は外務貿易省と名を変え、アジア・リテラシーという教育はさらに外交問題や安全保障、貿易外交などの領域と密接に関わることとなる。最重要レベルに位置する政府機関の利害が介入したことで、言語政策が対象とする言語の選択とはつまり、アジア地域との関係構築によって期待される経済的な国益と、国内の移民コミュニティやロビー団体（Lo Bianco 2009）の圧力、多文化主義思想のどちらかを選ぶことと同義になった。言語教育のあり方と、教育の中で文化をいかに扱うかを考えるにあたり、国内の少数派コミュニティの声と国際的な視点の統合は必須であったが、それは達成されなかった。長期的に見れば、以前は同一の枠組みの中で語られた言語政策と多文化主義の分断は進む結果となった。

　ホーク労働党政権を引き継いだポール・キーティング首相の下、アジア・リテラシーの波はますます強まった。キーティングはオーストラリアをアジア地域の諸問題に積極的に関わらせるべく、貿易や外交、教育に関する国内の政策の整備にも精力的に取り組んだ。オーストラリアのすべての州と地域（COAG 1994）が予算を投資し 1994 年に採択された「オーストラリアの学校におけるアジア語・アジア学習推進計画（the National Asian Languages and Studies of Asia Strategy: NALSAS）」によって、アジアの言語とアジア研究の分野はかつてない注目を浴びることになる。アジアの言語が対外貿易に有利になる言語としか捉えられていないことを感じ取り、実際にその言語がオーストラリア国内でいかに扱われ、どのような教育的支援（Singh 2001）が提供されるのかに懸念を抱いていた少数派コミュニティの人々に、NALSAS の導入はさらなる不安材料を与えた。NALSAS は最も多大な予算が投入され広範囲で推し進められた、言語に関する教育方針の大幅な転換であったが、長期的に見れば、その効果は、今日においては疑いの余地がある（Lo Bianco 2009）。

10. リテラシーとしての英語

　しかしながら、多言語主義への反動がその最初の兆候を生じたのは外国語教

育の領域ではなく、国内の英語教育からであった。主に発展途上国における非識字の撲滅に向けた取り組みの強化を目的に、ユネスコの後援の下、1990 年の国際識字年が定められたことで、オーストラリア国内でも国民の識字能力の問題が政治的な課題として注目を集めた。この世界的な動きは、識字率の低さが国家経済に与える影響を経済学における人的資本の概念から説明した経済協力開発機構（OECD）の調査研究とも符合していた。オーストラリアの政策担当者は、学校教育でのコミュニケーション能力と特に識字能力の養成、そしてアジア地域での経済的な地位の向上に注力することになった。国際識字年はその制定に際し成人教育一般のあり方にも言及していたが、移民のために特別な英語教育を提供する AMEP の包摂性と比較して、オーストラリアの原住民であるアボリジニーをはじめとした少数派の言語使用者（Lo Bianco 2004）に対して配慮せず、英語を前提とした識字能力の向上という画一的な目標が掲げられていることに否定的な声もあった。この事例においても問題の所在は、オーストラリア国内での多文化教育と、アジア言語・アジア文化教育との間の溝と同じところにあった。求められていたのは、異なる成人教育の領域の統合である。オーストラリアにおいて、成人教育の対象となる人々は多岐にわたっていた。成人移民のための英語教育から、オーストラリア生まれの英語話者の中でも貧困などに苦しむ、いわゆる社会的弱者と言われる人々の識字能力の向上までを、それぞれ適切な行政の管轄下で支援する必要があった。これらの人々への教育的、社会的な支援が公共政策によって統合されていないことで、言語や教育に関する政策は労働市場の需要の影響を直接受け、言語教育の理念と目的は画一視された。次節で詳述する経済的効率性の考え方がここに浮き彫りになっていた。連邦政府の政策方針はこのマクロ経済学的な「エコノミズム」に傾きつつあり、教育への公的支出は利益が約束された投資であると考えられた。その実際的な影響は、英語への注目がますます高まったことである。英語の識字率向上のための投資が公共性の高いものと捉えられ、相対的に生まれた英語以外の言語に関する教育支出は、国全体ではなくあくまでも少数派の人々にしか還元されないという認識は徐々に顕著に共有されるものになっていった。政府自体が 1987 年に承認した「言語に関する国家政策（NPL）」においては英語とアジアの言語双方の運用力を身につけることの重要性が提言され、それに関するさらなる政策立案（例えば、Wickert 2001）に向け調査研究が開始されていたが、英語による「リテラシー能力」の習得はより緊急性が高く、かつ多文化主義的

な言語政策（Moore 1996; Herriman 1996）とは対立するものとみなされた。学校教育の場で、先住民の言語や第二言語としての英語教育を、この新しい「リテラシー能力」の概念の下に入れ込もうとする向きもあった。

11. 90年代における言語政策の後退

　ホーク政権のジョン・ドーキンス新教育大臣は、国内の英語の識字率向上と、オーストラリアにとって貿易上重要な言語（Clyne 1991）への教育投資を強化するための下地を1991年までに整えた。その成果物とも言える新たな国家言語政策Australian Language and Literacy Policy（ALLP）（Dawkins 1992）は、多文化主義的な概念からは距離を置き、少数派の人々の言語に対し排他的とも受け取れるほど国益の追求をその中心に据えていた（Moore 1996; Ozolins 1993）。ここで描かれたのは、英語を公用語とし、文化的多様性をその周縁や残余の部分にのみ認める単一的な社会というオーストラリアの姿だった。過去20年にわたりホイットラム・フレイザー両首相が尽力してきた多元的な社会観の構築はここで中断を余儀なくされ、一時は連邦政府の公式な教育政策の中心にあった多文化主義という概念を周縁化させる道が敷かれた。ALLPは複数の異なる諮問機関や投資計画を制定し、このことが組織間の連携不足や一貫性を欠いた教育カリキュラムなどの問題を引き起こした。しかしALLPが着手した政策転換は、NALSASの導入により早々に空中分解した（COAG 1994）。NALSASに関する支出は国家の貿易統計に則って決定された。教育関連官庁や研究費ではなく、外務貿易省の予算が充てられ、対外貿易の状況が直接的に学校教育における言語の扱いを左右していた。NALSAS政策下では1995年から2002年の間、中国語、インドネシア語、日本語、韓国語の4言語に多大な予算が割り当てられた。その教育の質と持続可能性を不安視する多くの声に反し、学校現場ではこれらの言語はブームとも言える人気を見せ、特に日本語はオーストラリアの高校で最も学習される言語となった。しかし、一時は多文化教育の名のもと盛んであったアラビア語、クメール語、ベトナム語などの言語の学習には特別な支援が提供されることはなく、オーストラリア国内の少数派の移民コミュニティの存在には、もはや政策上の関心が向けられなくなっていた（Singh 2001）。ALLPのもう一本の柱であった英語教育の領域でも同様のことが起こった。キーティング首相に代わり1996年に政権の座についた自由党ハワード首

相率いる連合内閣で、続く教育省大臣は英語を国語として国家の結束を強める
ことを公教育の精神として強調し、教育政策の新たな方向性として標準化テス
トの導入を進めた。これにより第二言語としての英語教育と、英語を母語とす
る人々の識字教育はひとくくりにされ、多文化主義の要であった専門家による
移民や少数派の人々への英語教育は過去のものとなった。1990 年代後半、言
語と多文化教育を取り巻く環境では反体制的な空気が蔓延していた（Lo Bianco
2001）。2002 年に NALSAS 自体も廃止されると、政府レベルの教育計画におい
て英語以外の言語や多文化教育、またアジア地域の言語や文化に関する領域が
中心的に取り上げられることはほとんどなくなった。アジアの言語に関する教
育支出は、続くラッド労働党政権により 2007 年に再開されたが、その規模は
最盛期よりはるかに小さく、それも 2012 年から打ち切られた。州ごとの教育
課程（Lo Bianco 2009）では、学校教育の場でヨーロッパ、アジア、そして先住
民の言語のどの言語を扱うかはその学校に委ねられているが、現在、これに代
わる国全体で統一された教育計画の導入に力が入れられている。

12. 言語と文化に関する計画のディスコース

　ここまで述べたとおり、政策の背景にはさまざまな組織や人々の声、利害が
相互に作用している。

　　①先住民や少数派の人々の言語や文化に関する権利と、公教育における
　　　扱い
　　②教師や言語学者、研究者など、多言語や多文化教育に対する世論を形
　　　成する専門家
　　③オーストラリアの教育にアジアという存在を引き込んだ、外交と貿易、
　　　安全保障上の関心
　　　　　　　　　　　　　　　　　　　　　　　　　　　　　（Lo Bianco 2004）

　1970 年代から 90 年代までの 30 年間でこれらは複雑に絡み合い、時に対立
してきた。それに時の政権の方針が深く関わり、まず、今も続く学校教育に
おいて言語や文化を多元的かつ包括的に扱おうとする波が生まれた（Lo Bianco
and Gvozdenko 2006）。しかしその後、教育に各領域の利害が直接反映されるよ
うになると、多文化主義に基づく教育の精神と言語政策とは枝分かれし、オー

ストラリアが内包する文化的多様性に対処するための教育の役割と内容について新たな考えが導入された。さまざまな集団や組織からの要望や利害は、オーストラリアの多元的な人口構成や地理的条件、経済的な関心という現実的な事象が先にあり生まれたものである。これら異なる集団の関心は協働することも多かったが、時に緊張関係にあり、交差することもあった。1970年代と1980年代初頭は、少数派のエスニック系の人々の声が取り上げられた時代だった。1980年代後半から1990年代前半にかけてのアジア地域との関係を強化する動きと、1990年代後半の英語の識字教育に重きを置く動きは、理念と実践のどちらの意味においても、その当時の学校教育のあり方を決定づけた。これによって多文化主義的な言語政策（Lo Bianco 2004）が社会に与えたインパクトは薄れ、その存在感も弱まっていった。

　地理的に孤立し、人口も多くはないオーストラリアの脆弱性が非常に強く意識されたのは第二次世界大戦中であった。「'populate or perish'（人口を増やさなければ、国が滅ぶ）」をスローガンに、戦後の大量移民計画はオーストラリア国民にも広く支持された。より強固なオーストラリア（Martin 1999）を築くためのプログラムとして、オーストラリアへやってきた移民に英語教育を提供するAMEPの導入もそのひとつであった。1975年から83年までのホイットラム・フレイザー両政権、そして1983年から91年までのホーク政権において、オーストラリアの公共政策は多文化主義にその基盤を置いていた。多文化主義の理念を用いて、理論上は国が内包する多様な文化の存在は政治的な利害から独立したものであると説明された。この理論上オーストラリアは英語が話され、議会民主主義をとる、法の下の平等と経済的な平等が定められた法治国家であるといういわば縦方向の国家の政治的構造はそのまま残り、それは単一の共通の市民権という存在によって強調されていた。文化に対する認識は反対に、文化や言語、民族や地域に帰属する複数のアイデンティティやコミュニティの概念など、横方向のつながりによって特徴づけられた。比較的リベラルな市民権付与制度の下、市民権保持者に強制的な投票義務を与えるオーストラリアでは、政治家は必然的に選挙区の選挙民構成の文化的な背景も把握し、彼らに訴えかけることとなり、言語に関する問題は際立って取り上げられた。オーストラリアにおける多文化主義の発展には、かつて支配されていたイギリスの存在感を弱め、多言語が話される独立した国家としてのオーストラリアを押し出していくねらいもあった。新たな社会を築く過程で、言語教育が中心に据えられた多

文化主義期（Clyne 1991; Ozolins 1993; Lo Bianco and Wickert eds. 2001）の歴史的な意義は大きく、現代まで残る功績も数多い。しかし 1980 年代半ばまでには、少数派の人々の言語の保持と彼らへの特別な英語教育の提供に政治的な関心は向けられなくなっていった。

　イギリスが 1970 年代半ばからヨーロッパ地域の経済と政治の領域に積極的に進出し始めたことを受け、オーストラリアではアジアでの地位を強固にしようとする動きが加速したのである。これは本質的には経済面と安全保障面での戦略であるが、オーストラリアという国が長きにわたり直面してきた、国家の言語とアイデンティティの問題が一つの新たな局面を迎えたことの象徴でもあった。個々人や組織同士、そして圧倒的に経済面や外交上の戦略的な意味合いにおいても、オーストラリアとアジア太平諸国とのつながりが深いことは明らかで、特に東南アジアとの関係構築は進んでいる。これらの地域へのより深い統合が政治的議論の要と言える。当初は貿易や安全保障の文脈でしか語られなかった「アジア」への接近は、オーストラリアという国のアイデンティティを問い直す契機となり、言語教育を明白に重要視する 1990 年代前半のキーティング労働党政権の政治姿勢にはそれが象徴されている。その後、1996 年から 2007 年にわたるハワード連合政権においてその影は薄れた。

　ハワード連合政権はアジアではなく、英語圏の国々とオーストラリアとの文化的なつながりに重きを置く意向をその政治姿勢にはっきりと宿していたが、アジア地域とのさまざまな面での統合に関するほとんどの政策は引き継がれていた。しかし、ハワード首相はそれをオーストラリアの国としてのアイデンティティが影響されるほどのものとはみなしていなかった。続くラッド首相とギラード現首相の両首相による 2007 年から 2010 年の労働党政権はアジア地域との関係強化をさらに広い領域で推し進めた。経済的な連携および地域の安全保障に主眼が置かれ、これらの実際的な目的のための教育施策が開発、制定されてきた。

　アジアの言語が学校教育の科目として 1990 年代にブームを迎えたことは、多文化主義にとっては肯定すべき現象ではなかった（Singh 2001）。当時主流であった英語とアジア地域の言語の両方を操れる人材の育成という教育目標は、オーストラリアが英語話者の国であることを暗に前提としており、固有の言語を持つ少数派の人々（Lo Bianco 2005）には目が向けられていなかったからである。しかし、2000 年代半ばまでに、幅広く言語教育の機会を提供してい

た州ほど、学習者の継続率と学習効果が高いことが明らかになった（Lo Bianco 2009）。反対に、貿易上必要な言語やアジア地域の言語に限るなど、実用性のみに基づいた言語教育を実施していたところでは、学習者の継続率や学習の成功率が低かった。多元的な国家においては、言語学習や文化的な学びが求められるその動機もまた単一なものではないということがここに示されている。

結論

　多文化教育に関するオーストラリアの実験的な取り組みは、政治思想や主義の差異を超えて、教育観と教育内容の変革の過程に取り込まれてきた。しかし、多文化教育の意義と内容、実践についての対立に加え、実施が一貫性を欠いていたことと、共通性を持った概念化の難しさがその発展の障壁となってきた。1970年代と1980年代を通じて隆盛を迎えながらも、結果的に多文化教育は1990年代初期に試練の時を迎え、教育上の目標としての求心力は弱まっている。しかし、変化する世界情勢と国際主義が今後も教育の設計およびその波及に影響を与え続けることを踏まえると、教育における多文化主義的な精神の必要性がまったく消え去ることはないだろう。教育に対する多元的な視野と理解はむしろ一層強く求められている。

　先住民や移民の人々と、地理的に近接するアジアの存在という、国家の内と外、両方からの影響が、オーストラリアの人口と教育の多様性の源である。これらは長い間、オーストラリアの社会や政治、経済の発展を決定づける要因であった。イギリスの植民地が連邦化し1901年にオーストラリア連邦が誕生したこと自体もまさに、この両方から条件づけられていた。連邦議会が制定した初期の法律の一つで、いわゆる白豪主義政策の走りとして知られる1901年の移民規制法には明確な目的があった。結果的にはまさに後のオーストラリアの姿となった、多様な人種や宗教、言語や文化を内包する国家への変容を阻止することである。長い間多文化主義は異なる政治アクターによって異なる捉え方をされ、そこから派生した教育施策もまた、劇的な方向性の変化を辿ってきた。多文化主義は時に防ぐべき状態であり、時に推進すべき理念だった。あるいは管理や縮小、支配、包摂など、その時代のさまざまな政治上の関心によってそれぞれに解釈されていた。多文化教育はオーストラリアで認識されているように完全に過去のものとなったわけではなく、「オーストラリア人」に対する画

一的な教育に言語や文化の差異や多様性も入れ込もうとする動きと、先住民や
アジアに関する教育との解決しがたい関係の存在を、折に触れ呼び起こしてい
たのかもしれない。しかし、多文化教育運動によってもたらされた長きにわた
る多様性に対する議論と改革は、今日の公教育の現場を豊かにする経験と革新
的な教育実践を生んだ。変遷するオーストラリアの多文化主義の概念において、
言語政策は常にその中心に位置づけられているのである。

　本　章　は Joseph Lo Bianco (2014) "Language Policy: At the Centre and the Margins of
Australian Multiculturalism," *'For those who've come across the seas...': Australian
multicultural theory, policy and practice.* London: Anthem Press, pp.198-209. を原著者の許
可を得て翻訳掲載した。

文 献

Clyne, M. G. (1991) *Community Languages: 'The Australian Experience'*, Cambridge University
　　Press.

Council of Australian Governments (COAG) (1994) *Asian Language and Australia's Economic
　　Future*, Brisbane: Queensland Government Printer.

Dawkins, J. (1992) *Australia's Language: The Australian Language and Literacy Policy*, Canberra:
　　Australian Government Printing Service.

Herriman, M. (1996) 'Language Policy in Australia', in M. Herriman and B. Burnab (eds.),
　　Language Policy in English-Dominant Countries, Clevedon: Multilingual Matters, 35-62

High Court of Australia (1992a) Mabo v Queensland (No. 2) ('Mabo Case') [1992] *HCA* 23

High Court of Australia (1992b) 175 *CLR* 1 (3 June); online: http://www.austlii.edu.au/au/cases/cth/
　　HCM992/23.html, (accessed 8 June 2010).

Lo Bianco, J. (1987) *National Policy on Languages*, Canberra: Australian Government Publishing
　　Service.

Lo Bianco, J. (2001) 'From Policy to Anti-policy: How Fear of Language Rights Took Policy Making
　　Out of Community Hands', in Lo Bianco and Wickert (eds.), *Australian Policy Activism in
　　Language and Literacy*, pp.11-45.

Lo Bianco, J. (2004) *A Site for Debate, Negotiation and Contest of National Identity: Language
　　Policy in Australia*, Strasbourg: Council of Europe; online: http://www.coe.intlt/dg4/linguistic/
　　Source/LoBiancoEn.pdf.

Lo Bianco, J. (2005) *Asian Languages in Australian Schools: Policy Options*, Melbourne. Asia
　　Papers, No. 7, Melbourne Institute of Asian Languages and Societies.

Lo Bianco, J. (2009) 'Second Languages and Australian Schooling: Review and Proposals',
　　Australian Education Review, 54, Camberwell, Vic.: Australian Council for Education

第1部　移民に対する言語教育とサスティナビリティ

Research.

Lo Bianco, J. and I. Gvozdenko (2006) 'Collaboration and Innovation in the Provision of Languages Other than English', DASSH, Department of Education, Science and Training; online: http://www.dassh.edu.au/ publications/CASR_AR.Cf-lIVAL_REVIEW.pdf.

Lo Bianco, J. and R. Wickert (eds.) (2001) *Australian Policy Activism in Language and Literacy*, Melbourne: Language Australia.

Martin, S. (1999) *New Life, New Language: 'The History of the Adult Migrant English Program*, Sydney: National Centre for English Language Teaching and Research, Macquarie University.

Moore,H. M. (1996) 'Language Policies as Virtual Realities: Two Australian Examples', *TESOL Quarterly* 30(1): 473-97.

Nieto, S. (2000) *Affirming Diversity: The Sociopolitical Context of Multicultural Education*, New York: Longman, p.305.

Ozolins, U. (1993) *The Politics of Language in Australia*, Melbourne: Cambridge University Press.

Singh, M. (2001) 'Advocating the Sustainability of Linguistic Diversity', in J. Lo Bianco and R. Wickert (eds.), *Australian Policy Activism in Language and Literacy*, Melbourne: Language Australia, pp.123-49.

Wickert, R. (2001) 'Politics, Activism and Processes of Policy Production: Adult Literacy in Australia', in Bianco and Wickert (eds.), *Australian Policy Activism in Language and Literacy*, pp.75-92.

第2部

多言語教育政策とサスティナビリティ

　第2部では、「多言語教育政策とサスティナビリティ」を共通テーマにしている。3章のうち、まずグローバル化による移民や外国人の増加に対応して政策を変えてきたオーストラリアの事例を紹介する。次の2章で、2人の筆者が日本における多言語教育政策あるいはその欠落について論じた後、現実的な多言語教育施策を提言している。

　奥村は、オーストラリアの中でも多民族化が顕著なビクトリア州において、1980年代から2013年までの言語教育政策とそれを実行に移すための戦略の変遷を紹介しながら多言語教育に関わる取り組みを詳述している。また、近年グローバル化と多様性が進む日本社会において、英語だけに特化しない多様な民族や文化の理解を含めた初等外国語教育を提言している。

　杉野は、EUなどが多様性を重視する多言語教育施策を実行しているなか、日本の「グローバル化＝国際人＝英語（化）」という図式に疑問を呈し、「言語サスティナビリティ」の概念と欧州などの多言語教育を視野に入れて、それらが日本の外国語教育に貢献できる点に言及している。日本の外国語学習者の視点に立って、「母語＋第一外国語＋第二外国語＋豊かな人間性」という、国際社会に真に貢献できる人材育成の視点などを提案している。

　そして、3章目のオストハイダは、日本の言語教育政策とそれに反映されている言語意識、そして国内の多文化間コミュニケーションの実態について考察している。主に多文化化する日本における外国籍住民の視点から、現在日本に相応しい持続可能な教育施策として、「人」を基準とした「第一言語」「継承語」「生活使用言語」「他言語話者との共通語」に基づく言語教育政策を提案している。

第5章

オーストラリアの言語教育政策から日本の初等外国語教育を考える
──多民族社会ビクトリア州を事例として

奥村真司

要　旨

　オーストラリアの中でも多民族化が顕著なビクトリア州は、1980年代からさまざまな政策を発表し、多言語教育を積極的に推進している。最近では、自由党・国民党連立政権下の2011年と2013年に発表した言語教育政策とその実行計画において多くの戦略を打ち出し、初等教育段階からの多言語教育の充溢を図っている。本章では、ビクトリア州の多言語教育政策について、その変遷を踏まえ、2011年と2013年の政策文書から、多言語教育に関わる取り組みを詳述する。とりわけ、持続可能な言語教育の根幹に関わる初等教育段階に焦点を当てる。その上で、近年グローバル化と多様化が進む日本社会における初等外国語教育への提言を行う。

はじめに

　グローバル化が急速に進む現代社会を俯瞰すると、社会的、経済的そして安全保障上の対外的交渉や交流においては、リンガフランカ（lingua franca）、つまり国際共通語としての英語の役割は大きい。近年、英語を母語としない多くの国々では、外国語または第二言語としての英語教育を早期から開始し、国民の英語力向上に取り組んでいる。日本においても、2011年から小学校5、6年生の英語教育が必修化され、現在は、政策と教育の両面において重要視されている。

　英語がリンガフランカとして認知され、その利便性が増す一方、英語圏では英語以外の言語を学ぶ意義が低下し、早期外国語教育が十分に発展しない要因

となっている。例えば英国では、世界的な英語の優位性が英国の教育における外国語教育の弱体化につながっている（The British Academy report 2008）。また米国では、初等教育段階における外国語教育の明らかな成果が認められないことから、初等外国語教育の意義に疑問の声があり十分に発展しているとは言えない（Donato and Tucker 2010）。このような英語圏における英語重視の考え方は、一言語主義思想（monolingual mindset）（Clyne 2005）とみなされる。

　一方、英国や米国と同じように英語を使用する国の中でも、オーストラリアは、1970年代より多文化主義（multiculturalism）を国是とし、さまざまな国や地域からの移民を受け入れ、各民族コミュニティで使用される言語であるコミュニティ言語（community language）の存在を尊重し、その維持を支援している。また、連邦政府は、国内の多民族・多文化を尊重し、よりよい移民社会を構築することに焦点を当てるだけではなく、英語を母語としないさまざまな国々との社会的、経済的、安全保障上の連携を密にすることも重要視し、特に関係が深い国の言語の教育に関しては、初等教育段階から推進している。したがって、オーストラリアにおける多言語は、移民のためのコミュニティ言語と外国との関係のための外国語を含んでいるのである[1]。Liddicoat（2013: 8）は、この2つを第二言語学習の目標と関連づけて、前者を「コミュニティ内」（community internal）、後者を「コミュニティ外」（community external）の状況（context）にある言語と分類している。英語以外の言語は、これまで Languages Other Than English: LOTE と名称化されていた。しかし、連邦政府が2005年に発表した、「オーストラリアの学校における言語教育に関する国家声明と国家計画2005-2008」（National Statement for Languages Education in Australian Schools: National Plan for Languages Education in Australian Schools 2005-2008）において、すべての言語が平等という理念が強調され、LOTE ではなく languages（以下、言語〔languages〕）という用語が使用された。それ以降、連邦政府および多くの州の政策文書で、英語以外の言語は languages と名称化されている[2]。

　オーストラリアでは連邦政府と各州、準州、特別区（以下、州）が言語教育政策を立案・実行しているが、各州政府による政策が教育現場での実践に大き

1　先住民の言語（Aboriginal languages）も含まれるが、本章では2つに焦点を当てている。
2　いくつかの州の政策文書や学校レベルでは、現在も LOTE の用語を使用している場合がある。

な影響力を持っている。したがって、多言語教育政策の具体的な政策行動とその実行を精査するためには、州の取り組みに着目する必要がある。

オーストラリア連邦の中でも、ビクトリア州はこれまで多くの移民を受け入れ、コミュニティ言語と外国語の双方を重視する多言語教育[3]を政策として推進している。本書のテーマであるグローバル化における持続可能な移民社会のための言語教育政策のあり方を考える上で、ビクトリア州の言語教育政策から学ぶべき点があると考える。また、持続可能な言語教育という点においては、導入期である初等教育段階での言語教育の充実は重要である。ビクトリア州は初等教育段階からの多言語教育に力を入れている点において、早期外国語教育のあり方に示唆を与えてくれるであろう。

したがって、本章では、ビクトリア州の言語教育政策を事例として取り上げる。とりわけ、初等外国語教育に関連する最近の戦略に焦点を当てるとともに日本の初等外国語教育への提言を行う。

1. ビクトリア州の多言語教育政策

ビクトリア州は、これまでにさまざまな政策を発表し、多言語教育を推進してきた。Lo Bianco and Aliani（2013: 58）は、「ビクトリア州の言語教育政策は、多言語多文化社会をサポートする包括的でかつ先駆的なものであり、連邦政府の政策へ影響を与えるものである」と述べている。同様に、Djité（1994）は「ビクトリア州は、多様な移民コミュニティを有することから、学校における英語以外の言語の教育に非常に積極的である」と指摘している。表 1 は、連邦政府とビクトリア州政府の政権と各政府による言語教育政策の年表である。以下、ビクトリア州の多言語教育に関わる政策の変遷と最近の政策について詳述する。

1）言語教育政策の変遷

ビクトリア州の最初の言語教育政策は、1985 年の「ビクトリアの学校におけるコミュニティ言語の位置」（The Place of Community Languages in Victorian Schools）である。この政策は、連邦政府の最初の包括的言語政策である「言語に関する国家政策」（The National Policy on Languages: NPL 1987）の 2 年前に発表

3　先住民の言語（Aboriginal languages）も重視している。

第2部　多言語教育政策とサスティナビリティ

表1　連邦政府とビクトリア州政府の言語教育政策および政権政党の変遷

	連邦政府の政策	連邦政府	ビクトリア州政府の政策	ビクトリア州政府
1985		労働党（Labour）	The Place of Languages in Victorian Schools	労働党（Labour）
1987	The National Policy on Languages (NPL)	労働党（Labour）		労働党（Labour）
1989		労働党（Labour）	The Victoria Languages Action Plan	労働党（Labour）
1991	Australia's Language: The Australian Language and Literacy Policy (ALLP)	労働党（Labour）		労働党（Labour）
1993		労働党（Labour）	The LOTE Strategy Plan	自由党（Liberal）
1994	National Asian Languages and Studies in Australian Schools Strategy (NALSAS)	労働党（Labour）		自由党（Liberal）
2005	National Statement for Languages Education in Australian Schools: National Plan for Languages Education in Australian Schools 2005-2008	自由党・国民党連立（Liberal-National Coalition）		労働党（Labour）
2008	National Asian Languages and Studies in Schools Program (NALSSP)	労働党（Labour）		労働党（Labour）
2011	Australia in the Asian Century	労働党（Labour）	The Victorian Government's Vision for Languages Education	自由党・国民党連立（Liberal-National Coalition）
2013		労働党（Labour）	Languages-expanding your world: Plan to implement The Victorian Government's Vision for Languages Education 2013-2025	自由党・国民党連立（Liberal-National Coalition）
2014	Early Learning Languages Australia (ELLA), New Colombo Plan	自由党・国民党連立（Liberal-National Coalition）		自由党・国民党連立（Liberal-National Coalition）
2015-2017		自由党・国民党連立（Liberal-National Coalition）		労働党（Labour）

出所：筆者作成

された。この政策では、英語とともに当時の主流コミュニティ言語（ドイツ語、ギリシャ語、イタリア語）の重要性を指摘している。初等教育段階における言語教育に関しては、体験型指導、適切な教材の開発、教員研修の必要性に言及している。またこの政策では、目標言語の到達レベルが明記され、特に初等教育段階では日常生活で目標言語をどのように使用するかについて学ぶことが求められている。

　その後ビクトリア州政府は、1989年に「ビクトリアの言語行動計画」（The Victoria Languages Action Plan）を発表した。この政策は、NPLの作成者であるジョセフ・ロ・ビアンコ（Joseph Lo Bianco）が作成したものである。したがって、連邦政府とビクトリア州の政策的意図（political intention）に共通点が見られる。この政策は3年間の実行計画であり、政策文書中に複数の英語以外の言語の教育に関するビクトリア州内の実践事例が紹介されていることが政策文書としての特徴と言える。実践事例の中には小学校でのイマージョン教育[4]も取り上げられていることから、単なる学習ではなく使用を考慮した言語教育を推奨している政策的意図が読み取れる。

　1993年には、「英語以外の言語の戦略計画」（The LOTE Strategy Plan）を発表した。この政策は、連邦政府が1991年に発表した言語政策である「オーストラリアの言語：オーストラリアの言語とリテラシー政策」（Australia's Language: The Australian Language and Literacy Policy: ALLP）と連動している。具体的には、ALLPが各州に14の優先言語のうち8言語を選択させるというもので、ビクトリア州においてはさまざまな言語の履修者数を考慮するとともに移民コミュニティの共通理解の必要性を踏まえ、中国語、フランス語、ドイツ語、インドネシア語、イタリア語、日本語、現代ギリシャ語、ベトナム語が選択された。この言語選択においては、ヨーロッパ言語とアジア言語のバランスがとられている。同時に上記8言語に加えて、アラビア語、韓国語、ロシア語、スペイン語、タイ語への支援も明記されている。このような多言語支援は連邦政府の要求以上であり、ビクトリア州がいかに多言語を尊重し支援してきているかがわかる。この政策においてもこれまでの政策同様、初等教育段階からの第二言語習得が推奨されている。

　The LOTE Strategy Planでは、ビクトリア州の多言語教育における課題と解

4　学校教育課程における一般教科の多数を第二言語で学ぶ教授法である。

決のための推奨事項も取り上げられている。特に、教師の目標言語の運用能力
は極めて切迫した問題であり、その解決策として、現職教師への研修を通して
目標言語の運用能力を身につけさせることが提唱されている。教師の目標言語
能力についての課題は、この政策が指摘しているだけではなく、言語教育に関
する国内のさまざまな報告書（例えば、Nicholas et al. 1993）で指摘されているよ
うに、長年の懸案事項である。

　このように 1985 年から 1993 年までの 8 年間に 3 つの言語教育政策を発表し、
英語以外の言語の教育の拡充を目指してきたが、それ以降停滞し、ビクトリア
州政府は包括的な言語教育政策を発表しなかった。

2）最近の言語教育政策

　ビクトリア州における多言語教育を推進し、学校教育における言語（languages）
の学習機会および学習者増加を主なねらいとして、州政府は、2011 年に「ビ
クトリア政府の言語教育のためのビジョン」（The Victorian Government's Vision for
Languages Education）、2013 年に「言語――あなたの世界を広げる：ビクトリア
政府の言語教育のためのビジョンの実行計画 2013-2025」（Languages-expanding
your world: Plan to implement The Victorian Government's Vision for Languages Education
2013-2025）を発表した。表 1 に示したとおり、これら 2 つの政策文書は、自由
党・国民党連立（Liberal-National coalition）政権下で発表されたものである。

　この政策の基本理念は、近年のグローバル化に伴い、世界中の人々とのつな
がりを推進するとともに、多言語教育が成熟した多文化社会を創造することで
ある。その結果、ビクトリア州の利益の拡大につながるのである。そのため
には、政策として目標言語と異文化理解能力（high-level language and intercultural
skills）を高めることがこれからの学校教育において必須であるとした。言語の
選択については、学校は地域との連携を密にし、多数の言語の中から最も適当
な言語の教育を行うこととしている。この 2 つの文書では、2011 年からの短
期的取り組みと 2025 年までの長期的計画が示された。オーストラリアでは言
語教育政策が選挙実施サイクルの影響を受けることから、短期戦略が重視され
るとともに、補助金交付を含めた戦略が学校教育現場に与える影響力は大きい。
　以下、本章が焦点を当てている初等教育段階に関わる政策的戦略を紹介する。

①初等・中等教育における言語（languages）必修化

　オーストラリアの言語教育政策は、学校教育制度と密接に関わっている。オーストラリア連邦は地方分権に基づいているため、学校教育制度も州ごとに異なる。ビクトリア州の学校教育制度は、1年間の準備学級（preparatory year=Prep）を経た1年生から6年生までの7年間が初等教育、7年生から12年生までの4年間が中等教育である。

　この政策で最も注目すべき取り組みは、学校教育における言語（languages）の段階的必修化と数値目標の設定であった[5]。具体的には、

　　・2015年までに100％の政府立小学校のPrepで言語教育プログラムを提供する。
　　・2025年までに100％の政府立小学校および中等学校で言語教育プログラムを提供するとともに10年生時に新しい言語能力証明書（the new certificate of language proficiency）を発行する。
　　・2025年までに政府立学校と非政府立学校の全児童・生徒のうちの25％が後期中等教育において英語に加えてもう一つの言語を学ぶ。

という3つの目標である。

　Prepからの言語（languages）教育必修化に向けては、これまで、その教育を提供していない政府立学校またはカトリック系学校のために、総額100万オーストラリアドルの言語教育開始補助金（language start-up grants）を2012年に交付した。この補助金は、約80の学校または学区（cluster）に交付され、2013年から言語（languages）教育を開始した。

　2015年までの数値目標である、政府立小学校のPrepにおける全児童に対する言語教育プログラム提供については、ビクトリア州教育省が発行する言語（languages）教育に関する年次報告書2016年度版にその成果が示されている。それによると、Prepでの言語（languages）教育の学習者数の割合は、政府立小学校のPrep全児童数の88.7％であった（Department of Education and Training 2016a）。完全な目標達成ではないものの、短期目標については確実に成果を上

5　2014年の選挙において、自由党・国民党連立政権から労働党へ政権移行されたことにより2025年までの長期的計画については、その後教育省から言及されていない。

第2部　多言語教育政策とサスティナビリティ

げたと言えよう。

②言語（languages）学習の時間配当、成果（outcome）

　目標言語の熟達はこれまでの政策においても重要課題であったように、この政策でも重点化されている。このねらいを達成するためには、学校での言語（languages）学習を週150時間と推奨している。また推奨時間を満たすことができない場合には、戦略的計画を立て徐々に増加させるようにすべきとしている（Department of Education and Training 2016b）。2013年の文書には、目標言語の学習成果として、政府立小学校6年生の60%および中等学校10年生の40%が目標言語の規定のレベルに達するという数値目標が掲げられている。言語能力レベルの測定については、政府がオンデマンドのオンライン評価ツール（on-demand online assessment tools）を開発することを、この政策の中で表明した。推奨時間数と学習成果の可視化も言語能力向上のための強い政策的意図であったと理解できる。

　ビクトリア州の言語教育政策では、言語能力の獲得と向上に加えて、異文化理解能力（intercultural competence）の向上も重要視されている。2013年の文書には、付加的言語（additional language）と関連する異文化理解能力の獲得は、子どもたちの将来の学習や職業選択において自信を与える鍵となるものであると明記してある。この政策においては異文化理解能力向上に関する具体的戦略としては示されてはいないが、ビクトリア州の教育課程（curriculum framework）に具体的到達目標が明示されている[6]。また、異文化理解能力（intercultural competence）の向上と言語（languages）学習、週150時間の推奨は、2014年からの労働党（Labour）政権下でも継続している。これは、ビクトリア州が政権交代にかかわらず、言語（languages）教育を重視しているからであると捉えられる。

③小中教育連携の推進

　多言語教育における初等・中等教育段階の連携は、オーストラリア全体の長年の課題であり、ビクトリア州でも例外ではない。具体的な課題として、初等

6　ビクトリア州カリキュラム評価機関（Victorian Curriculum and Assessment Authority: VCAA）により作成されている。

教育段階で多様な言語の学習機会を提供する一方、中等学校でその言語を提供していない場合など継続的な学習が困難になることや、小学校と中等学校で同一学習内容を提供し、中等学校の生徒の意欲を喪失してしまうことが挙げられる。

　小中連携の課題に対処し、連携を促進するために、この政策では 2011 年から 2012 年の短期戦略として、「学区における革新的言語（教育）の提供」（Innovative Language Provision in Clusters: ILPIC）を導入した。この戦略では、14 学区の小学校と中等学校が定期的に連携を深め、ブレンド型学習（blended learning）[7] 等を取り入れながら言語教育の連続性を高め、連携を深めた。

④内容言語統合型学習（CLIL）の導入

　この政策において、内容言語統合型学習（Content and Language Integrated Learning: CLIL）を戦略として取り入れたことも注目に値する。CLIL は、1990 年代初めにヨーロッパで開発された、ヨーロッパの複言語主義（plurilingualism）を反映した内容中心型教授法（content-based approach）である。

　ヨーロッパでの CLIL は、学校教育のあらゆるレベルで広く導入されており、特に初等教育段階では早期外国語教育への期待とともに注目すべき教授法として認知されている。CLIL は、独自の理論的枠組み[8] を土台として、児童・生徒が理科や歴史などの教科を目標言語を通して学び、教科と目標言語の知識と技能を同時に獲得するものであり、これまでに多くの成果が報告されている。

　ビクトリア州における CLIL の導入については、短期戦略として 2011 年からの 1 年間に 250 万オーストラリアドルが交付された。CLIL を政策戦略として導入した意義としては、内容中心型教授法がオーセンティック（authentic）な言語使用[9] につながることが挙げられる。また同時に、初等教育で長年問題となっているカリキュラムの混雑化（crowded curriculum）に対応し、言語（languages）配当時間を増加させる一手段としての役割も担っている。さらには、CLIL がその理論的枠組みの中で異文化理解を重視していることもビクトリア

7　伝統的な教室での学習とオンラインによる自主的な学習を組み合わせた学習形態である。

8　内容（Content）、コミュニケーション（Communication）、認知（Cognition）、文化（Culture）の組み合わせである 4Cs がフレームワークである。

9　実際の言語使用状況またはそれに近い状況のことである。

州の政策的意図と一致しているからとも捉えられる。

　CLIL の導入にあたっては、ビクトリア州教育省がメルボルン大学と協力し、小中合わせて 6 校をパイロット校として各学校での成果を分析し報告した（Cross and Gearon 2013）。また、CLIL の指導を十分に行うことができる教員の育成のため、州内の言語教師会と協力し、現職教員を対象にした CLIL のワークショップを開催している。このように、言語（languages）教育現場へ幅広く CLIL を導入するためにさまざまな方策を試みている。2014 年からの労働党政権下においても、CLIL は教育省ホームページにおいて言語教育の一つのアプローチとして提示されているが、学校現場での実施については、短期戦略実行時期よりも縮小傾向にあり、CLIL の授業を中止している学校も見受けられる。したがって、CLIL については、現場での持続可能性は課題である。

⑤情報通信技術（ICT）の活用

　この政策では情報通信技術（Information Communication Technology: ICT）の活用も重視している。ICT は、児童・生徒の言語（languages）における取り組みへの意欲を高める手段であり、教師間のリソース共有等言語（languages）教育の効率化の手立てであると捉えられている。また上述の CLIL 同様、ICT の活用によって、国内外の目標言語のネイティブ・スピーカーとの交流などオーセンティックな言語学習状況を提供できるとしている。

　この ICT 活用促進戦略に関連して、ビクトリア州教育省は、ホームページ内にデジタルリソース "FUSE" という名称の教育サイトを創設した[10]。これは、さまざまな領域の内容を扱うサイトであり、そのコンセプトは、discover（発見）、engage（実行）、share（共有）である。多言語教育に関わるものについては、児童・生徒が教室や自宅で目標言語の学習ができるオンラインアプリケーションがあり、自律学習を促進する役割を担っている。また、言語（languages）教師のための教授用資料等さまざまなリソースが盛り込まれており、ICT を活用した効果的な指導を促す補助的役割も果たしている。2014 年からの労働党政権下でもこのリソースは継続的に提供され、さらに充実してきている。言語教育における ICT の活用は政策的持続性があると言及できる。

10　https://fuse.education.vic.gov.au/, 2016 年 10 月 22 日閲覧

第5章　オーストラリアの言語教育政策から日本の初等外国語教育を考える

⑥地域および世界とのつながりの推進

　前述のとおり、ビクトリア州の言語教育政策は、多民族社会におけるコミュニティ言語の教育を支援することも目的としている。そのためには、言語（languages）教育への地域の人々の理解と協力が必要となる。地域の人々として言語教育に最も大きく関わる存在は、児童・生徒の保護者である。したがって、ビクトリア州の学校教育運営に関して、保護者の意見は重要視される。学校で行っている言語（languages）教育に対して保護者の理解が得られない場合、学習言語の変更を求められることもありうる。

　また、ビクトリア州の言語（languages）教育においては、学習言語のネイティブ・スピーカーである移民の存在も大きい。ビクトリア州に在住する各学習言語の話者が、学校における言語（languages）教育に協力し、児童・生徒と会話をする機会を設けることによって、児童・生徒に、学習言語のネイティブ・スピーカーと話したり、その文化を学んだりするオーセンティックな言語学習状況を提供することになる。

　世界の人々とのつながりも、グローバル化進展下の言語（languages）教育において肝要である。この点についてビクトリア州政府は、海外の学校との姉妹校協定（sister school relationship）を推進し、2011年から4年間で30万オーストラリアドルを補助金として交付している。姉妹校協定による相手校の児童・生徒とのつながりは、児童・生徒同士が同じ目線で交流することになり、言語（languages）学習への動機づけにつながると期待されている。

　世界の学校や児童・生徒とのつながりは、前述のICTの活用とも大きく関わっている。例えば、スカイプ等のビデオ会議システムを活用することによって、オンラインで世界各地の児童・生徒とオーセンティックな会話活動を行うことができる。

　学習言語の話者と実際にコミュニケーションをとる言語使用体験を重視していることが、地域や世界の人々とのつながりの拡充を政策的戦略としていることからも読み取ることができる。また、その戦略は学校現場にも浸透し、現在でも積極的に行われている。

⑦質の高い言語（languages）教師の供給

　ビクトリア州の小学校では、学級担任制が導入されているが、言語（languages）の教育は専科教員（specialist teacher）が行うことになっている。前述のとおり、

93

これまでの言語教育政策においても、質の高い言語教師の採用と配置は重要課題であった。この政策では、前述の2025年までの言語教育の必修化に向けて質の高い言語教師の増加を目指し、2012年から2年間で600万オーストラリアドルを交付する言語教育奨学金プログラム（languages teaching scholarship program）を提供した。主な対象者は言語教師を目指す大学生である。また、2013年の文書では、海外の政府機関と協力をし、400名の現職言語（languages）教師を海外留学させるプログラムと国内での研修機会（in-country study）を提供する計画も盛り込まれている。さらには、教師数の不足が認められる言語（languages）に関して、海外からの質の高いネイティブ教員を採用する計画が盛り込まれている。

　言語教師に関する補助金を付帯したさまざまな政策的戦略は、政府の言語（languages）教育拡充への強力な政策的意図と捉えることができる。質の高い言語教師の育成と供給は、政権交代にかかわらず、過去そして現在も絶えず課題となっており、言語教育政策における継続的な努力目標であると言える。

2. 日本の初等外国語教育への提言

　日本と外国とのかかわりが強くなることを受けて、日本の外国語教育も変化を遂げている。文部科学省は2014年に「グローバル化に対応した英語教育改革実施計画」（文部科学省 2014a）を公表し、英語を最優先外国語とした強力な言語教育政策を推進している。とりわけ、2020年の学習指導要領改訂とともに、高学年では初歩的な英語の運用能力を養うことをねらう教科型英語教育が導入される。文部科学省は、英語教科化に対応できる高度な英語力と指導法を身につけた教員の養成および採用が必要であることに言及している。

　しかしながら、今後は外国とのつながりの強化へ向けた英語教育の取り組みだけでは不十分である。日本では1980年代から外国人労働者やその家族が急増しており、今後は少子高齢化に伴う海外からの労働者移入がますます増加することが予想されるとともに、最近では、政府が進める高度外国人材や技能実習生、留学生の受入れが進んでいるからである。したがって、ここでは英語教科化と社会のさらなる多様化に焦点を当て、初等外国語教育への提言を行う。

1）指導内容の高度化のための人材育成

　ビクトリア州の最近の言語教育政策では、前述のとおり、CLIL や ICT の活用、海外との交流促進など多様な戦略を導入し、多言語教育の拡充を図っている。このような言語教育における取り組みは、ビクトリア州だけではなく、日本の初等英語教育でも導入されつつある。例えば、CLIL については、最近の初等英語教育に関する学会でも実践報告が見受けられるようになってきた。また ICT の活用については、文部科学省（2014b）が、海外の学校との交流により、外国語を使ったコミュニケーションの実体験を推奨している。

　しかしながら、このような初等英語教育の高度化においては、その指導者の養成と研修が大きな課題となる。日本英語検定協会による現職教員へのアンケート調査によると、現在の小学校外国語活動における課題として、第 1 に「教員の指導力・技術」、第 2 に「指導内容・方法」が挙げられている（日本英語検定協会 2014）。

　日本の初等教育においても、ビクトリア州と同様、学級担任制度が導入されている。だが、ビクトリア州では、前述のとおり、言語（languages）教育は専科教員が担当しており、さまざまな高度な取り組みについては、各教員が研修を受け、指導内容の高度化に対応している。一方、日本では教科化後も基本的には学級担任が英語教育を担当する方向である。児童の特性を十分に知る学級担任のほうが初等教育段階における英語教育には適しているという意見も多い。また、学級担任は、他の教科も担当しているので、国語や社会など、他教科と関連づけた英語教育を行うのに適しているという考えもある（文部科学省 2006）。

　しかし、現在の初等教育の現状においては、知識の広範化と多様化に伴い、すべての教科、領域においてより高度な知識と指導技術を身につけなければならない。例えば、他教科との連携としての CLIL は、理論的枠組みのもとに行う内容中心型言語教授法であり、その原理を正しく理解し導入するには相当時間の研修が必要である。同様に、ICT を利用した海外交流に関しては、事前交渉、実施計画等準備に多大な時間と労力が必要となる。

　このような状況において、初等英語教育の高度化に対して、学級担任がどれだけ対応できるかが課題となる。英語教科化においては、専科教員または英語指導に関する専門的知識を持った教員の配置を今後も継続的に推進していくことが肝要である[11]。

第2部　多言語教育政策とサスティナビリティ

2）英語教育と異文化理解教育

ビクトリア州の言語教育政策においても、目標言語の能力の向上はこれまで
の言語教育政策の中で最重点事項であった。また、詳述した最近の言語教育政
策におけるさまざまな戦略も、目標言語の能力向上を目指すための方策であ
る。つまり、目標言語能力の向上は、言語教育政策の実効性につながるととも
に、多言語教育への州民の幅広い理解と支援に直結しているのである。

言語教育政策として、英語を原則的に政策的最重要言語として学校教育の学
習の機会を提供、拡大している現在の日本の状況において、ビクトリア州のよ
うに多種多様な言の教育を地域の実情に応じ行い、各言語の能力向上を図
ることは現実的ではない。それならば、英語を重視する言語教育政策において、
これからの日本の多文化化や多言語化に対応する方策として、どのようなこと
が挙げられるであろうか。ビクトリア州の取り組みを踏まえ、英語教育の中で
英語力と異文化理解能力の双方を重視する必要性を提唱したい。

Kirsh（2008）は、早期外国語教育によって、子どもが他文化に対して肯定的
な態度を持ち自民族中心主義に陥らなくなると指摘している。また箕浦（2003）
は、児童期を含む9歳から15歳は異文化、異民族に対する柔軟な態度を身に
つける最適期と主張している。つまり、初等教育は、異文化に対して幅広い視
野を獲得し、差別や偏見を生み出さない思考の発達適期であると言えよう。

文部科学省による「グローバル化に対応した英語教育改革」においても「社
会の急速なグローバル化の進展の中で、英語力の一層の充実は我が国にとって
極めて重要な問題。これからは、国民一人一人にとって、異文化理解や異文化
コミュニケーションはますます重要になる」（文部科学省 2014）と、異文化理解
の重要性が示されている。しかしながら、英語圏の文化紹介に傾倒した異文化
理解の感は否めない。

日本の公立小学校での英語教育の契機となったとも言える、1996年の中央
教育審議会答申、第3部、第2章「国際化と教育」の中には、異文化に対する
理解や、異なる文化を持つ人々と共に協調して生きていく態度の育成、多様な
価値観の尊重、および欧米だけでなくアジアやオセアニアにも目を向ける必要
性が示されている（文部省 1996）。グローバル化が進展し英語重視の教育が加速
化しても、1996年の中央教育審議会答申における国際化に向けた提言は、日

11　詳細については、Okumura（2017）を参照されたい。

本の言語教育政策の理念として今後も掲げ続けることが肝要であると考える。その上で、これからの移民社会に対応できるよう、多様な民族や文化の理解を含む異文化理解能力の向上を視野に入れた英語教育を行っていくことが大切ではないだろうか。そして、幅広い視野の異文化理解教育を享受し、偏見のない外国語観や異文化観を身につけていくことが、さらなる多様性を持つ次世代社会を担っていく児童にとって重要であると考える。

　ビクトリア州の事例のすべてが、日本の外国語教育政策に応用可能というわけではない。しかしながら、ビクトリア州における、多民族社会の醸成をねらう言語教育政策の取り組みは、持続可能な多様性を目指す社会の構築の上で貴重な示唆を与えてくれるであろう。

文 献

British Academy (2009) Language matters. A position paper. London: The British Academy.（http://www.britac.ac.uk/reports/language-matters/position-paper.cfm, 2016 年 10 月 26 日閲覧）

Clyne, M. (2005) *Australia's Language Potential*. Sydney: University of New South Wales Press.

Cross and Gearon (2013) Research and Evaluation of the Content and Language Integrated (CLIL) Approach to Teaching and Learning Languages in Victorian Schools.

Department of Education and Training (2016a) Languages Provision in Victorian Government Schools, 2015.

Department of Education and Training (2016b) Quality Languages Programs.（http://www.education.vic.gov.au/school/principals/curriculum/Pages/languagequality.aspx, 2016 年 9 月 4 日閲覧）

Djité, G. P. (1994) *From Language Policy to Language Planning: An Overview of Language Other Than English in Australian Education*. Deakin, ACT: National Languages and Literacy Institute of Australia Limited.

Donato, R. & Tucker, G. R. (2010) *A Tale of Two Schools: Developing Sustainable Early Foreign Language Programs*. Clevedon: Multilingual Matters.

Kirsch (2008) *Teaching Foreign Languages in the Primary School*. London: Continuum.

Liddicoat, A. J. (2013) *Language-in-Education Policies: The Discursive Construction of Intercultural Relation*. Bristol: Multilingual Matters.

Lo Bianco, J. & Aliani, R. (2013) *Language Planning and Student Experiences*. Bristol: Multilingual Matters.

Nicholas, H. Moore, H. Clyne, M. & Pauwels, A. (1993) *Languages at the Crossroads*. Melbourne: NLLIA.

Okumura, S. (2017) "Homeroom Teachers or Specialist Teachers?: Considerations for the Workforce for Teaching English as a Subject at Elementary Schools in Japan," *Asian Journal of Education and Training* 3(1): 1-5.

日本実用英語検定協会（2014）「小学校の外国語活動及び英語活動等に関する現状調査」（http://www.eiken.or.jp/association/info/2014/pdf/20141028_pressrelease_report2013.pdf, 2016 年 10 月 26 日閲覧）

箕浦康子（2003）『子供の異文化体験——人格形成過程の心理人類学的研究』新思索社

文部科学省（編）（1996）「21 世紀を展望した我が国の教育の在り方について——第 15 期中央教育審議会第一次答申」『文部時報』8 月臨時増刊号、ぎょうせい

文部科学省（2006）「小学校における英語教育について」（http://www.mext.go.jp/b_menu/shingi/chukyo/chukyo3/004/siryo/06040519/002/004.htm, 2016 年 9 月 24 日閲覧）

文部科学省（2014a）「グローバル化に対応した英語教育改革実施計画」（http://www.mext.go.jp/a_menu/kokusai/gaikokugo/__icsFiles/afieldfile/2014/01/31/1343704_01.pdf, 2016 年 8 月 16 日閲覧）

文部科学省（2014b）「外国語教育における ICT の活用について」（http://www.mext.go.jp/b_menu/shingi/chukyo/chukyo3/058/siryo/__icsFiles/afieldfile/2016/05/25/1371098_5.pdf, 2016 年 10 月 18 日閲覧）

第6章

言語的観点から日本のサスティナビリティを考える
── 「母語＋第一・第二外国語＋豊かな人間性」の言語教育

杉野俊子

要　旨

　2017年米国のトランプ大統領が、脱グローバル化と保護主義を打ち出したとはいえ、世界各国では多様性を重視する多言語教育施策を打ち出している国は依然として少なくない。しかし日本では、ますます「グローバル化＝国際人＝英語（化）」という図式に拍車がかかっている。本章ではまず言語サスティナビリティの定義と目的に言及し、次に欧州などの多言語主義の理念について述べる。それら多言語教育が日本の外国語教育に貢献できる点を視野に入れながら、日本の外国語教育、特にスキル重視や英語中心主義の弊害を指摘し、英語と国際人を直結させて捉えなくてもよい国際社会に真に貢献できる人材育成を提案する。最終的には、このような施策が少子化が進む国のサスティナビリティにつながると考える。

はじめに

　2016年11月の次期大統領選にトランプ氏が勝利したことを受け、事の良し悪しはともかく、カリフォルニア州で米国からの独立運動が起きた（朝日新聞2016年11月25日）。その理由の一つとして、「（カリフォルニア州は）日系、中国系、ヒスパニック系など移民を通じて世界とつながってきた場所だ」とし、移民排除の発言を繰り返しているトランプ氏とは一線を画す、移民と人種の多様性を挙げている。また、年が変わった2017年1月10日のオバマ大統領の退任演説でも、「米国は（移民など）新参者によって弱まることはなかった。彼らは米国の教義を受け入れ、それを強化している」と多様性が米国の強みだと強調

した（朝日新聞 2017 年 1 月 11 日）。

　カリフォルニア州だけでなく全米のどの州でも、教育言語は「英語」のため、二言語教育でも最終的には「English-only（英語第一主義）」を目指しているが（杉野 2007）、実際は、5 歳以上の子どもがいる家庭で使われる言語は、5 人に 1 人が英語以外という多言語社会である（American Community Survey 2013）。一方、欧州連合（European Union: EU）の多言語主義やオーストラリアの第二言語教育（Language Other Than English: LOTE）、ベトナム教育・訓練省が 2016 年 3 月に打ち出した国内の小学校で日本語を英語などと並ぶ「第一外国語」として教えることを目指す方針など、多言語教育を実践している国は少なくない。

　しかし、日本では相変わらずというより、ますます英語化に拍車がかかっている。2008 年度に始まった小学 5、6 年生対象の外国語活動については、「外国語」という文言を使っていながらそれが「英語」学習になり、2011 年度に「小学 5 年生から必修化」、さらに 2020 年に「小学 3 年生からの必修化」「小学 5 年生からの教科化」と、次々と文科省の方針が打ち出されている。

　また、各大学ではグローバル人材育成に英語は必須条件だとホームページで謳い、「グローバル人材＝国際人＝英語話者」の図式に拍車をかけている感がある。

　現代アメリカの政治理論家マイケル・ウォルツァーは、公立の言語教育も含む教育は、「社会的生存のためのプログラム」であり、「教育財の配分が基礎的学校教育においてはなるべく単一平等であり」、「多文化の中で民主的市民を支援する」対応を目的としていると述べている（小林 2010）。多言語教育を推進している森住は、「人格形成」と「恒久平和」が言語教育の目的の根底にあるべきと提唱している（森住 2015: 2）。同様に、EU の言語教育は、複言語主義、言語の多様性、相互理解、民主的市民の推進、社会的結束という理念に基づいている。

　それでは、多言語生活とサスティナビリティ（持続可能性）はどのように関連するのか。小宮山（2007）が提唱する日本発の「超学」であるサスティナビリティ学と多言語教育の接点は、その研究領域の一つである「人間システム」にライフスタイルや価値規範を含む点である。「人間自身の存在を規定する諸要素の総体」である「人間システム」は、「健康・安全・安心・生きがい」を保障する多言語話者のアイデンティティと人生そのものの基盤となっている。

　本章では、初めにサスティナビリティと言語サスティナビリティについて言

及する。次に、日本では生物の多様性と文化の多様性は認めているのに、なぜ外国語教育というと英語偏重になるのか、そして、なぜ（大学の）教育理念とかけ離れたスキル重視の教育になるのかに言及する。次に、ヨーロッパやオーストラリアの他国の例を挙げ、最後にサスティナビリティの観点から見た「母語＋第一・第二外国語」について、いくつかの事例を挙げ、そのような多言語教育の視点が将来的な日本の言語サスティナビリティに貢献できることを述べる。

1．言語サスティナビリティ

1）「サスティナビリティ（持続可能性）学」の特徴

サスティナビリティという言葉は、人間環境についてさまざまな決定がされるようになった1970年代に生まれ、1992年にブラジルのリオデジャネイロにおいて「国連環境開発会議（UNCED,「地球サミット」）」の開催時に、国際的な「アジェンダ21」が採択され、その取り組みと概念が定着し始めた。

小宮山・武内（2007）は「環境か経済か」の枠組みを超えて、「より良く生きる」という「日本発の『超学』」である「サスティナビリティ学」という新学問領域の構築に主導的な役割を果たした。

小宮山（2007）は「社会構築」「地域形成」「教育・社会連携」を基本軸にサスティナビリティ学の研究領域の総体に"地球システム""社会システム""人間システム"を置いた。その人間システムは、ライフスタイルや価値規範を含む、「人間自身の存在を規定する諸要素の総体」であり、「健康・安全・安心・生きがい」を保障するための基盤と定義づけている。それは、経済や社会から区別された"人間の領域"を設定しているところが、国際的に見て独自性があると上柿（2011）は述べている。

2）言語的持続性

当初は、経済発展と自然環境の尊重と持続という考えに基づいていた観点を、Bastardas-Boada（2014）は linguistic sustainability（言語持続性）に当てはめた。ただ単に主要言語を押し付けたり、言語の多様性の維持を考慮することなく優勢な言語を拡大したりすることは、環境にかまわず景気を拡大するのと同じようなものであり、社会的・文化的に破壊的な影響を与える可能性がある、と警

告している。その破壊的な影響力を受けるのは少数言語話者である。彼らの中には、経済的・社会的に進出するために国家や世界的な伝達手段として使われている言語を優先するあまり、自分たちの継承言語を捨てる必要があると思う者もいるが、言語の多様性とアイデンティティ維持に努める者もいる。それゆえ、政策担当者、関連機関、そして言語多数派のみならず言語少数派も社会言語的な多様性を保存していく責任と必要がある。

Bastardas-Boada の説によると、言語は常に the-language-in-its-context（文脈と関連しているもの）なので、言語の生態は、文化的エコシステムとそれを基盤にした社会認知的で総括的なアプローチをとるべきだと述べている。言語的少数派は、確実な持続可能な平衡と最大限の発展を求めているので、少数派の言語は過去の産物ではなく、明らかに未来のためのものであると Bastardas-Boada（2014）は述べている。

2. 多言語主義

2016 年 6 月 23 日、英国の欧州連合（EU）の離脱の是非を問う国民投票が行われて、離脱支持派が 4% の僅差で残留支持派を破り、1973 年の加盟から 43 年目の離脱が決まった。英国（Britain）と脱（exit）を合わせた Brexit という造語が出来たほど注目の的となった。EU 統合市場は、「人、物、資本、サービスの移動の自由」の原則に基づいているが、離脱派は EU の規制と財政負担が大きすぎるほか、国境の規制を自由に行いたい、つまり、英国に流入する移民の数を制限するべきだと主張し、残留組は、移民の大多数は、経済成長をもたらし公益事業を促進する若くて機敏な労働者であると主張した（Wheeler & Hunt 2016）。「人の移動の自由」に対する英国民の消極的な考え方に、ドイツのメルケル首相は、「物、資本、サービスだけは、従来通りのままにしながら、人の移動にだけ制限を加えようとする、いいとこ取りは身勝手だ」と批判している（宮崎 2016）。

このような「人の移動の自由」には経済的な面も伴うが、「人の移動」には言語・教育の問題が伴う。欧州評議会言語政策局（Division des Politiques Linguistiques, Conseil de l'Europe, 2006）による「ヨーロッパの複言語教育・半世紀にわたる国際協力」は、以下の点の促進を目的としている。複言語主義（欧州のすべての市民は各自の必要に基づき、生涯にわたって、複数の言語により、ある程度

のコミュニケーション能力を獲得する権利を持つ）、言語の多様性（ヨーロッパは多言語の大陸であって、その言語はすべて、コミュニケーションの手段ならびにアイデンティティの表現手段として同等の価値を持つ。欧州評議会の協定は、これらの言語を使用し学ぶ権利を保障する）、その他、相互理解、民主的市民性、社会的結束である（山本 2013）。また、複言語教育は、以下の点を促進している。

- ・なぜ、どうしてその言語を学ぶのかを意識すること
- ・転移可能な能力を意識し、言語学習過程でそれを再活用する力をつけること
- ・他者の複言語能力を尊重し、社会においてどのようなイメージを持つものであれ、言語や言語変種を承認すること
- ・言語の固有の文化と、他者の文化的アイデンティティを尊重すること
- ・言語と文化の関係を認め、確実なものとする力をつけること
- ・カリキュラムに言語教育を統合した、包括的なアプローチ

（山本 2013）

　「複言語主義」や「複文化主義」という概念は「欧州言語共通参照枠（Common European Framework of Reference for Languages: CEFR）」の中で定義づけられている。

　欧州評議会は「複言語主義」「複文化主義」を「個人」の領域、「多言語主義」「多文化主義」を「社会」の領域と位置づけ、複数の言語的・文化的背景を持つ「個人」が集まった「社会」が「多言語」社会であり、「多文化」社会であるとみなす（山川 2013）。この、欧州評議会が複言語主義の発展で特に力を入れていることは、生涯にわたって人間が複数の言語レパートリーを充実させることであり、それを学習者が自ら意識し、維持していくことが言語サスティナビリティとなる。つまり言語は単に（意識しないで）維持していくことではない（杉谷 2016）。例えば、第二次世界大戦の敗戦国として日本はアメリカの占領下でほぼ英語だけに傾倒していった反面、ドイツは地理的・歴史的・言語的な背景が違うとはいえ、1963 年の「独仏協力条約」の具体化・深化を経て、隣国フランスとの協調を視野に入れて、言語運用能力と共に「相手の視点を知る」ことや異文化対応能力を取り入れている（杉谷 2016）。具体的には、大学進学の際には文系では 3 つの外国語、理系では 2 つの外国語が義務教育期間の必修科目であり、限られた授業時間内で効果的な授業を行うため「二言語

教育」を推し進めているが、「母語とパートナー言語」の二言語を使って、「言語以外の実教科を学ぶ授業」に、前述の「パートナー言語の視点から諸事象を見たり、考えたりする力、および自己の視点や考えを相手の言語で表現する力の育成」という "Content and Language Integrated Learning"（内容言語統合型学習：CLIL）を推し進めている（杉谷 2016）。

　移民国家として知られているアメリカは、社会全体は多言語・多文化社会ではあるが、学校言語は最終的には「English-only」になる。つまり、1980 年代から盛んになった二言語教育も、二言語の読み書き能力を同時に伸ばしていくというものではなく、あくまでも主流派の中で学校言語である英語能力をつけているようにするものだった（杉野 2012）。

　アメリカでもグローバル化に伴って英語以外の言語の必要性が認識され、1993 年の「外国語教育全国基準推進プロジェクト（National Standards in Foreign Language Education Project）」を経て、全米外国語教師協会（ACTFL）が推進している 1999 年の「21 世紀における外国語教育における全国基準計画」になり定着を図っている。この理念は、英語の能力の保障の上にたったもう一つの言語の推奨（古典語を含む）であり、各州や各郡の独自性はあるものの、多様性に富んだ外国語政策の施行を行っている（森住 2016）。しかし、現実にはまず英語能力の保障が第一であり、その意味からアメリカはほんの一部の成功例を除いてはあくまで「English-only」の国と言える。

　同じく移民国家であるオーストラリアは、1980 年代後半から多言語教育（英語以外の言語——Languages Other Than English: LOTE）を推し進めてきた（本章「はじめに」を参照）。

　ベトナム社会主義共和国では、在ベトナム日本大使館が、ベトナム全土の小学校で日本語を英語などと並ぶ「第一外国語」として教えることを目指す方針でベトナム教育・訓練省と一致したと 2016 年 3 月に発表した。

　次に、日本での外国語教育はどのようになっているのか以下に見ていく。

3．日本の外国語教育

1）英語教育に偏る日本の外国語教育

　前述のように EU の言語教育は、複言語主義、言語の多様性、相互理解、民主的市民の推進、社会的結束という理念に基づいているが、日本の各大学の

ホームページでは、相変わらずグローバル人材育成に英語は必須アイテムだと謳っていて、一般的に「グローバル人材＝国際人＝英語話者」という図式が出来上がっている。文科省は2008年を最後に外国語教育多様化に関する授業を実施していないし、最近の施策を見ても英語への一極集中が進む一方に見える（水口・長谷川 2016）。その動きは小学校で特に顕著である。

　日本でよく見かける英語勉強法や語学学校の宣伝文句は大体次のようになる。

　　①英語はネイティブ（英語母語話者）に習ったほうがよい（ネイティブ信奉）
　　②英語を習うのは年齢的に早ければ早いほどよい（英語の早期教育）
　　③英語を学べばコミュニケーション能力が増す

　これらの宣伝文句の背後には、英語ができないと国際世界から取り残されてしまうので、ネイティブを模範にして、早い時期から英語を勉強することが望ましい、また、日本人に欠けているコミュニケーション能力をつけるため、「英語（の授業）は英語で」が望ましいというメッセージが隠されている（杉野 2016）。

　英語教育や英語を知らない人のほうが、「読み書きができても発音が悪ければ、英語ができるとは言えない。だからコミュニケーション（という名の会話）中心の授業を増やしてしまおう！」と発音や会話ばかりに目をむけ、「英語の授業だから英語でやればよい。大学の授業も英語ですればグローバル人材が育つ」という英語教育改革に着手してしまう（野村 2016）。野村はさらに、「早く英語を始める」「英語は英語で」「授業は英語で」という考え方は、外国語教育ではなく母語習得や第二言語習得を模倣した危険な外国語「教育」だと警告している（同）。

　ここで注視したいのは、日本の英語教育はスキルの習得に力を入れるあまりに、大学の使命や理念とかけ離れてしまっていることだ。つまり、欧州（EU）の言語目的である、複言語主義、言語の多様性、相互理解、民主的市民の推進、社会的結束という理念や、サスティナビリティ学のライフスタイルや価値規範を含む人間システムの「人間自身の存在を規定する諸要素の総体」であり、「健康・安全・安心・生きがい」を保障するための基盤と定義とはかけ離れている。

2）スキル重視の英語教育

　文部科学省は2015〜2020年頃までを想定した我が国の高等教育の将来像の中ではその理念を以下のように述べている（文部科学省2004）。

> 　大学は、学術の中心として深く真理を探求し専門の学芸を教授研究することを本質とするものであり、その活動を十全に保障するため、伝統的に一定の自主性・自律性が承認されていることが基本的な特質である。このような特質を持つ大学は、今後の知識基盤社会において、公共的役割を担っており、その社会的責任を深く自覚する必要がある。

　文科省はまた高大接続改革の一環として、2015年8月に問題発見・解決力養成を目指したアクティブ・ラーニング導入と高校教員の質と数の改善が必須との方向を示した。また、知識・技能偏重、選択形式偏重の大学入試を改め、思考・判断・表現力を評価する記述式重視などの方針を打ち出した（鈴木2016）。

　それではこのような使命や理念は実際の大学の語学教育の中で生かされているのだろうか。公的な機関の言語教育の場合、多くは、シラバスに記された各コース目標の目的はコミュニケーションのために「使う」こと、つまり言語運用能力の養成が中心となっていて、スキル習得に偏り、さまざまな専門科目との組み合わせが可能になった外国語科目を「まるで商品棚に並んでいる商品のように扱われている」と皮肉って表現している（Phipps & Gonzalez 2004, 山田2011引用）。

　英語だけで授業を行っている一部の大学以外は、習熟度別のレベルに合わせて教材や教授法を選ぶことが多い。そのような場合、教師の多くは学生の習熟度レベルに合わせて初級の教科書、例えば食べ物・趣味などや、欧米圏の文化を簡単に紹介したものを選ぶ。辞書を引けばある程度難解な文章を読める学生にとってはこのような知的刺激の少ない授業は動機づけの喪失になりかねない。逆に外国人講師の場合、主に会話力の向上のため、簡単な内容の英会話を行う。しかし、学生の満足度は前者より後者のほうが「楽しかった」と評判がよいのが常であるという矛盾が生まれる。

　教養は知識だけでなく、「知識の一歩手前の、知性を活性化させるための技術」でこれこそリベラルアーツであり、「人を自由にする知の技術」だと鳥飼

（2016）は内田樹（2011）の定義を紹介している。教養教育の一端を担いながら、英語教育だけは教養教育の目的から逸脱し、会話技術の指導に終始しているのが現実で、英語教育の内実を貧しいものにしていると鳥飼（2016）は警告している。

　また、理系の学生は企業から要求されているからと、いっそのこと TOEIC を選択科目ではなく必修科目に特化して授業を行う場合もある。これならば、語彙力、文法力、リスニング力が上がるという利点があるからだ。しかし、このような授業はあまりにも標準化、画一化、マニュアル化されていて、松尾（2010）が言うところの、「教師の技能が奪われ（脱技能化）、教育のダイナミックさが失われていく」結果になりがちである。

　英語の機能をコミュニケーションの目的のみと関連付けることは世界主義者（全世界を国際的にする）が使っている言葉の綾で、彼らは言語単一主義を目標とし、言語の多様性は円滑なコミュニケーション（easy communication）を阻む元になると思い込んでいると May（2012）は警告している。

3）英語一辺倒は格差を生む

　一般に、「英語で授業すれば、英語力が育つ」と考える傾向にある。成田（2013）はそれを、中学校以降に英語を学び始めた日本人が、実務に使えるほど英語をしっかり習得しようとすれば、膨大な時間と努力を要するかを自分で体験していない人に限ってそういうことを言いだすと批判している。「英語で授業を行う」には、文法・語彙力はもとより、発音の知識と訓練を受けて、口頭運用も相当慣れているべきで、その条件を満たす実力を備える教師は二割に満たないのだろうと成田は言っている（成田 2013: 20）。「使える英語プロジェクト」があるが、初めから英語力が相当高い生徒を対象にいわばエリート教育する企画になっているから英語の授業を行うことは可能だが、一般の生徒は置きざりにされ、授業の崩壊、入試での合格率の急激な低下など、長期にわたる弊害が顕著になると警告している（同 : 21）。

　大学でも、英語で専門の授業をしている秋田県立の国際教養大学、早稲田の国際教養学部、大分の立命館アジア太平洋大学（半分英語）等がある。一方、グローバル化と言って、英語を強調するあまり、TOEIC 対策に特化する大学がある。後者は英語習熟度が低い場合が多い。両者の学生の語学能力の差が、共働タスク（社会問題についての資料収集、英語に直す、グループで発表する）を通

第２部　多言語教育政策とサスティナビリティ

した柔軟な思考力と問題発見・解決能力のある人材の育成訓練に差をもたらすのであれば、英語能力にかかわらず、大学ではそのような人材育成を試みるべきであると思う。

4）英語至上主義とネイティブ信奉

　前述のように、2020 年度から小学 5、6 年生の英語が「外国語活動」から教科に格上げされ、3、4 年生においては従来の 5、6 年生用の「外国語活動」が実施されることが決められているが、この「外国語活動」は英語活動と捉えられることがほとんどである。日系ブラジル人が集中して住んでいる豊橋、浜松などの小学校でも、外国語学習はポルトガル語ではなく英語である。

　英語の広がりと共に、日本社会に「英語至上主義」「英語信奉（英語崇拝）」「ネイティブ信奉」が蔓延するようになった。ひとくちに英語といっても実に多様であり、その多様性は World Englishes と English が複数形で考えられているほどだ（仲 2016; 杉野 2016）そのネイティブと呼ばれている人たちも人種・出自・教育歴等は実にさまざまである。日本人（日本語のネイティブ）が実に多様な日本語を話すことを考えればわかるはずだ。しかし、英語のネイティブというと「正しい英語」「美しい発音」を話す「（白人の）アメリカ人」であり、自分たちの英語はネイティブを超えることができないと考えてしまいがちだ。「英語が下手ですみません」と卑屈な態度をとったり、英語圏以外の人の「訛り」のある英語は聞きたくないというような態度をとったりするのは避けるべきである（杉野 2016）。「相手の用いる英語に対する寛容な態度を伴わなければ、英語は私達を相手と結びつけるどころか、分断する道具にもなるのです」（仲 2016: 10）。この「欧米出身の英語話者」という文化資本は、日本社会で最大限に活用されている（山本 2012: 143）。吉川も、多種多様な英語変種が世界に存在し、それぞれの変種は英語使用者のアイデンティティを支えており、すべての英語変種を等価する国際英語論の考え方からすると、国際通用度が確保されていれば、どの英語変種も学習モデルになりうると学生に知らせる必要があると述べている（吉川 2016）。

4．英語ができれば「国際人」になれる、という幻想

「自国の利益を最優先する」トランプ氏は、大統領就任演説の中で、世界が

どうあるべきかを問う前に、米国のためにアメリカ製品を買う保護主義を打ち出した。トランプ大統領はまた、移民や特定の宗教や女性に対しても差別的で攻撃的な発言を繰り返している。また、トランプ氏だけでなく民主主義の根幹を揺るがすような差別的発言が各国でなされている。それらのメッセージは英語で発信されている。英語が「グローバル言語」であると信じることで、英語が出来れば「国際人」あるいは「グローバル人材」になれるというのは幻想であることを認識する時がきている。

　それゆえ、日本の（言語的）生存方法を考えるならば、それは多言語教育であると思う。鳥飼も、グローバル化はいわゆる標準化を志向し、単一の尺度で物事を進める動きであり、英語はその中で共通語の役割を果たしているが、興味深いことに世界では標準化が進むのと同時進行で多様化も進んでいると述べている（鳥飼 2016）。杉谷は、当然、「国際共通語としての英語」だけでは、多様な価値観が混在する社会や文化への対応力育成や「互いの文化的アイデンティティ」や異なる社会的実践を、より適切により深く理解するためには不十分だと論じている（杉谷 2016）。

　グローバル化推進派の意見を耳にすると世界は一つになるのかと錯覚をするほどだが、実際はアメリカもロシアもインドも東南アジアも一つの国家であることを放棄して一つにまとまろうとする動きはない（渡部 2016）。渡部は、まずそのようなことを認識し、国際人としての幅広い教養の一部として自国の文化や歴史の知識を持ち、日本人としてのアイデンティティをしっかり持ち、日本人だけが持っている「強み」をよく理解することが大事であると主張している（同）。

　その上で、英米人に近い英語使用をしたかではなく、国際通用度のある自分らしい表現ができた英語が話せれば十分であると吉川は提案している（吉川 2016）。

5．現実に即した言語サスティナビリティ

　多方向への相互依存が進んでいる時代に、時に試行錯誤をしながら、複数外国語教育が普通教育の課題として認識され、「英語プラス1」あるいは「英語プラス2」への政策へと舵が切られている。多極化する世界をより適切に解釈し、自分の生き方を築いていくための能力の基礎を育成することは、公教育の

課題である。そのような能力育成の場として、外国語教育の持つ意義と可能性は大きい、と杉谷（2016）は述べている。

全国の高等学校4963校中、英語以外の外国語講座を1つ以上開設している学校は708校あり、約7校に1校で英語を含む複数の外国語講座が開設されている（水口・長谷川2016）。生徒総数（約333万人）の割合で見ると約1.4%、69人に1人にすぎない。また教師側の熱意にもかかわらず、問題は山積みである。教育標準の不在、教育法や教材の未整備、英語の確たる位置づけに反して2、3の学校以外では閉講可能な「周辺的な科目」とされている、など。たとえ、現実は英語への一極集中が進んでいても、多様な背景を持つ人々と共働して問題解決能力が求められており、そのために多様な言語や文化に触れることは必須である（水口・長谷川2016）。

それでは公立学校の援助なしで、どのような形で言語サスティナビリティができるだろうか。以下、4つの実例を挙げる。これらは個々の事例ではあるが、外国語習得に対してある方向性は提示できると思う。

①いろいろな言語を聞かせよう──低学年の場合

筆者は地方都市H市で学童保育の支援の一環として以下のような「多言語を遊びながら学ぶ」という試みをしている。

「さあ、英語をしよう」というと、「英語嫌い」「英語わからなーい」「英語わかるよ」「英語好きじゃない」といろんな声が起こる。そこで、まず世界地図と国旗から世界には多くの国があることをゲーム感覚で知らせる。その後、ネット情報から、いろいろな国の言葉で挨拶を言ってみる。この取り組みの背景にあるのは、60年・70年代に日本でイタリア語のカンツォーネやフランス語のシャンソンが流行したことである。現在は英語一辺倒になっているが、当時は、インドネシア、フィリピン、アイヌ語の歌などがよくテレビやラジオで流れており、自然な形でさまざまな国の言語に触れることができた。その地域にたくさん住んでいるベトナム人や日系ブラジル人の挨拶も覚える。子どもの吸収力は素晴らしく、あたらしい言語では格差ができないので、楽しそうに学んでいる。

②多言語の児童や生徒を言語リソース（資源）に

日本の学校でも多国籍化が進んでいる。地域によりばらつきがあるものの、

常時 8 万人前後の外国人の児童が保育園と幼稚園に通っている（佐久間 2015）。日系ブラジル人児童が全外国人生徒の 49% を占める H 市でも、平成 28 年 5 月の時点で 4 万 3266 人の小学生のうち約 2% の 1000 人の児童が外国籍である。彼らの日本語の習得だけに焦点を置きがちであるが、その子どもたちの言語をリソースとすることが多言語教育になる。

　2016 年度に私立大学の英語だけで授業をするコースを担当した。学生は韓国、中国、台湾、欧州、タイから来た学生で、各々日本語検定試験の 1 級をとっていた。授業の共通言語は英語だった。各々母語＋英語＋日本語が流暢だった。本人達は英語や日本語に対して多少自信がないときもあったが、語学能力はまったく問題ないと見受けられた。このように、語学資源になる人材がたくさんいるのに、日本では相変わらず英語母語話者を優先している。今後は小学校から高校まで、二言語を話す教師をたくさん雇うべきである。母語＋リンガフランカとしての英語＋もう一つの外国語（彼らの場合は日本語）を習得している彼らは、言語的リソースの他に多面的な視点や国際理解のよいロールモデルになれる。

　③母語のリテラシー（読み書き能力）の上に外国語を積み上げる

　日系ブラジル人の S 君は小学校 4 年生で来日し、地方の小学校に編入した。中学を卒業後に工場で 5 年間働いた。2003 年に事故のせいで障がいを負った後は働けなくなったので、高校卒業認定資格の勉強を始めて後に取得し、理系の大学に合格した。彼の言語的利点は小学校 3 年生までブラジルでポルトガル語の読み書きを学んできたことである。また、家族が日系社会の中でポルトガル語を継承言語として使っていたこと、日本語の能力に優れていること、そして英語は独自で勉強し、英語を使用する企業でアルバイトをした関係でさらに能力があがったことである。3 か国語の会話力＋リテラシー（読み書き）も伸ばしてきたよい例である。

　母語の上に外国語を積み上げていく他の例は、ベトナム人の H 君である。彼の母国であるベトナムで中・高と英語は外国語として学び、日本語能力ゼロで日本に留学した。集中日本語コース修了後、日本の大学で学士から博士課程まで進み、博士号を修得して本国に帰国した。英語はベトナムと日本で外国語として学び、会話に不足ない英語力を身につけた。彼の強みは理系の専門知識と、日本・ベトナムの歴史等の知識＋語学能力を身につけていることである[1]。

第 2 部　多言語教育政策とサスティナビリティ

結論と提言

　日本人学生の内向き志向が問題になっているが、世界でも英国の EU 離脱が決まり、米国も大統領就任演説の中で、「自国の利益を最優先する」保護主義を打ち出した。また特定の国々からの移民や難民の入国も制限すると発表した。この風潮は少なからず世界に影響を与えている。従来のグローバル化に反する流れに、対応すべき時期が来ているのではないのか。

　結論からいうと、「グローバル人材＝英語のできる人」は幻想であると認識するべきだ。つまり、「国際人」と「英語」を結びつけなくてもよい。今後は、日本語か英語かの選択ではなく、母語、第一外国語、第二外国語（＋教養、人間力、人権感覚）を提案したい。母語は日本人の場合は日本語になるが、③の事例のように、母語がしっかり出来ていれば、その上に第一外国語を積み上げ

1　英語以外を第一外国語にする試み——ベトナムの場合
　　在ベトナム日本大使館は、日本語をベトナム全土の小学校で英語と並ぶ「第一外国語」とする方針がベトナム教育・訓練省と一致したと 2016 年 3 月に発表した。この試みは、ハノイ市のハノン地区の教育関係者によるとまだ何校かの実験校を除いては英語が第一外国語という段階である。80 校が公立で、20 校が私立であるこの地区の一つの私立学校の試みを紹介する。学校名は、インターナショナル日本語学校と言い、私立経営で、現在は幼稚園から小学校 5 年生までのベトナム人学童 165 名が在籍している。将来的には高等学校までの一貫校を予定。
　　この学校の理念は、日本の高い水準の教育、つまり、生徒たちがみな同じペースで学ぶという民主的な点をお手本にしている。その他に、特に日本の教育を通じて、倫理教育、作法や衛生観念などを教えることを目標としている。
　　使用言語は、午前中はベトナム語で、午後は日本語ですべての教科学習を行っている。特に親の要望もあり、英語の授業ももうけている。以前の国際学校の生徒は 80% が外国人である必要があったが、今はその縛りがなくなったため、全校生徒がベトナム人でも可能になった。教育制度は日本を手本にしているが、あくまでも母語であるベトナム語が基本になっていて、その上に、第一外国語の日本語と第二外国語の英語を積んでいく方針をとっている。時間割、標語、注意事項はすべて日本語とベトナム語の 2 言語で書かれている。
　小学校一年生の授業の時間割を以下に紹介する。数字は時限である。
　　月曜日：1 読書、2 道徳、3 日本語、4 算数、5（越南語）ベトナム語、6 音楽、7 英語、
　　　　　　8 特別活動、クラブ活動（15: 50-16: 40）
　　火曜日：1 読書、2 ベトナム語、3-4 生活、5 算数、6 日本語、7-8 英語
　　水曜日：1 読書、2 英語、3 算数、4-5 体育、6 日本語、7-8 ベトナム語
　　となっている。

ていくことは可能である。そして、第二外国語プラスはいわゆる外国語として文法や語彙を学ばなくてもよい。ここは、英語以外の外国語で「人間力としての教養＋異質なものに対して慣用性を養う外国語」を蓄積しておく場所である。学校を卒業後すぐには役に立たなくても将来的に海外に住む、海外で仕事をする、海外からの人と交流するときに役に立つ教養と、異文化や異質なものに対する理解と包容力や社会的な実践力を蓄積しておく場所である。

　また、第一外国語は必ずしも英語とは限らない。その場合は第二外国語が今の学校制度上は英語になるだろう。英語学習についてよく言われている①〜③はしたがって矢印のように改めるべきであり、④も同様である。また⑤も掲げておきたい。

　　①「早く英語を始める」→「早くいろいろな言語を聞かせる。多様な言語の音に慣れさせる」
　　②「英語は英語で」→「多言語はその国の言葉で」
　　③「授業は英語で」→「英語は時期がきたら英語で、それまでは母語で」母語を確立した後にその母語の読み書く能力を使う。
　　④「英語はネイティブに」→「英語以外の言語を話す生徒や先生を活用して、多言語に触れる。また、リンガフランカとしての英語話者も活用する。」
　　⑤その根底にすぐれた人権感覚、豊かな人間性、異種なるものに対する寛容性を持ち合わせていれば「国際人」と成りうるのである。

　現在の大学の語学教育は習熟度別や学習歴に差があろうとも、わざわざ知的レベルを下げてまで単純な英会話やTOEICに特化した語学教育をしなくてもよい。大学側は、できるだけ多くの専門知識や常識や感性などを詰め込んで学生を送りだすべきである。少なくとも英語は多数ある言語の一つにすぎなく、英語を含めた外国語学習は、人生において学習者を賢くするものでなくてはならない。それが、国としての「日本の持続可能性」につながるだろう。

文献

Bastardas-Boada, A. (2014) "Linguistic Sustainability for a Multilingual Humanity," *Sustainable*

Multilingualism 5: 134-163.〔http://dx.doi.org/10.7220/2335-2027.5.5, 2017 年 1 月 23 日閲覧〕

Kubota, R. (2011) "Immigration, Diversity and Language Education in Japan: Toward a Glocal Approach to Teaching English," In Seargeant, P. (ed.), *English in Japan in the Era of Globalization.* NY: Palgrave Macmillan, pp.101-124.

May, S. (2012) *Language and Minority Rights-Ethnicity, Nationalism and the Politics of Language* (2nd Ed.). London, U.K.: Routledge.

Phipps, A. and Gonzalez, M. (2004) *Modern Languages: Learning and Teaching in an Intercultural Field.* London: Sage Publications Ltd.

Wheeler, B., & A. Hunt (2016) Brexit: All you need to know about the UK leaving the EU. BBC News. 26 September 2017〔http://www.bbc.com/news/uk-politics-32810887, 2016 年 9 月 28 日閲覧〕

朝日新聞（2016）「合言葉は『Calexit』カリフォルニア州独立」2016 年 11 月 25 日朝刊

朝日新聞（2017）「多様性が米国の原動力——オバマ大統領　退任演説」2017 年 1 月 11 日夕刊

上柿崇英（2011）「『サスティナビリティ学』における『人間システム』——人文科学のニッチと『意味言語』、人間存在論からのアプローチ」『エコ・フィロソフィ研究』5 巻、131-146 頁、東洋大学学術情報リポジトリ

ウォルツァー，マイケル（山口 晃訳）（1999）「第 8 章　教育」『正義の領分——多元性と平等の擁護』而立書房

小林正弥（2010）「『市民性の教育』の理念と課題——コミュニタリズム的共和主義と教育基本法改定問題」『武蔵野大学政治経済研究所年報』2 号、157-180 頁

小宮山宏（2007）「はじめに」小宮山宏編『サスティナビリティ学への挑戦』〈岩波科学ライブラリー〉岩波書店

小宮山宏・武内和彦（2007）「サスティナビリティ学への挑戦」小宮山宏編『サスティナビリティ学への挑戦』〈岩波科学ライブラリー〉岩波書店、1-11 頁

佐久間孝正（2015）『多国籍化する日本の学校——教育グローバル化の衝撃』勁草書房

杉谷眞佐子（2016）「ドイツ——『共存力と競争力』育成の複数外国語教育」森住 衛・古石篤子・杉谷眞佐子・長谷川由紀子編著『外国語教育は英語だけでいいのか——グローバル社会は多言語だ！』くろしお出版、44-59 頁

杉谷眞佐子「外国語教育と『考える力』——『提言』と『第 2 の外国語学習学習指導要領案』の特徴」森住 衛・古石篤子・杉谷眞佐子・長谷川由紀子編著『外国語教育は英語だけでいいのか——グローバル社会は多言語だ！』くろしお出版、236-244 頁

杉野俊子（2012）『アメリカ人の言語観を知るための 10 章——先住民・黒人・ヒスパニック・日系の事例から』大学教育出版

杉野俊子（2016）「英語の普及とどう向き合うべきか」山本忠行・江田優子ペギー編著『英語デトックス——世界は英語だけじゃない』くろしお出版、18-32 頁

鈴木 寛（2016）「人材育成——日本の大学の何が問題か」Nippon.com（http://www.nippon.com/ja/in-depth/a05101/, 最終更新日 2016 年 8 月 19 日）

鳥飼玖美子（2016）「グローバル人材からグローバル市民へ」『グローバル人材の英語教育を問う』ひつじ書房、39-61 頁

仲 潔（2016）「劇薬としての英語」山本忠行・江田優子ペギー編著『英語デトックス——世界は英語だけじゃない』くろしお出版、2-17 頁

成田 一（2013）『日本人に相応しい英語教育――文科行政に振り回されず生徒に責任を持とう』松柏社

野村昌司（2016）「グローバル化に対応した英語教育とは？」『グローバル人材の英語教育を問う』ひつじ書房、1-13 頁

松尾知明（2010）『アメリカの現代教育改革――スタンダードとアカウンタビリティーの光と影』東信堂

水口景子・長谷川由紀子（2016）「高等学校の多言語教育の現状――政策の貧困と現場の努力」森住 衞・古石篤子・杉谷眞佐子・長谷川由紀子編著『外国語教育は英語だけでいいのか――グローバル社会は多言語だ！』くろしお出版、172-189 頁

宮崎里司（2016）「ヨーロッパ市民のための言語文化リテラシーとヨーロッパ言語共通参照枠（CEFR）――英語の EU 離脱とサスティナビリティの観点から」『Transcommunication』Vol.3-2 Fall 2016, Graduate School of International Culture and Communication Studies, 233-243 頁

森住 衞（2016）「英語圏――英語国民も多言語時代だ」森住 衞、古石篤子・杉谷眞佐子・長谷川由紀子（編著）『外国語教育は英語だけでいいのか――グローバル社会は多言語だ！』くろしお出版、150-170 頁

文部科学省（2004）『我が国の高等教育の将来像（答申）』平成 17 年 1 月 28 日中央教育審議会（最終更新日 2016 年 8 月 19 日）

山川智子（2013）「『ヨーロッパ教育』における『複言語主義』および『複文化主義』の役割」細川英雄・西山教行編『複言語・複文化主義とは何か』第 3 版、くろしお出版、50-64 頁

山田悦子（2011）「高等教育における言語教育の目的を考察する」『神田外語大学紀要』23 号、209-226 頁

山本冴里（2013）「欧州表会議の言語教育政策（訳）」細川英雄・西山教行編『複言語・複文化主義とは何か』第 3 版、くろしお出版、2-6 頁

吉川 寛（2016）「国際英語論とは」『「国際英語論」で変わる日本の英語教育』くろしお出版、1-25 頁

渡部昇一（2016）「今、日本に必要な教育とは」渡部昇一・江藤裕之・平岡弘章『グローバル・エリート教育』PHP 研究所、18-53 頁

渡部信一（2015）『成熟社会の大学教育』ナカニシヤ出版

第 2 部　多言語教育政策とサスティナビリティ

第 **7** 章

日本の多言語社会とコミュニケーション
──意識・政策・実態

オストハイダ　テーヤ

要　旨

　本章では、日本の言語教育政策とそれに反映されている言語意識、そして国内の多文化間コミュニケーションの実態について考察する。そのなかでも主に、(1)言語教育政策を移民政策の一環として考える重要性を説き、(2)「国語」vs.「外国語」という構想に基づく日本の言語教育政策を問い直し、(3)多言語社会における共通語としての日本語の実態と課題を明らかにする。それを踏まえた上で、現在日本に相応しい、持続可能な教育とそれをめぐる政策は、「国」という単位ではなく、「人」を基準にしなければならないことを指摘し、「第一言語」「継承語」「生活使用言語」「他言語話者との共通語」に基づく言語教育政策を提案する。

1. 移民国家日本と言語教育政策の現状

　日本における外国籍住民は、戦前から居住する朝鮮半島など旧植民地出身者およびその子孫（「旧来外国人」「オールドタイマー」）と、特に 1980 年代以降にアジア諸国や南米から新たに来日した人（「新来外国人」「ニューカマー」）に大別できるが、2016 年末現在、その総数は約 238 万人である[1]。外国人の定住を認め

1　法務省入国管理局（2017）によると、2016 年末現在における「在留外国人数」は 238 万 2822 人で、主な国籍は中国（29.2%）、韓国・朝鮮（20.4%）、フィリピン（10.2%）、ベトナム（8.4%）、ブラジル（7.6%）などである。この統計は、日本国籍を取得した移民（移民背景のある人）を含まない。

る国家は、移民の社会統合、またその重要な柱である移民への教育政策を考える責任がある。「移民国家」である自覚が薄い日本は、その責任をどの程度果たしているであろうか。

1）「出入国管理」と「社会統合政策」
「移民国家」の定義として、次の2つが考えられる。1つは、アメリカ合衆国やオーストラリアのような国家に該当する。すなわち、よそから侵略してきた人が先住民を抑圧し、マジョリティになり、そして奪った土地で移民が国家を創立した場合である。もう1つは、ドイツや日本のように、近代化に伴う経済成長や少子高齢化によって「自国民」のみでは機能しなくなったため、外国人の定住を認める国家を指す。日本の場合、「日系人定住者」「中国人技能実習生」「インドネシア人介護師」などの存在は、「日本人」では補えなくなった労働力への対策であるが、移民国家の自覚がない。現在、「移民の背景を持つ」人が総人口の21%（ドイツ国籍10%、外国籍11%）（Statistisches Bundesamt 2016）を占めているドイツも、長い間、自らを移民国家として認識していなかった。つまり、移民の社会統合に政策の重点が移り始めた1990年代までは、ドイツも現在の日本と同様に、移住労働者をいずれ故国に帰る者として位置づけ、移民政策は「出入国管理」に留まっていた。しかし、2005年にドイツの「移住法」が発効するに伴い、それまでの「外国人法」が「滞在法」に改正され、外国人の入国に関する政策と社会統合に関する政策を総合的に「移民政策」と呼ぶようになった。日本は相変わらず、出入国を管理する官庁（法務省）はあるが、外国籍住民の社会統合を推進する官庁はない。このように、移民国家になりつつも、外国籍住民を日本社会の構成員としてみなさず、また外国籍住民の定住化を前提としない日本の「外国人」政策には問題がある。
　重要な社会統合政策の一つは、移民の第一言語（継承語[2]）および在住国の公用語（生活使用言語）の教育をめぐる政策である。しかし、日本にはそれ以前の問題がある。それは、外国籍児童生徒には義務教育が適用されないということである。外国籍児童生徒の就学状況についての公的な統計は存在しないが、

2　「継承語」とは、実際の運用能力がなくても、本人や祖先の出自による言語を指す。例えば、多くの在日韓国・朝鮮人にとっては、韓国・朝鮮語は第一言語ではないが、継承語である。

次のようなデータから問題の深刻さがうかがえる。外国籍住民が多い 14 市町で構成される「外国人集住都市会議」によると、2002 年度 14 市町で計 7349 人の外国籍児童生徒がいたが、4 人に 1 人が公立学校や外国人学校のいずれにも通っていなかった（朝日新聞 2004）。日本では、15 歳未満の労働が禁止されているものの、外国籍の子どもが年齢さえごまかせば、工場で雇われることもある。悪質な雇い主から保護することはもとより、この子どもの将来を考えることも日本の責任である。しばしば「外国人犯罪の急増」といった報道を目にするが、これらが偏りのある報道であることは明らかである（河原・山本 2007）。しかし、外国籍児童生徒への義務教育問題が改善されない限り、いつか現実になりかねないであろう。

　2006 年に政府が「外国人労働者問題関係省庁連絡会議」を設置し、「『生活者としての外国人』に関する総合的対応策」を公開した（内閣官房 2006）。以前は外国人が「生活者」としてみなされていなかったのかという疑問は別として、対策案に「外国人の在留管理」のような表現が目立つ。すなわち、社会統合より管理のほうが重視されることに変わりはない。外国籍児童生徒の就学に関しても同様である。「外国人の子どもの教育の充実」という項目では、「外国人の子どもは、希望すれば公立の義務教育諸学校で無償で教育を受けることができる。しかし、日本語能力が十分でないため、日本語による授業を理解できない者や、就学しない者が少なからず存在することが指摘されている」（内閣官房 2006: 5）と述べているが、義務教育化については一切触れていない。むしろ、「警察においては、外国人少年を対象とした補導活動を実施するとともに（中略）就学に向けた指導を行う」（内閣官房 2006: 6）ことを、「就学の促進」対策として挙げている。また、「日本語能力の向上、社会保険等への加入、子どもの就学等の問題については、外国人自身のインセンティブが不足していることも阻害要因の一つとなっている。このため、入国時及び在留期間の更新・在留資格の変更時に確認したり、これらの許可の際に考慮することについて、検討する」（内閣官房 2006: 11）などのように、責任を外国籍住民、すなわちマイノリティの方へ押しつけようとする姿勢がうかがわれる。

2) 移民言語――問題か資源か

　2016 年末現在、日本に居住する 6 歳から 15 歳までの外国籍の子どもの総数は 12 万 1358 人で、その 94% はアジアと南米出身の子どもである（中国 28%、

ブラジル 17%、韓国 15%、フィリピン 13% など）（法務省入国管理局 2017）。また、文部科学省（2017a）によると、日本の公立学校に在籍している外国籍児童生徒は 8 万 119 人である（2016 年 5 月現在）。そのうちの 3 万 4335 人が、「日本語指導が必要な外国人児童生徒」とされており、第一言語別に見ると、ポルトガル語（26%）、中国語（24%）、フィリピノ語（18%）、スペイン語（11%）が主な言語である。それを受けて、文部科学省が「外国人児童生徒に対する支援施策」として、日本語指導の担当教員および児童生徒の第一言語を話せる相談員の配置など、さまざまな対策を講じ始めた。ただし、外国籍児童生徒が一定数以上在籍する学校や地域に限るため、地域差や学校差がまだ大きい（平高 2013）。

　すでに述べたように、在住国の公用語だけではなく、移民の第一言語（継承語）も言語教育政策の重要な課題となる。しかし、日本の公立学校では、一部のボランティアによる指導を除けば、ニューカマーの児童生徒への第一言語教育が行われていない。第一言語も日本語も十分に習得していない児童生徒の増加や、ニューカマーの家庭内でのコミュニケーション問題の発生などはその結果である。前述の「『生活者としての外国人』に関する総合的対応策」の中には、移民の言語を考慮した取り組みとして「行政・生活情報の多言語化」はあるが、移民の言語を対象とした教育政策は、一切見当たらない。日本の「国際化」を提唱するなら、移民言語の多様性と多言語環境に育つ子どもの増加を「問題」としてではなく、むしろ国の「資源」として扱う政策があってもよいであろう。また、移民の言語を考慮した取り組みは本来、ホスト社会の立場（多言語による「ゴミの出し方案内」など）からではなく、まずは移民の言語権（子どものアイデンティティ形成など）への配慮から講じなければならない。

2.「外国語」教育に反映する言語観

　琉球諸語、アイヌ語、韓国・朝鮮語、日本手話、日本語、……、日本は豊かな多言語社会である。上のような「日本諸語」はもとより、近年日本に移住してきた外国籍住民の言語も日本の多言語社会を構成している。それに対し、単に「国語」対「英語」のように図式化されている日本の言語教育は決して豊かなものではない。この教育が養う言語観も極めて単純である。まず、日本語を日本人のものとし、それ以外の言語を「外国語」とし、そして英語をすべての人間が話せるべきである「世界標準語」とするだけである。また、日本の諸言

語のうち、義務教育で考慮されている言語は、日本全国一律、明治時代の生産物である「国語」のみである。かつて少数民族の言語を圧殺した言語政策の思想は、現在もなお残存しているように見受けられる。

1）「第一外国語」の構想

　日本における少数言語・移民言語と「国語」との関係と、英語と日本語の関係において、次のような共通点がある。それは、強者が強制する「共通語」の存在が、弱者の言語を抑圧し、そして弱者が自ら自分の言語を放棄してしまう点である。日本の学校教育が英語教育に捧げている膨大な時間と努力が、第一言語と他言語の学習時間を犠牲にしている。しかし、そのことが利益主義によって正当化され、また資本主義によって徹底的に産業化されている[3]。その結果、疑問を抱けるような情報も与えられず、日本の子ども、保護者、そして教育者でさえが、英語が「第一外国語」（つまり最初に学ぶべき第二言語）であることを当然視してしまうのである。

　異なる言語を話す人々の間で行われるコミュニケーションにおいて、英語が媒介言語として重要な役割を果たしている。一方、英語を第一言語とする話者を圧倒的に有利なものとし、コミュニケーションの不平等や言語衰退を生み出している「英語支配」問題も深刻である（津田 2003）。英語教育はこの両面を扱う必要がある。すなわち、英語という便利なツールが、支配者の武器にもなりうるということを、英語学習者も第一言語話者も認識しなければならない。「英語が使える日本人の育成」（文部科学省 2002a）を目指す日本の英語教育は、その責任をどこまで果たしているのであろうか。他の国内外の言語を対象にせず、そして第一言語話者の英語を絶対視する日本の学校教育は、憧れの強者に近づくために行われているように見受けられる。「異文化コミュニケーション」や「グローバル化」のような流行語を、経済力のある国の人との英会話として理解する多くの日本人はその教育の産物である。マスメディアもこのイメージを支えており、政治家の間でさえ「英語第二公用語論」などのような、

3　アメリカ合衆国の ETS（Educational Testing Service）機関が 1979 年に開発した "TOEIC"（Test of English for International Communication）という有料の英語検定試験がある。2008年、世界中約 500 万人が TOEIC を受験したが、日本および韓国の 2 か国で受験生の約 8割を占めていた（McCrostie 2009）。

120

日本の少数民族や移民が抱える言語問題と矛盾する話題が真剣に議論されている。「英語が母語であればモノリンガルでもいい」という言語観に基づく教育と政策は、言語と人間の差別を正当化している。

主に英語圏出身である「ネイティブ」の外国語指導助手（ALT）[4] を教育現場に招き、「異文化理解教育」を実施する政策もそのような一面的な「国際化促進」対策の例である。日本での滞在歴が浅く、英語しか話せない外国人を小学生と接触させると、「外国人＝英語人＝日本語が話せない人」というステレオタイプが形成されかねない。例えば、筆者は大学で日本の言語政策についての授業を担当しているが、初回の授業ではいつも「日本に住んでいる外国人には、どこの国の人が多いと思いますか？」と受講生に尋ねる。すると、毎回例外なく、受講生の過半数が「アメリカ人」をベスト3に入れる[5]。また、日本での外国籍住民とのコミュニケーションはほとんど日本語で行われているにもかかわらず、国内における「外国人とのコミュニケーション」も英語の使用と結びつける人が未だに少なくない（オストハイダ 2013）。McVeigh（2002）が指摘するように、「違い」を強調する外国語および外国人の紹介は、相互理解より、むしろ自己文化中心的な思考を育ててしまう恐れがある。このような教育政策は、見事に国内の多言語・多文化実態から目をそらし、「我々日本人」対「ヨソの人」という構想によって、従来の「単一言語、単一民族国家」幻想を再認識させるきっかけとなる危険性をはらんでいる。

2）英語帝国主義 vs. 日本語ナショナリズム

「もしも生まれかわることができるとすれば、何語を母語に選びたいか」という質問を 1961 年から 1995 年までの間に日本の大学生に聞いた調査がある（大谷 2007）。「日本語」と「英語」の回答を見てみると、この2言語のいずれかを選んだ学生の割合は 30 年の間ほぼ一定して 80% 強である。筆者も 2005 年から上の質問に対して千数百人の学生の回答を集めている。筆者のデータも、「日本語」か「英語」のいずれかを選んだ学生が大多数を占める。そして、調査を行う度、「英語」の回答が「日本語」より多く、英語を選ぶ理由として、「国際語」や「世界共通語」などが圧倒的で、ついで「語学の勉強が不要だか

---

4 詳細な考察は McConnell（2000）を参照。
5 2006 年から 2017 年までで計 1247 人のうち 716 人。

ら」「他の外国語の学習が容易だから」が続く。この結果から、日本では広く普及している「外国語＝英語」という見解だけではなく、「他の外国語」に関しても西洋重視がうかがえる。

　それに対し、日本語を選ぶ理由はほとんどの場合、「美しいから」「難しいから」「独特だから」「表現力が豊かだから」およびこれに類する答えである。最上級（「一番難しい」「最も美しい」など）での記述も珍しくない。それらの回答は、第一言語に対する愛着や誇りなどを示している一方、英語を絶対視する教育によって脅されている「日本語人」としてのアイデンティティを強調する手段の一つであるとも思われる。日本と同様に英語教育に踊らされている韓国にも同様の傾向が見られることが興味深い。大谷（2013）によると、韓国の高等学校で使用されている英語教科書には次のような文章が記載されている。「Among the world's 50 or so writing systems, Hangul is clearly much better than the rest（世界の約50の表記システムの中、ハングルは明らかに一番優れている）」（大谷2013: 225、和訳は筆者による）。日本語の「難しさ」や「美しさ」についてのイメージをなぜ抱くようになったかと日本の学生に尋ねてみると、「マスメディア」の他、「国語（または英語）の先生から聞いた」という答えが多いことも、英語帝国主義と日本語ナショナリズムの相関関係を示唆する。

　自己の文化と言語は「極めて特殊な」ものではなく、そして他の文化と言語も「異質な」ものではなく、むしろ人間の共通する概念に基づくものであるという認識を、言語を平等に扱う言語文化教育によって作り上げなければならない。例えば、日本の学校で英語を学び始める前に、日本語と類似する言語（例えば韓国語）を少しでも導入すれば、生徒が語学教育をより身近なものとして認識することができ、後の言語習得にも有意義な踏み台となることが考えられる。それは同時に、日本語そのものに関しても、より客観的な意識を形成することにつながるに違いない。

3）「第二外国語」の現状

　日本の義務教育は基本的に国語と英語以外の言語を対象にしていないため、日本の子どもの大多数にとって、小、中、高等学校の学習課程で出会う言語は国語と英語のみである。それ以外の言語を開講する学校もあるが、教育目標および内容に関して、学習指導要領は単に「英語に準じて行うものとする」と述べている（文部科学省2009: 90）。時流に乗り、第二外国語教育を「複言語」教

第7章　日本の多言語社会とコミュニケーション

育として語るなら、まずはこのような言語観を問い直さなければならない。つまり、複言語教育の課題は、日本の子どもに英語以外にもドイツ語やフランス語などを学ばせることではない。

　日本の高等学校において、98%以上の生徒が外国語科目として英語しか履修していない現状（水口・長谷川 2016）を受けて、文部科学省が 2002 年度から 2007 年度まで「高等学校における外国語教育多様化推進地域事業」を実施した。英語以外の第二言語教育に取り組んでいる地域が申請できる支援事業で、その趣旨は次のとおりであった。「現在、中・高等学校における外国語教育は圧倒的に英語教育が中心となっているが、今後の諸外国との交流の進展を考えると、英語以外の外国語についても、言語能力を身に付けることが必要となってくる」（文部科学省 2002b）。この事業を契機に、アジア言語（特に中国語）の教育に積極的に取り組む高等学校が増えた点は高く評価すべきであるが、英語以外の第二言語教育を実施する学校数（2001 年度 598 校、2007 年度 790 校、2016 年度 677 校、高等学校総数 4925 校）（文部科学省 2017b）の推移を見ると、実施状況が大幅に改善されたとは言いがたい。また、「諸外国との交流」を趣旨とする当政策は、「外国語＝国外語」という言語観から脱却していなかったことも指摘されよう。

　普段、いわゆる「第二」外国語教育は大学で行われるが、大学においても、一般教養科目としての第二外国語が深刻な危機に置かれている。「役に立たない教育を止め、その時間を英語教育に使う」のような傾向が強い。しかし、この発想は英語一極主義だけの問題ではない。大学における第二外国語教育は、「明治時代の残存物」とも言われるほど、学生のニーズより、教員の都合や大学の人事構成に合わせたものが多いように見受けられる。例えば、21 世紀の日本では、「教養科目としてのドイツ語」は本当に必要なのかという疑問を抱く人は少なくないであろう。ドイツ出身である筆者もその一人である。日本の「西洋重視、アジア軽視」の歴史から見れば、近年、隣国の言語を履修しようとする学生が増加しつつあることは決して批判すべきことではない。そして、共通の文化を有する人として決して不思議なことでもない。むしろ、ヨーロッパ言語のドイツ語やフランス語が未だに健闘していることこそ驚くべき事態であろう（文部科学省 2016）。無論、多言語・複言語主義への関心が強いヨーロッパで開発された語学教材や教授法などは、日本の語学教育にも大いなる示唆を与え、教育現場でも十分活かすことができよう。ただし、日本に輸入してから

123

第 2 部　多言語教育政策とサスティナビリティ

「can do」が「must do」に化けてしまった、流行りの「ヨーロッパ言語共通参照枠」の例でわかるように、まずは日本の教育制度が示す言語教育観から改革しなければならないであろう。

4）「外国語」から脱却できるか？

　高等学校にせよ大学にせよ、最も根本的な問題は、国語以外の言語を「外国語」とする言語観にある。教育内容は地域によるが、学校教育の一環として日本の少数言語や移民言語について知ることは決して「時間の無駄」ではない。それは、国内の多言語状況の認識と尊重および少数言語の継承と維持につながる役割だけではなく、将来、実際に「使える」知識でもある。例えば、教育、医療、行政、サービス業など、日本社会の各領域において、中国語、韓国語、フィリピノ語、ポルトガル語などは英語より実際に応用できる場面が多く、それらの言語における運用能力は就職の際にも評価されるに違いない。日本の少数言語の中で話者数が最も多い言語である日本手話に関しても同様である。筆者が現在勤めている大学では、日本手話を選択必須科目として提供している学部（人間福祉学部）があるが、日本手話を導入した結果、当学部の学生と教職員が言語科目の名称に戸惑っているようである。現在まで、日本の大学において「第一外国語」「第二外国語」という概念しか存在していなかったためか、当学部は、必須の英語を「第一言語科目」、そして選択必須の言語科目（従来の「第二外国語」科目）を「第二言語科目」と呼ぶことにした。普段は母語のことを「第一言語」、そしてそれ以外に習得するすべての言語を「第二言語」と呼ぶことが一般的であるため、もう少し適切な名称が見つかるまで戸惑いが続くであろうが、この問題自体も国内の多言語事情に対する従来の日本における教育政策の無関心を物語っている。

　話が少し日本から離れるが、台湾では次のような取り組みがある。2001 年に台湾の小学校における「郷土言語」（閩南語、客家語、先住民諸語）教育が必修化された。祖先の言語より国語（標準中国語）、そして国語より英語を重視している保護者は少なくないことも事実であるが、台湾の「郷土言語教育」政策は、日本の少数言語復興に関しても重要な参考となる（松尾 2010）。例えば、2009 年にユネスコが「琉球諸語」として認定した 6 つの言語や、先住民族のアイヌ語なども消滅の危機に直面しているが、公教育の一環とすることによって、その言語の復興を図ることは決して不可能ではないことがわかる。また、台湾政

府は 2007 年から、「原住民學生升學優待取得文化及語言能力證明考試」という検定試験を実施している（行政院原住民族委員會 2013）。大学入試を控える先住民族の学生ならだれでも受けられ、証明を取得した者には入試の際に特別な点数が加算される。試験は、16 言語 42 方言が対象となっている。日本に当てはめてみると、例えば宮古島の公立学校で宮古語を学んだ現地の学生が「宮古語検定試験」を受け、その点数がセンター試験に加算されるということになる。「先住民限定」の是非については議論の余地があるが、受験勉強が祖先の言語の継承につながる台湾の言語政策に学ぶことは多い。日本の学校で国内の少数言語を「国語」の次に学べる日が来るのであろうか。

3．共通語としての日本語

　少数言語の復興と継承、移民の継承語および日本語教育、そして他言語話者との共通語の育成を、日本の言語教育政策の主な柱として考えなければならない。後者の「他言語話者との共通語」教育の一環として、日本語を第一言語とする人を対象とした「日本語による多文化間コミュニケーション能力」の育成も重要な課題である。しかし、「日本人」と「日本語話者」を同義語としてみなしがちな国語教育は、第一言語話者と第二言語話者との間での日本語の共有をどの程度考えてきたのであろうか。本節では、日本語によるコミュニケーションの多様性を指摘しながら、その多様性を尊重する言語観と、自己文化中心やマニュアルに縛られないコミュニケーション能力の重要性を説く。

1）「外国人とのコミュニケーション」のイメージと実態

　つい最近まで、日本における「異文化間コミュニケーション」のイメージは、空想の「街角で声をかけてくる英語話者」が中心となっていたが、今、バイト先の中国人留学生や近所に住む南米出身の家族などが実際の相手となることに、国民の多くが気づきつつある。しかし、「外国人とのコミュニケーション」とは日本語よりむしろ他言語（特に英語）の使用を意味するというイメージが未だに根強い。その背景には、極めて少数でありながら「外国人」の象徴となりがちな欧米人の行うコミュニケーション行動や日本語習得に対する態度が、多文化間コミュニケーション全体に関する日本人の意識に過大な影響を及ぼしていることが指摘される。筆者が実施した、さまざまな国籍および日本語能力の

第 2 部　多言語教育政策とサスティナビリティ

人との日本でのコミュニケーションに対する日本人の経験と意識を調べた調査からもこのような傾向が浮かび上がった。調査に協力した 220 人の日本人の回答から、アジア出身の人とのコミュニケーションで使用する言語は主に日本語であるのに対し、欧米出身の人との使用言語は主に英語であるという傾向が見られた[6]。また、過去に話した外国人について、アジア出身者に比べ、欧米出身者のほうが、日本語能力が劣っていたという経験を持つ日本人が多かった（オストハイダ 2010）。欧米人の日本語能力に対するイメージは、実際の経験に基づくものとは限らない。2 節 1 項で指摘したように教育やマスメディアによっても強調されており、日本の子どもでさえそのイメージを意識している。「なぜあの人は日本語が話せるの？」や「英語の人」などのような子どもの発想は、その現れである。一方、「英語で話してあげなければならない」という、欧米人に対する配慮とは異なり、アジア出身の人に対しては日本語の使用が当然であるという態度も見られる。このような態度を示す日本人は、同じアジア出身の人が比較的高い日本語能力を有することを認めているわけであるが、同時に、他のアジア諸国の人々に対して「郷に入っては郷に従え」という考え方を持っていることもうかがえる。

　日本語は「特に難しい」言語であるという見解も、欧米重視に基づく教育および言語観と関連していると思われる（2 節 2 項を参照）。無論、言語習得の困難度は相対的な問題であるが、欧米人の日本語学習観を基準とした、多くの日本人が抱いているこのような意識は、アジア諸国の日本語学習者、また日常的に日本語で生活する多くの外国籍住民から見れば、その根拠は希薄である場合が多い（表 1）。「普遍性」より「違い」を強調する言語文化教育が問い直されない限り、日本語そのものに対する先入観も、第二言語話者との対等な日本語の分かち合いを妨げる要因の一つとして存続していくであろう。

2）日本語による多文化間コミュニケーション能力とは

「コミュニケーション能力」を、英語を中心とした「外国語能力」として捉

6　本調査のいくつかの項目において、外国人について、「東洋人」と「西洋人」という大雑把な区別の上で回答を依頼した。その際、インフォーマントが具体的にどういう人を想像していたかは不明であるが、調査全体の内容および実施地域（大阪府）を考慮すれば、「西洋人」に南米出身者を含むとする回答は少ないと推測できよう。

第 7 章　日本の多言語社会とコミュニケーション

表 1　日本語の「難しさ」に対する意識の違い

日本語は他の言語と比べて…		日本語の学習は…	
特に難しい言語である	225	非常に難しい	2
		難しい	6
難易度はほぼ同じである	100	どちらとも言えない	114
		易しい	129
特に簡単な言語である	12	非常に易しい	98
日本人大学生 337 人（オストハイダ 2011）		韓国人留学生 349 人（大谷 2007）	

出所：筆者作成

えがちな言語教育観が根強いが、国際化が国内から始まるのと同様、コミュニケーション能力もまず、第一言語から養う必要がある。身近な場面においてこそ、学ぶべきことがたくさんある。例えば、車いす使用者とのコミュニケーションを対象とした調査からは次のようなことが挙げられる。車いすに乗っている人から声をかけられたとき、その人ではなく、車いす使用者と一緒にいる第三者に返答する人がしばしばいる（オストハイダ 2011）。顔が明らかに「英語の顔」である筆者も、日本語で声をかけても同様な行動を受けることが珍しくない。均一性が比較的高いと考えがちな社会において、その社会構成員が「異質」なものに対して何らかの「コミュニケーション・マニュアル」に頼り、また相手を一人の個人として見ず、単なる外見的印象から「過剰適応」してしまう傾向がある。「障害者に対しては優しく、ゆっくりと話す」「高齢者は楽しい、当たり障りのない話題を好む」や「外国人なら、敬語はわからないだろう」のような先入観はその例であり、不適切なコミュニケーション行動を引き起こしてしまう場合が多い。

　日本語による多文化間コミュニケーション能力の育成は、「対外国人用」の日本語を人工的に作り出すことではない。近年、「やさしい日本語」（佐藤 1996、庵・イ・森 2013）の作成をめぐる議論が盛んになっているが、災害時での情報伝達を円滑化することを目的とした取り組みであることは忘れてはいけない。世界共通語である「tsunami（津波）」を「大きくて速い波」に言い換えるなど、このような人工的マニュアルは、日常生活でのコミュニケーションには転用できない。まず、日本語学校で日本語を学んでいる留学生や、工場で働きながら日本語を身につけている人の例でわかるように、第二言語としての日本語は、

レベルだけではなく、内容も多種多様である。また、日本語を第一言語とする人は全員、同じ日本語を話し、理解できる人であるという前提も成り立たないため、「やさしい日本語」を「外国人」に限定することは不適切である。対象とされる人にとっても、対象外とされる人にとっても、選択する権利を奪ってしまい、逆にいわゆる「情報弱者」を生み出してしまう危険性もはらんでいる。そして、日本語教育の立場から言えば、日本語を第二言語とする人に理解可能な日本語は「ここまで」であると、日本語を第一言語とする話者側で決め付けるのではなく、むしろ多くの情報の中から自分にとって必要な情報を自分で取り出せる能力を養うことのほうが現在の情報社会に求められている。

「共通語としての日本語」をめぐる課題は「外国人とのコミュニケーション」に限る問題ではない。日本の社会はさまざまな背景を持ち、さまざまな役割を果たしている人々によって構成されており、社会のあらゆる側面において「多文化間」コミュニケーション能力が要求される。日本の学校では、膨大な時間と努力を尽くして、「外国語」を学んでいるが、同じ日本語を第一言語とし、障害を持つ人や高齢者などとは上手くコミュニケーションできる自信がない人も多いに違いない。バリアフリー、少子高齢化などのような課題への取り組みも持続可能な言語教育政策の急務である。そして、個々の相手の能力とニーズに応じて公平にコミュニケーションを図れるようになるため、失敗を恐れず試行錯誤しながら、マニュアル化されたものを自らの経験によって身につけ直すほかない。繰り返しになるが、「英語が使える日本人」や「グローバル人材」の育成を考える前に、まずはこのような身近なことを考慮した教育方針を提案したい。

おわりに

「国語を尊重する態度」（文部科学省 2008: 6）を目標とする国語教育にせよ、「外国語を通じて言語や文化に対する理解」（文部科学省 2008: 92）を目指しながら英語に限定される第二言語教育にせよ、いずれも日本の多言語社会にそぐわない構想である。多民族・多言語国家としての日本を客観的に認識し、その多様性を尊重しながら公平にコミュニケーションを図れる能力を育てることが、今の日本の言語文化教育において最も重要な課題である。そのためには、「外国人」と「外国語」だけではなく、「日本人」と「日本語」に対する意識も同

第 7 章　日本の多言語社会とコミュニケーション

表 2　日本における言語とその機能

タイプ	グループ	例
第一言語、継承語	日本諸語	日本語、琉球諸語、アイヌ語、韓国・朝鮮語、日本手話など
	移民言語	中国語、韓国・朝鮮語、フィリピノ語、ベトナム語、ポルトガル語、スペイン語など
生活使用言語	日本諸語	日本語、日本手話、生活使用言語として消滅した国内の言語など
	コミュニティ言語	中国語、韓国・朝鮮語、フィリピノ語、ベトナム語、ポルトガル語、スペイン語など
他言語話者との共通語	相手言語（第一対第二言語話者）	日本語、英語、中国語、日本手話など、世界の自然言語
	媒介言語（第二言語話者同士）	日本語、英語、中国語、日本手話、エスペラント語など、世界の自然言語および人工言語

出所：筆者作成

時に問い直す必要がある。在日コリアン 3 世のような「日本語しか話せない‘外国人’」や、ブラジルで生まれ育った「日本語が話せない‘日本人’」の例でもわかるように、「言語」「文化」「人」などを、「日本」対「外国」といったカテゴリーで捉えようとする思想はもはや考え直すべきである。持続可能な言語教育とそれを定める政策も、「国」という単位ではなく、「人」を基準にしなければならない。つまり、「国語」vs.「外国語」ではなく、むしろ第一言語、継承語、生活使用言語、他言語話者との共通語などの概念に基づくべきである。日本の場合、現在表 2 のような仕組みが考えられる。

　日本のような多言語社会において、言語そのものだけではなく、それぞれの言語の機能も多様であることがわかる。例えば、「日本語」は第一言語であったり、生活使用言語であったり、または他言語話者との共通語であったりする。また、日本語を第一言語とする人が他言語話者とのコミュニケーションにおいて日本語を使用するか英語を使用するかは同じ「他言語話者との共通語」の使用となり、使用言語を問わず、同じような「他言語話者とのコミュニケーション能力」が求められる。以上のことを考慮し、本章の結びとして、文部科学省（2008）の学習指導要領（中学校）による「国語」および「外国語」に関する目標について表 3 のように改正することを提案する。

第 2 部　多言語教育政策とサスティナビリティ

表 3　学習指導要領の改正案

現　行	改正案
国語〈目標〉（文部科学省 2008: 6） 　国語を適切に表現し正確に理解する能力を育成し、伝え合う力を高めるとともに、思考力や想像力を養い言語感覚を豊かにし、国語に対する認識を深め国語を尊重する態度を育てる。	第一言語及び生活使用言語〈目標〉 　第一言語及び生活使用言語を適切に表現し正確に理解する能力を育成し、伝え合う力を高めるとともに、思考力や想像力を養い言語感覚を豊かにし、国内の言語に対する認識を深め、言語を尊重する態度を育てる。
外国語〈目標〉（文部科学省 2008: 92） 　外国語を通じて、言語や文化に対する理解を深め、積極的にコミュニケーションを図ろうとする態度の育成を図り、聞くこと、話すこと、読むこと、書くことなどのコミュニケーション能力の基礎を養う。	他言語話者との共通語〈目標〉 　多言語との接触を通じて、言語や文化の多様性に対する理解を深め、第一言語または他言語を使用しながら、他言語話者と積極的にコミュニケーションを図ろうとする態度とその能力の基礎を養う。

出所：筆者作成

文　献

McConnell, D. L. (2000) *Importing Diversity: Inside Japan's JET Program.* University of California Press.

McCrostie, J. (2009) "TOEIC no turkey at 30," *The Japan Times Community.*（https://www.japantimes.co.jp/community/2009/08/11/issues/toeic-no-turkey-at-30/#., 2017 年 9 月 27 日閲覧）

McVeigh, B.J. (2002) "Self-Orientalism through Occidentalism: How 'English' and 'Foreigners' Nationalize Japanese Students," In McVeigh, B.J., *Japanese Higher Education as Myth.* M.E. Sharpe, pp.148-179.

Statistisches Bundesamt (2016) *Bevölkerung auf einen Blick (31.12.2015).*（https://www.destatis.de/DE/ZahlenFakten/GesellschaftStaat/Bevoelkerung/Bevoelkerung/.html, 2017 年 9 月 27 日閲覧）

朝日新聞（2004）「外国人の子 不就学調査」2004 年 9 月 25 日夕刊

庵 功雄・イ ヨンスク・森 篤嗣編（2013）『『やさしい日本語』は何を目指すか──多文化共生社会を実現するために』ココ出版

大谷泰照（2007）『日本人にとって英語とは何か──異文化理解のあり方を問う』大修館書店

大谷泰照（2013）『異言語教育展望──昭和から平成へ』くろしお出版

オストハイダ、テーヤ（2010）「フィールドワークのすすめ──対『外国人』コミュニケーション行動を例に」『日本語学』29 巻 12 号、46-56 頁

オストハイダ、テーヤ（2011）「言語意識とアコモデーション──『外国人』『車いす使用者』の視座からみた『過剰適応』」山下 仁・渡辺 学・高田博行編『言語意識と社会』三元社、

9-36 頁

オストハイダ、テーヤ（2013）「言語意識とコミュニケーション」多言語化現象研究会編『多言語社会日本——その現状と課題』三元社、174-185 頁

河原俊昭・山本忠行編（2007）『外国人と一緒に生きる社会がやってきた！——多言語・多文化・多民族の時代へ』くろしお出版

行政院原住民族委員會（2013）『原住民族語言能力認證測驗』（http://lokahsu.org.tw/, 2017 年 9 月 27 日閲覧）

佐藤和之（1996）「外国人のための災害時のことば」『月刊言語』25 巻 2 号、94-101 頁

津田幸男（2003）『英語支配とは何か——私の国際言語政策論』明石書店

内閣官房（2006）『「生活者としての外国人」に関する総合的対応策』（http://www.cas.go.jp/jp/seisaku/gaikokujin/honbun2.pdf, 2017 年 9 月 27 日閲覧）

平高史也（2013）「日本語教育」多言語化現象研究会編『多言語社会日本——その現状と課題』三元社、106-118 頁

法務省入国管理局（2017）『在留外国人統計（旧登録外国人統計）統計表』（http://www.moj.go.jp/housei/toukei/toukei_ichiran_touroku.html, 2017 年 9 月 27 日閲覧）

松尾 慎（2010）「台湾における『郷土語言教育』の実態——台中市と新竹縣の公立小学校における調査より」パトリック ハインリッヒ・松尾 慎編『東アジアにおける言語復興』三元社、85-109 頁

水口景子・長谷川由起子（2016）「高等学校の多言語教育の現状——政策の貧困と現場の努力」森住 衛・古石篤子・杉谷眞佐子・長谷川由起子編『外国語教育は英語だけでいいのか——グローバル社会は多言語だ！』くろしお出版、172-189 頁

文部科学省（2002a）『「英語が使える日本人」の育成のための戦略構想の策定について』（http://www.mext.go.jp/b_menu/shingi/chousa/shotou/020/sesaku/020702.htm, 2017 年 9 月 27 日閲覧）

文部科学省（2002b）『高等学校における外国語教育多様化推進地域事業』（http://www.mext.go.jp/b_menu/shingi/chousa/shotou/020/sesaku/image/020402b.pdf, 2017 年 9 月 27 日閲覧）

文部科学省（2008）『中学校学習指導要領』（http://www.mext.go.jp/a_menu/shotou/new-cs/youryou/chu/chu.pdf, 2017 年 9 月 27 日閲覧）

文部科学省（2009）『高等学校学習指導要領』（http://www.mext.go.jp/a_menu/shotou/new-cs/youryou/kou/kou.pdf, 2017 年 9 月 27 日閲覧）

文部科学省（2017a）『日本語指導が必要な児童生徒の受入状況等に関する調査（平成 28 年度）の結果について』（http://www.mext.go.jp/b_menu/houdou/29/06/1386753.htm, 2017 年 9 月 27 日閲覧）

文部科学省（2017b）『平成 27 年度高等学校等における国際交流等の状況について』（http://www.mext.go.jp/a_menu/koutou/ryugaku/koukousei/1323946.htm, 2017 年 9 月 27 日閲覧）

文部科学省（2016）『大学における教育内容等の改革状況について（平成 26 年度）』（http://www.mext.go.jp/a_menu/koutou/daigaku/04052801/1380019.htm, 2017 年 9 月 27 日閲覧）

第3部

マイノリティの言語政策とサスティナビリティ

　第3部では、「マイノリティの言語政策とサスティナビリティ」を共通テーマにして、日本国内、中国、インドの事例を紹介する。優勢な言語を話す者は、生物や文化の多様化を推進しているが、言語少数派に対しては同化や統合を強要しがちである。3章のうち、まず飯野が日本の大学教育においては、マイノリティである外国人留学生について言及している。少子高齢化の中「高度人材」と呼ばれる外国人の誘致は重要な施策として挙げられているが、日本で就学している留学生の「就学」と「就労」の実態はあまり知られておらず、その実態と問題点を明らかにすることで、サスティナブルな観点からどのような言語政策を構築すべきかを論じている。

　喬 穎は、中国の「一帯一路」の国家戦略と外国語教育政策を紹介し、多様な外国語教育をどのように維持させていくべきかを考察している。2015年に北京外国語大学シルクロード研究院が設立され、「一帯一路」に資するよう、「多言語特色」「異文化優勢」を利用して、外国人人材の育成に努めている、と喬穎は一例として紹介している。

　野沢は、インド東部の部族言語であるサンタル語の状況、特にその保持に焦点を当て、私的領域での話し言葉として、若い世代の間でも部族語が保持されている現状と、部族語の識字教育の積極的な活動を例に挙げて、部族言語と文化の持続可能性について言及している。

第8章

外国人留学生の受入れと
サスティナブル社会の実現
——言語政策の視点から

飯野公一

要　旨

　現在日本にはおよそ 21 万人の外国人留学生がいる。その数は 21 世紀に入るや急伸しており、今後も留学生 30 万人計画に則って着実に増えていくことが予想される。この背景には、留学生の受入れを国、大学、企業が「国益」として捉え推進し、高等教育のグローバル化や日本の少子高齢化等の諸課題への一つの解決策として期待されていることが挙げられる。

　しかしながら、急速に増加しつつある外国人留学生の受入れにあたって、日本の社会はどれほど制度的理解および意識上の準備ができているのだろうか。伝統的には国費留学生をはじめ、留学生をいわゆる将来の「高度人材」の卵として受け入れることを前提としたエリート養成型モデルが主流であったものの、近年の急伸の内訳を見てみると大学以外にも各種専修学校、日本語教育機関等と留学の目的も多様化している。また、厚生労働省監督下では、技能実習生としての入国も増加している。特に、近年大都市圏を中心としてアルバイト労働市場において留学生の存在が目立つようになっている。就学を主な目的で来日したにもかかわらず、実態としては低賃金労働を担う出稼ぎ型「移民」労働者として働いている場合もあるのが現状である。政策では高度人材の育成強化を推進する一方、多くの企業は単純アルバイト労働者を必要としている。その狭間でグレーな領域で滞在する就労留学生の実態を把握することは喫緊の課題となっている。

　一方、言語、文化背景の異なる留学生を受け入れる場合には、彼ら自身の日本社会への適応が求められるとともに、ホスト・コミュニティ側の準備も必要となってくる。本章では、留学生の受入れの現状を分析すると同時に、受け入

135

れる日本社会が今後サスティナブルな形で共生社会を構築していく上での諸課
題を検討する。その際、留学生を適切に受け入れるためには、激変する現実と
政策の隔たりを認識し、ネイティビズムから脱却した言語政策を具現化するこ
との重要性を指摘したい。

1．来日留学生の増加傾向

1）はじめに——来日外国人の増加と多様化

　日本が少子高齢化するなか、政府は女性、高齢者、外国人の雇用増大によっ
て経済を活性化する道を模索している。特に、「高度人材」と呼ばれる外国人
の誘致は「『日本再興戦略』改訂 2014」の中でも重要な施策として掲げられて
いる。また、中国人のいわゆる「爆買い」は日本経済へのプラスの影響ととも
に、どことなく皮肉混じりの目で見られている。一方、メディアでは必ずしも
外国人受入れに好意的でない論調も目立つ。例えば、新聞では、外国人による
犯罪件数が減少するなか、国籍別に見るとベトナム人によるものが中国人を抜
き1位になったと報道された（産経新聞 2016 年 11 月 27 日）。その中では「留学
生が犯罪に加担」することも指摘されており、「ベトナム人コミュニティの形
成」や「ベトナム人グループのマフィア化」といった用語は多くの人々に恐怖
心、嫌悪感を与えている。また、外国人への生活保護支給や外国人留学生への
奨学金の支給についても、2016 年夏の東京都知事選挙の候補者が非難したり、
週刊誌が取り上げたり（週刊新潮 2013 年 8 月 1 日、140 頁「『反日中国人留学生』に
使う血税 180 億円」）している。

　訪日外国人の数も急速に増加し、2015 年には 2000 万人に迫り（観光局 2016）、
今後 3000 〜 4000 万人へと増加することも視野に入ってきている。「外国人」
といっても多様な目的で来日し、さまざまな活動に従事する人々がいるが、本
章では「就学」を目的とした留学生を主に取り上げ、日本社会が彼らをいかに
適切に受け入れていくかについて考察したい。

2）近年の留学生数——大半がアジア圏から

　独立行政法人日本学生支援機構（JASSO）の調査によると、2016 年 5 月 1 日
現在の日本における留学生数は 23 万 9287 人である。この調査でいう「留学
生」の定義は、「出入国管理及び難民認定法」別表第 1 に定める「留学」の在

第 8 章　外国人留学生の受入れとサスティナブル社会の実現

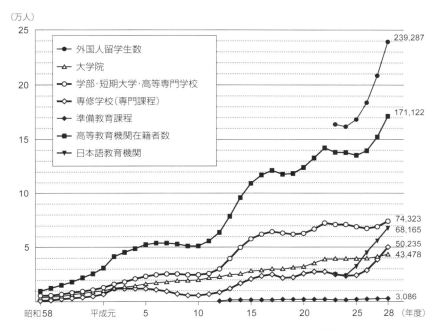

図1　大学院・大学（学部）・短期大学・高等専門学校・専修学校・準備教育課程・日本語教育機関における留学生数の推移
出所：日本学生支援機構「平成28年度外国人留学生在籍状況調査」（2017年3月31日）

留資格（いわゆる「留学ビザ」）により、日本の大学（大学院を含む）、短期大学、高等専門学校、専修学校（専門課程）、日本の大学に入学するための準備教育課程を設置する教育施設および日本語教育機関において教育を受ける外国人学生をいう（日本学生支援機構2017）。日本語教育機関を除く高等教育機関の数字を見ても、2003年に10万9508人と10万人を初めて超えてからわずか13年で17万1122人と過去最高となっている。また、同様に日本語教育機関留学生数もここ3年を見ると、毎年1万人規模ずつ増加しており、6万8165人となっており、これも過去最大数である。統計を取り始めた1978年にはわずか6000人にも満たなかった高等教育機関在籍者数は、その後徐々に増加してきたが、21世紀に入るとともに急速に右肩上がりで増加している。

　また、彼らの出身地を見てみると、アジア地域が93.0％と圧倒的に多数である。なかでも中国（41.2％）とベトナム（22.5％）からの留学生を合わせると

第 3 部　マイノリティの言語政策とサスティナビリティ

63.7% となり、ネパール（8.1%）、韓国（6.5%）と続く。

2. 留学生数増加政策――「国益」への貢献を前提

　このように留学生が増加しつつある現状の背景にはさまざまな要因が挙げられる。そこには多くの利害関係者の将来予測が複合的に絡み合い、その結果留学生の増加は「国益」にかなっており、社会的に支持される、という前提で積極的に推進されてきたのである。すなわち、第一に、留学生の増加によって、少子化に苦慮している大学は、日本人学生の減少の穴埋めに外国人学生を受け入れることによって教育、研究の質を高め、将来の高度人材の担い手となってもらうことを期待すると同時に、学費確保による経営上のメリットを享受することができる。第二に、経済社会にとっては、人口減少による経済需要の低下をテンポラリーな「移民」として留学生を受け入れることによって一般消費活動を活性化し、寮、アパートなど不動産市場にも刺激を与え、経済の下支え効果が期待できる。実際には 2015 年度私費外国人留学生生活実態調査では、月平均 14 万 1000 円支出（学習研究費、住居費、食費等支出のすべての金額）している。また、彼らの多くが就学中に「アルバイト」という形式で、低賃金労働者として活用でき、卒業後にも「グローバル人材」として採用できることも企業にとっては大きなメリットとなっている。

　こうした留学生数増加策の策定にあたっては産官学の期待が極めて複合的に絡み合い、「グローバル化」の名の下に推進されている。以下、日本政府、日本企業、日本の大学のそれぞれの動向を概観していくこととする。

1）日本政府の施策――ODA から労働力誘致へ

「留学生 10 万人計画」は 1983 年に中曽根内閣の下で策定され、開発途上国への ODA 的な発想から留学生を受け入れ、「各国の発展や我が国との関係で貴重な役割」（文部科学省 2002）を果たすことが期待された。2003 年にはその数値目標は達成されたが、政策以外の要因として「外国人留学生のアルバイトが解禁されたこと」（岩崎 2015）が指摘されている。日本は自力で学費を稼ぎながら大学教育を受けることができる数少ない「先進」国（浅野 2007）、すなわちアルバイトができる国として知られてきたことが要因として挙げられている（他国の例については、OECD 2014:.231, Table 3. A1.4 を参照）。また、同時に入国管

138

理規則が緩和され、在留資格の取得が容易となったことも大きく影響している。

その後、2008 年に、2020 年までに外国人留学生を 30 万人に増やすことを目標に掲げた「留学生 30 万人計画」が策定された。今回は長期停滞する日本経済、少子高齢化社会等の課題を解決すべく「国益のために」（岩崎 2015）留学生を誘致するという目標が前面に掲げられた。研究領域での国際競争が高まるなか、大学をグローバル化し、卒業後には日本で高度人材として就職してもらうことを期待する、いわゆるエリート型の留学生受入れ政策とも言える。そこでのキーワードは後述する「英語のみで入学、履修、卒業できる」EMI (English Medium Instruction) プログラムの拡大である。例えば、2014 年には「スーパーグローバル大学事業」として大学の国際化の高度化を支援する政策が立ち上がり、そのうちタイプ A（トップ型）では、世界ランキングで 100 位に入る可能性のある大学に重点的に財政援助を行い、研究の発信とともに、優秀な学生を取り込むことが期待されている。

一方、日本企業に留学生を就職させるための方策も矢継ぎ早に打ち出された。高度人材の獲得強化を目指すため、「日本再興戦略——Japan is Back」（2013 年 6 月閣議決定、改訂 2014）においては年間 1 万人の外国人留学生の日本での就職が数値目標として掲げられた。さらに、2015 年 5 月 27 日、内閣府が取りまとめる経済財政政策として、内閣府、総務省、文部科学省、厚生労働省、経済産業省、日本学生支援機構、日本貿易振興機構、自治体国際化協会が連名し、新たに「外国人材活躍推進プログラム」（留学生をはじめとした外国人の就職を関係機関が連携して支援）が立ち上げられた。

このように、外国人受入れ政策は、関係する省庁も多岐にわたり、外交上のODA としての側面、科学技術・研究教育の向上策としての側面、また産業・労働政策としての側面等が複合的に結びついていることがうかがえるが（芦沢2012）、「経済財政政策」として、労働人口減少下、女性の活用とともに大きな役割が期待されているのが外国人の活用である。そのためには、まず将来人材となるべき学生のサスティナブルな受入れ体制の構築が重要課題と位置づけられたことは評価される。しかしながら、政府の留学生の日本での就職と企業の求人をマッチすることによって、労働人口が減少する日本において有力な労働力の供給源となることが期待されているなか、はたしてこれは「卒業後」に限定された事象なのであろうか。以下、彼らの「就学」中の「就労」の実態について見てみたい。

第3部　マイノリティの言語政策とサスティナビリティ

2）企業が必要とする外国人留学生アルバイトと外国人労働者

　留学生の「在籍段階別アルバイト従事率」（日本学生支援機構「私費外国人留学生生活実態調査」[1]）によると、2015 年においては大学院修士課程では 66.6%、学部正規生では 75.2%、短期大学では 81.5%、専修学校（専門課程）では 83.0%、日本語教育機関では 77.1%、計 74.8% の外国人留学生が日本においてアルバイトを行っている。特に、ここ数年の傾向を見てみると、大学院、学部の正規過程ではアルバイト従事率が若干低下傾向にあるものの、専修学校と日本語教育機関で増加傾向にある。アルバイトの職種は、「飲食業」が 2064 人（45.7%）と最も多く、「営業・販売（コンビニ等）」が 1187 人（26.3%）と続き、サービス業での軽労働が大半を占める。

　なかには週 28 時間の法律で定められた上限をはるかに超える時間数就労しているケースもあると言われている。入国管理局は各大学に対して、学習状況の調査を行い、単位取得不十分の場合就学ビザの更新を認めない等の処置を講じているが、現実にはどれほどの留学生が働いているかを正確に把握することは困難である。最近では、大都市のコンビニ、スーパー、居酒屋、ファミレス等のサービス業では、胸の名札を見ると日本人の名前より外国人、特に中国、ベトナム、ネパール等のアジア圏の名前をよく目にするようになり、存在感を増している。もはや彼らは日本人の若年労働者が従来アルバイトとして担ってきたサービス産業の重要な労働力となっているのである（志甫 2015 を参照）。

　しかし、これは彼らが「留学ビザ」で日本の学校に通うために来日しているという本来の目的に適合しているのであろうか。インドネシアでは日本語専門学校への留学を斡旋する業者が、日本ではどのようなアルバイトに就くことが可能かを宣伝文句にし、先輩の口コミも含めて、多くの留学生を日本に送っているケースがあると言われている（大学院博士課程在籍インドネシア人留学生、筆者インタビュー、2016）。来日後は「ねずみの出るアパートに入れられた」「思ったようなアルバイトでなく、きつい仕事で体調が悪い」など不満を漏らす学生も多いという。インドネシアでは大学生がアルバイトする習慣はほとんどないが、「ジャパニーズ・ドリーム（日本へのあこがれ）」を夢みて約 60 万円の費用（3 か月分の授業料、ビザ費用、アパート代、航空券代込み、H 日本語学校の例）を払っ

1　2016 年 9 月、私費外国人留学生の中から無作為抽出により 7000 人に対してアンケートを送付し、6036 人から有効回答を得たもの（回答率 86.2%）。

て、日本に来てからアルバイトすれば「なんとかなる」という言葉を信じて来るケースも多い。日本では入管の規定上週28時間と制限されているものの、実際にはグレーな領域があり、相当数の時間をアルバイトに割いている留学生も存在する。

このような留学生のアルバイトは、日本人従業員や客との接触により、それ自体日本社会の学習経験であるとする肯定的な見方もある一方、不法就労の温床ともなりかねないとする否定的な見方も強い。大学ばかりでなく、日本語学校、各種専門学校、研修・技能実習制度など、さまざまな制度を通して入国した若年層がチープ・レーバー（低賃金労働）として産業界に利用されている実態はどれほど認識されているか疑問である。失業率が低水準で、有効求人倍率も高い水準で、人手不足（特に東京オリンピック需要等による建設業）が指摘されている現状では、このような外国人留学生の就労は大きく問題視されることは少ないが、各受入れ教育機関が学生確保のためにアルバイトの機会を宣伝に利用しているとすれば、来日の目的からは逸脱しているのは明らかである。

3）「就学」中の「就労」の拡大

これまで見てきたように、現在の文部科学省監督下の外国人留学生増加政策は、単なるODAや大学の国際化のためだけでなく、労働政策として捉えられる面がある。日本にはおよそ外国人労働者が100万人いると言われている（NHK 2016）。その内訳は、定住者（日本人と結婚したり、日系人として在留資格を得たりする場合）、留学生（留学ビザで入国し、週28時間以内のアルバイトをする場合）、そして技能実習生（技能実習ビザで入国し、農業、建設、水産加工、縫製など約70職種に就く場合）と大きく3つに分類される。

「留学」というカテゴリー以外にも、厚生労働省監督下においては、「技能実習制度」を通じて、2015年末には技能実習生として19万2655人が日本にいる。ここでも、送り出し国は中国が46.2％、ベトナム29.9％、フィリピン9.2％、インドネシア7.9％、タイ3.2％と大半がアジア圏出身となっている。また、受入れ側の業種は、機械・金属、繊維・衣服、建設が多く、農業、漁業関係が続く。技能実習計画（2号）の例として挙げられているものには、耕種農業、漁船漁業、牛豚食肉処理加工業、惣菜製造業、座席シート縫製、自動車整備、ビルクリーニング等が含まれている。技能実習制度では、基本的には最長3年の期間（2017年11月より、一部5年に延長可）しか日本に滞在することができない

ため、最近では留学ビザを取得し「資格外活動許可」を得てアルバイトをするという選択をするケースも増えている。

　ここで注目すべきは、およそ90万7000人の外国人労働者のうち、日系人等定住者がおよそ37万人、留学生が16万、技能実習生が19万人となっていることである。留学生、技能実習生は「学ぶ」ことを目的として来日しているにもかかわらず、実際に仕事（アルバイト）をしている人数が外国人労働者の約4割を占めていることになる。「日本人が集まらないなか、留学生は欠かせない戦力」（NHK 2016）と言われるように、もはや日本の労働市場では大きな存在となっていることは否めない。さらに、工場での作業等にあたっては日本語が必要な場面も少なく、通訳が作業工程を説明するなど、日本人と接して日本語を学ぶという機会も限られているケースもある。

　このように、もはや留学生の就労がよいか、悪いかを議論している段階をはるかに超え、留学生は日本の経済活動の中に深く組み込まれた社会の一員であるという認識を持つことが求められているのではなかろうか。

4）「移民」受入れのタブー視──「高度人材のみ受入れ」の言説

　日本において、政治的に「移民」受入れはタブー視されてきた感がある。2008年に自由民主党の「外国人材交流推進議員連盟」（会長中川秀直）において、いわゆる「中川プラン」が策定され、今後50年間で1000万人の移民受入れを目指し、「移民庁」の設置等も提言されたことは画期的なことであった。その後、小池百合子（現東京都知事）氏が会長となり、先述のとおり、高度人材のみの受入れへと方針が変更され、単純労働者の受入れには未だ強い抵抗感が存在することが示された。昨今では主流の政策議論の俎上に上ることもなく、「移民」への嫌悪感、恐怖感がむしろ強まっている感じさえする。欧州での難民問題、米国大統領トランプ氏による大統領選挙期間中の移民排斥のプロパガンダ等もこうした移民受入れ反対の社会的言説を強化しているかに見える。こうした反移民の感情は、日本においても留学生への奨学金支給に対する批判という形で散見される。

　日本においては、「留学生」を増加させ、彼らを日本で就職させ、「高度人材」として受け入れるというエリート型の外国人受入れモデルの陰に、さまざまなルートを通じて「留学生」としてビザを取得して、実際には日本で低賃金労働に従事するという実態が深化している。「移民」というラベルは避けつつ

第8章　外国人留学生の受入れとサスティナブル社会の実現

も、外国人労働者を受け入れていることには変わりない。政治のレベルでもこの課題を真っ正面から議論していくことが、「留学生」にとっても受入れ企業にとっても、ひいては日本社会にとっても、よりサスティナブルな制度構築へとつながるのではないだろうか。

3．日本の大学の施策と企業のニーズ

1）EMI の拡大──高度人材育成に向けて

「お雇い外国人」によるヨーロッパ言語、なかでも英語による授業が行われた明治の一時期を経た後は、日本の高等教育は主に日本語で行われることが一般的であった。ところが、1990 年代から 2000 年代にかけて、急速に EMI（English Medium Instruction）を採用する大学が増加した。これは、先にヨーロッパにおいてエラスムス計画、ボローニャ宣言等を経て、大学の国際化と学生のトランスナショナルな移動が推奨されたのをはじめ、アジア圏においても社会のグローバル化に呼応する形で、留学機会の拡大、留学の大衆化とともに英語化が進展した。日本では、「グローバル 30」（国際化拠点整備事業「大学の国際化のためのネットワーク形成事業」）、「Go Global Japan」（経済社会を牽引するグローバル人材育成支援）、「スーパーグローバル大学創成支援」のプロジェクトなどが続々と導入され、大学の「国際化」は極めて優先度の高い政策課題となっている。

　例えば、早稲田大学国際教養学部、国際教養大学、立命館アジア太平洋大学等学部レベルでの EMI プログラムが 2000 年代初頭に立ち上がり、その後「国際化拠点整備事業（グローバル 30）」（2009 年）においては拠点となる 13 大学が選定され、英語による授業の実施体制を重点的に補助し、これまで入学時に日本語を要求していた入試体制を英語で受験可能にした。それ以前にも、国際基督教大学（ICU）、上智大学等で日本語学習歴のない学生を受け入れてきた一部のプログラムがあったものの、日本語によって隔てられ、ガラパゴス化していた日本の高等教育留学市場を開放し、世界で高まりつつある留学ブームを取り込む攻めの姿勢に転換したとも言える。2008 年度には「英語による授業のみで卒業できる大学（学部）は 7 校（1.0%）であったものが、2012 年度には 20 校（2.7%）に増加した（文部科学省 2014）。数は少ないものの、この間に 3 倍近く増加し、その後も同様のプログラムは増えている（例、2017 年開設の立教大学

143

GLAP）。

　これまで日本語能力が壁となって入学がかなわなかった日本の大学へ多くの留学生が応募するようになったことは事実であり、特に非漢字圏からの学生が受験しやすくなった。EMI 導入によって、日本の大学はまさにグローバル市場で世界の大学と競争することとなり、いかに優秀な留学生を誘致できるかが課題となっている。これまで主にアジアの非英語圏からの高い英語能力と学習能力を持つ学生が多く集まってきており、エリート型モデルの構築としては、特に入り口の時点で門戸を開放したことは、効果的であったと評価できる。

　一方で、前述の例のとおり、日本語学校を通じて「お金さえ払えば誰でも日本に行ける」（前述インドネシア人留学生）ルートも最近では一般化しており、留学生の多層化が急速に進展していることは留意する必要がある。

2）EMI 留学生とマルチリンガル・スキル──企業が求める言語能力とは

　EMI 留学生は一般の労働人口の減少を補うだけでなく、「高度人材」の「卵」として捉えられている。グローバル化する企業活動の担い手として、留学生の持つ多言語、多文化な環境で対応可能なスキルを活用することが手っ取り早く、効率的であるという認識が広まってきたと見ることができる。留学生を積極的に受け入れる人材紹介事業の採用担当者は筆者のインタビューに対して以下のようにコメントした。

　　「アジア圏での業務が急速に拡大しており、日本語や英語だけでなく、中国語ができる人材を求めているが、日本人学生でそこまでできる学生を見つけることは難しい。ましてや有名企業でないと、なかなか応募すらしてくれない。」

　このコメントは、企業のグローバル人材に求めるスキルと、日本の学校教育が施してきた言語教育のミスマッチを指摘しているとも捉えられる。つまり、日本において英語を中心として行っている外国語教育は少なくとも大学卒業時点において、外国人留学生のレベルに達することが大変困難であることが指摘されている（例えば、日本学術会議 2016）。また、前述のように来日留学生の出身地は 9 割超がアジア圏であることからもわかるとおり、留学生はさまざまなアジア言語を母語として話し、来日後は日本語を習得するなど、極めて高い

レベルでのマルチリンガル話者と捉えられる。これは特に、EMIを実施している大学では顕著に見られ、大学入試の段階から高い英語のスコアが要求され、大学の教育課程は基本的には英語で履修する学生たちである。

　日本語については、来日前から履修しているケースと、来日後に履修を開始するケースがあるが、多くの学部生は4年間の日本滞在期間中には生活言語としての日本語は高いレベルに到達する。特に、漢字圏からの留学生は日本語の読み、書き能力も比較的短期間に習得する場合が多い。

　しかしながら、大学院修士課程におけるEMIプログラム入学者の場合、学部生と同じく入学時には日本語能力が要求されておらず、来日後に日本語を学習するケースも多い。プログラム中日本語科目が必修でないこと、2年のプログラムは4年の学部プログラムに比べて短いこと等から、日本語学習には注力しない学生も多く見られる。こうしたケースでは、卒業後には日本を離れて海外の英語圏の大学院や非英語圏のEMIプログラムの大学院へ進学するか、あえて出身地に帰国し就職するなど、日本で就職する機会が制限されることもある。

　こうした経験から、日本の高等教育に求められる言語政策には、入り口で日本語を課す旧来の方式では優秀な学生を獲得することができないためEMIに求められる英語能力のみでの合格判定は合理的であると考えられる。しかしながら、そのカリキュラム上において日本語を履修することは彼らの日本社会への理解を向上させ、コミュニティへの積極的な参加を促し、ひいては日本での就職へとつながっていく重要なプロセスであると考えられる。

　留学生の中には、日本のポップカルチャーに子どもの頃から接しあこがれを抱いて日本語習得にも極めて積極的な学生もいれば、一方で「特に日本に興味があったわけではない。奨学金がもらえるから日本に来た」「どうせ卒業したら海外の大学院に行くから、日本語にはあまり熱心にはなれない」「日本人の友だちは積極的にはつくりたいとも思わない」、など日本に対する意識にも温度差があることは事実である。また、欧米からの留学生にとって漢字ベースのリテラシーをどこまで習得するかは現実問題としてかなり差がある。このような多様な背景を持つ留学生に対しては、一律のゴールを設定するのではなく、マルチリンガル・スキルを活用した学習機会を提供することが求められる。「日本人のように日本語を使う」こと（母語話者を理想化されたモデルとする言語習得目標＝ネイティビズム）がどれほど求められているのか検証する必要もある。

145

第3部　マイノリティの言語政策とサスティナビリティ

　一方、日本企業は、外国人留学生採用時に高い日本語能力を求めているのが現状である。日本語能力（ビジネス日本語能力テスト）として最高レベルの「J1+」、およびそれに次ぐ「J1」を求める企業の割合は、英語能力がない場合で 66.5%、英語能力がある場合でも 59.1% と極めて高い（新日本有限責任監督法人「平成 26 年度産業経済研究委託事業（外国人留学生の就職および定着状況に関する調査）」、2015 年 3 月）。その大きな要因は、社内や取引先において「英語で十分なコミュニケーションをとることが出来る日本人従業員が限られている」（岩崎 2015）ことが指摘されている。また、高度外国人材を必要とするのは、グローバル競争にさらされている一部にすぎず、パート、アルバイト、契約社員として活用したいという方針の企業が依然として大勢を占めるという調査結果（独立行政法人労働政策研究・研修機構「企業における高度外国人材の受入れと活用に関する調査」JILPT 調査シリーズ 2013）もある。こうした言語使用の現状から、英語と現地語とのダイグロッシア（diglossia）化が見られ、一部の高度人材型グローバル・エリートは英語オンリーで仕事ができるという言説と、主にリージョナル、ローカルで仕事に従事するにはむしろマルチリンガル・スキルが求められているという言説が混在しているように見える。

　では、さまざまなルートを通じ「ジャパニーズ・ドリーム」を抱き来日したまじめで生産性の高い学生の期待に応え、サスティナブルな社会になるためには、日本社会はどのような準備をすればよいのだろうか。

おわりに──留学生の多様性、言語ニーズの多様性の理解へ

1）よりよき受入れ体制の構築に向けて──言語政策の視点から

　日本での外国人留学生の受入れは、エリート高度人材育成型から単純労働を担う出稼ぎ型のものまで多様な形態が見られる。その多層性を理解した上で、日本人は受入れホスト役として何をすべきだろうか。入国管理の法律、労働環境の整備、日本での就労サポート等さまざまな側面からの議論が求められるところではあるが、最後に言語政策の視点から、特に言語態度（language attitude）の重要性を指摘したい。Reagan（2009）は、教育政策上「手話」をいかに社会で受け入れるかについて、従来の言語政策の枠組み（Status Planning, Corpus Planning, Acquisition Planning, Hornberger 2006 を参照）に加え、attitude planning（態度計画）の重要性を指摘した。attitude planning については以下のように定義さ

れる。

I am referring here to efforts to change or alter the attitudes of individuals or groups either toward a particular language (their own or that of someone else), or toward monolingualism, bilingualism or multilingualism.
（ある特定の言語〔自らの言語や他者の言語〕について、あるいは、モノリンガリズム、バイリンガリズム、マルチリンガリズムについての個人や集団の態度を変化、修正する努力を意味する。）　　　　　　　　　　　　　　　　（Reagan 2009: 186, 筆者訳）

　言い換えれば、人々に伝統的に継承されてきた言語観にどのように影響を与え、偏見や差別意識を払拭していくか、ということを意味しており、こうした視点は日本における外国語教育や外国人受入れに対する態度にも大きく関わるものと思われる。

2）言語態度計画——求められるネイティビズムからの脱却

　「外国人」慣れしていない企業、大学を含む日本社会では、彼らのさまざまな異なる価値観をどのように理解し、活用していくかが最大の課題となっている。その根底に流れているのが「ネイティビズム」の考え方ではないだろうか。ある地域に先着し、権力を持った人々の理想化された言語使用をモデルとする考え方である（例えば、Holliday 2006）。この考え方はオリエンタリズム（Said 1978）や言語帝国主義（Phillipson 1992）の流れをくみ、ノンネイティブの言語使用、ひいては振る舞いは、ネイティブによって矯正され、より正統な規範に近づけるべきだという、中心と周縁（periphery）の絶対的権力関係を示す。言語教育、異文化コミュニケーションの領域では、このようなネイティビズムが無意識であったとしても根強く支配し、人々の態度や行動に大きく影響している。多くの日本人にとってことばは「習い事」であり、「郷に入っては郷に従え」ということわざを無批判的に受け容れ、「郷」の規範に従って行動すべきだと信じる傾向はないだろうか。

　前述の日本企業が高い日本語能力検定試験の結果を外国人従業員に求めるのも、日本人の言語に対する高い規範意識（ネイティビズム）の現れとして捉えられる。そのことは、彼らにあらゆる面において日本人のように働いてもらいたい、例外を認めるわけにはいかない、というある意味「平等」を重んじるマネ

ジメントのやり方なのかもしれない。その結果、彼らは周縁の存在として扱われ、彼らの話す「ヘンな日本語」は有標性（marked）を持つ。その証左として、日本のバラエティ番組ではハーフタレントの言語使用を笑いの対象としてネタにしているものさえしばしば目にする。

　学習言語としての外国語を学ぶ日本人も、日本語を学ぶ外国人も、「ネイティブのように話す」という目標設定は到達不可能であるばかりでなく、学習者を権力関係において言語マイノリティとして固定化してしまう言語態度を植え付けてしまう負の作用がある（日本学術院 2016 参照）。そもそも、99% の日本人が英語を日常的に使用しておらず（寺沢 2015）、日本語だけで何不自由なく生活し、外国人との接触場面も限られ、「純ジャパ」（飯野 2012; Iino & Murata 2016）文化が支配する日本社会において、今後外国人といかに共生していくかは、この根強いネイティビズムを意識し、外国人、日本人双方に意識の変化を促していく attitude planning が重要であると考えられる。あまりにも高度な規範性を求める日本の言語教育のあり方は、自らの外国語使用についても未達感を抱き続け、またその裏返しとして、外国人の日本語使用についても寛容性を欠くことにつながっていないだろうか。

　現在の日本社会において留学生を受け入れるには、こうした人々の言語態度（意識）の変化に影響を与えることを目指す言語政策の視点が不可欠である。留学生が高度人材エリート候補生であり、高い英語力を持ち、日本人のように日本語を話し、行動し、日本の国益へ貢献すべき存在であるという理想化されたイマジネーションと、一方で多様なタイプの留学生が急増し、企業も彼らをアルバイト労働者として必要としているという現状の隔たりを十分認識し、政府、大学、企業がより効果的な対策を講じることが求められている。社会の多様性がイノベーションを育み、許容力向上をもたらす一方、同質性における居心地の良さは、えてして異質への排他的な態度をもたらす。多様な価値観を受け入れる態度、すなわちネイティビズムからの脱却こそが次世代へつなぐべきサスティナブルな社会への礎となるのではなかろうか。

文　献

Holliday, A. (2006) "Native-speakerism," *ELT Journal* 60(4): 385-387.

Hornberger, N. (2006) "Frameworks and Models in Language Policy and Planning," In Ricento, T.

(ed.), *An Introduction to Language Policy: Theory and Method*. Malden: Blackwell Publishing. pp.24-41.

Iino, M. and Murata, K. (2016) "Dynamics of ELF communication in an English-medium academic context in Japan: From EFL learners to ELF users," In Murata, K. (ed.), *Exploring ELF in Japanese Academic and Business Contexts: Conceptualization, Research and Pedagogic Implications*. New York: Routledge. pp.111-132.

OECD. (2014) *International Migration Outlook*, Paris: OECD Publilsher.

Phillipson, R.(1992) *Linguistic Imperialism*. Oxford: Oxford University Press.

Reagan, T. (2009) *Language Matters: Reflections on Educational Linguistics*. Charlotte: Information Age Publilshing Inc.

Said, E. (1978) *Orientalism*. New York: Pantheon Books.

浅野慎一（2007）「中国人留学生・就学生の実態と受け入れ政策の転換」浅野慎一編著『日本で学ぶアジア系外国人――研修生・技能実習生・留学生・就学生の生活と文化変容（増補版）』大学教育出版、増補第 1 章

芦沢真五（2012）「留学生受け入れと高度人材獲得戦略――グローバル人材育成のための戦略的課題とは」『留学交流』1（10）、1-14 頁（http://www.jasso.go.jp/ryugaku/related/kouryu/2011/__icsFiles/afieldfile/2015/11/19/shingoashizawa.pdf, 2017 年 9 月 25 日閲覧）

飯野公一（2012）「英語でつなぐ世界の高等教育――SILS のケースを中心に」*Waseda Working Papers in ELF* 1: 33-41. March 2012.

岩崎薫里（2015）「日本における外国人留学生誘致策――高度外国人材受け入れの観点から」『環太平洋ビジネス情報 RIM』15（58）、1-38 頁

NHK（2016）「シリーズあなたの働き方が変わる !? コンビニで急増 !? 留学生バイト――外国人労働者 100 万人時代へ」クローズアップ現代（http://www.nhk.or.jp/gendai/articles/3873/1.html, 2016 年 11 月 29 日閲覧）

産経新聞（2016）「外国人犯罪の勢力図に変化？　ベトナム人の刑法犯が中国人抜く」産経新聞ニュース（2016 年 11 月 27 日）1-3 面（http://www.sankei.com/affairs/news/161127/afr1611270002-n3.html, 2017 年 9 月 25 日閲覧）

志甫啓（2015）「外国人留学生の受入れとアルバイトに関する近年の傾向について」『日本労働研究雑誌』No.662、98-115 頁、2015 年 9 月

週刊新潮（2013）「『反日中国人留学生』に使う血税 180 億円！」2013 年 8 月 1 日、140-144 頁

自由民主党（2008）「人材開国！日本型移民政策の提言――世界の若者が移住したいと憧れる国の構築に向けて」2008 年 6 月 12 日自由民主党外国人材交流推進議員連盟（http://www.kouenkai.org/ist/pdff/iminseisaku080612.pdf, 2017 年 9 月 25 日閲覧）

首相官邸（2013）「日本再興戦略――JAPAN is BACK」平成 25 年 6 月 14 日日本再興戦略――JAPAN is BACK.（http://www.kantei.go.jp/jp/singi/keizaisaisei/pdf/saikou_jpn.pdf, 2017 年 9 月 25 日閲覧）

首相官邸（2014）「『日本再興戦略』改訂 2014――未来への挑戦」平成 26 年 6 月 24 日日本再興戦略改訂 2014―― 未来への挑戦（http://www.kantei.go.jp/jp/singi/keizaisaisei/pdf/honbun2JP.pdf, 2017 年 9 月 25 日閲覧）

新日本有限責任監督法人（2015）「平成 26 年度産業経済研究委託事業（外国人留学生の就職および定着状況に関する調査）」（平成 26 年度経済産業省委託調査）、2015 年 3 月

寺沢拓敬（2015）『「日本人と英語」の社会学』研究社

独立行政法人労働政策研究・研修機構 (2013)「企業における高度外国人材の受入れと活用に関する調査」JILPT 調査シリーズ 2013

内閣府 (2015)「新たに『外国人材活躍推進プログラム』を実施します──留学生をはじめとした外国人の方の就職を関係機関が連携して支援します」外国人材活躍推進プログラム (http://www5.cao.go.jp/keizai1/gaikokujinzai/index.html, 2016 年 11 月 29 日閲覧)

日本学術会議 (2016) 提言「ことばに対する能動的態度を育てる取り組み──書等中等教育における英語教育の発展のために」言語・文学委員会、文化の邂逅と言語分科会、2016 年 11 月 4 日

日本学生支援機構 (2017)「平成 28 年度外国人留学生在籍状況調査結果」平成 28 年度外国人留学生在籍状況調査結果 (http://www.jasso.go.jp/about/statistics/intl_student_e/2015/__icsFiles/afieldfile/2016/03/14/data15.pdf, 2017 年 9 月 25 日閲覧)

日本経済新聞 (2016)「海外駐在員 6 割がアジア」データディスカバリー、2016 年 7 月 18 日 (http://vdata.nikkei.com, 2016 年 11 月 29 日閲覧)

日本政府観光局 (2016)「年別　訪日外客数，出国日本人数の推移」訪日外客数　年表 (http://www.jnto.go.jp/jpn/statistics/marketingdata_outbound.pdf, 2016 年 11 月 29 日閲覧)

文部科学省 (2002)「当初の『留学生受入れ 10 万人計画』の概要」留学生交流関係施策の現状等について（資料編）(http://www.mext.go.jp/b_menu/shingi/chukyo/chukyo4/007/gijiroku/030101/2-1.htm, 2016 年 11 月 29 日閲覧)

文部科学省 (2009)「大学の国際化のためのネットワーク形成推進事業」大学の国際化のためのネットワーク形成推進事業 (http://www.mext.go.jp/a_menu/koutou/kaikaku/1260188.htm, 2017 年 9 月 25 日閲覧)

文部科学省 (2014)「大学における教育内容等の改革状況について（概要）」文部科学省高等教育局大学振興課大学改革推進室、2014 年 11 月 14 日

第9章

中国の外国語教育政策の動向
—— 「一帯一路」政策を中心に

喬 穎・宮崎里司

要 旨

　本章は、中国の対外発展戦略の一つとして、2013 年に発表された中央アジアのシルクロード経済ベルトと 21 世紀海上シルクロードの融合政策である、「一帯一路」（One Belt, One Road）に焦点を当て、経済および貿易交流の拡大を図る上で、外国語教育がどのような役割を果たすのかを論じたものである。とりわけ、周辺国との緊張関係に陥りがちな政策をとる中国が、外国語に精通する人材の育成を図り、摩擦や誤解のない友好的な外交を展開するために、外国語教育は、最重要課題の一つとして見られている。中国は、未だ開発途上でグローバル化が果たされていない部分も多いが、国家に、戦略的な政策があるように、主権者たる国民一人ひとりにも、それぞれ多様なことばに対する捉え方があることに留意していかないと、ますます孤立を高めてしまう危険性がある。そのためにも、日本を含めた「一帯一路」の周辺国も、この大国に積極的に進言していく必要がある。

はじめに

　中国の対外発展政策を見る視点として、「一帯一路」（One Belt, One Road）（関志雄 2015）戦略に内外からの関心が集まりつつある。同戦略が世に出たのは 2013 年のことであった。習近平総書記は、2013 年 9 月カザフスタンで「シルクロード経済帯」ならびに、同年 10 月、インドネシアにおいて、「21 世紀海上シルクロード」の建設を提唱した。「一帯」とは、中央アジア経由で陸路欧州に至るシルクロード経済ベルトの、陸路でのシルクロード経済帯を指す。「一路」

151

第3部　マイノリティの言語政策とサスティナビリティ

とは、中国沿海部と東南アジアなどとを海で結ぶ海路での、21 世紀型海上シルクロードを指す。つまり、インフラ建設、文化交流などを通じて、貿易・投資などの分野での協力体制を構築する一種の経済共同体である。「一帯一路」戦略は、1979 年から中国で実行された「改革開放」政策の「海外展開版」とも位置づけられる。「一帯一路」上には 60 余りの国と地域があるため、この戦略を推進するためには、インフラ施設の整備や、関連地域諸国との間の経済・貿易・交流の拡大をしなければならない。

　2016 年 5 月 6 日付の「中国科学報」ネット版は、2016 年度日中大学フォーラムが北京で開催されたと報じ、その概要をまとめている。

　2016 年 5 月 6 日、中国科学院大学、清華大学、中国科学技術大学等 12 のトップ大学総長と、東京大学、京都大学、早稲田大学等日本の 12 の大学総長が参加した、「2016 年度日中大学フォーラム」が北京で開催された折、中国科学院の副院長兼中国科学院大学の学長である丁仲礼院士（アカデミー会員）は開幕式で、「国之交在于民相親、民相親在于心相通（国の交わりは民の相親しむにあり、民の相親しむは心の相通ずるに在る）」と述べた。「一帯一路」の関連周辺国の国民との交流をスムーズに行うために、民意の基礎となる友好感情を構築しなければならないという趣旨である。これは、「一帯一路」が、どうしても、経済共同体をねらう、中国の国家戦略と見られることを危惧しての発言であり、そうしたイメージを少しでも和らげたいという、中国側の苦悩がにじみ出ている。このことばに込められている、コミュニケーションの基本となる言語教育の大切さは、国家の政治、経済、外交および国家安全にも関わる重要な視点である。「一帯一路」上の各国の言語に精通する人材の育成は、現在の中国の外国語教育に課せられる重要かつ十分に達成できていない最重要課題である。

１．中国における外国語教育の歩み

　中国においては、一般的に外国語は「大語種」（メジャー言語）と「小語種」（マイナー言語）という 2 つに分類されている。具体的には、学習人口の多い言語が「大語種」、少ない言語が「小語種」と呼ばれている。中国では、新しい中国が成立して以来、外国語学習熱は持続的に高まりつつある。

152

1）情報獲得のための外国語教育（1949〜1970 年）

　最初の外国語学習ブームは、1949 年の建国後、中国が西洋諸国に追いつくため、重工業を中心とした国家建設に力を注いだ時であった。しかし、アメリカや西ヨーロッパの国々とのイデオロギーの相違から、当時、同じ共産圏であったソビエト連邦共和国（ソ連）と同盟を強化したため、中国は、政治・経済・文化・教育など、すべてをソ連に学ぶ結果となった。しかし、各分野における交流は、言語なしには成立しないため、ロシア語の学習が全国的に流行した。当時、中国では、ロシア語を習得することが、キャリアアップにつながるという考えが一般的で、小学校から大学まで、第一外国語はロシア語と決められていた（中央教育科学研修所編 1983）。戦後は、自国だけでの発展が望めず、他国の言語を学ぶことによって、自国を発展させなければならない中国のジレンマが見て取れる。発展途上国では、国家指定の学校で、外国語教育が行われるのが一般的であり、そのため、いち早く、最新の情報を入手するために、ロシア語の資料を読解する翻訳人材の育成が主な目標とされていたと理解される。その延長として、外国語教育を受ける者を、徳育・知育・体育において、全面的に、立派な人材として養成するという教育方針が提出され、政治上信頼できる世代が育てられることになったのである。

2）運用能力重視の外国語教育（改革開放政策の実施〜90 年代半ば）

　次のブームは、1970 年代以降、科学文化や経済貿易分野にわたる世界各国との交流が一段と活発になり始めた頃であった。その時期は、改革開放政策により、社会的に個人の意思や希望などが尊重される時期とも重なっている。また、次第に、国家建設の目標について、日本を含めた、科学技術が優れた国々に目を向けるようにもなってきた。こうした諸外国の長所を取り入れ、当時劣っている多くの分野を補うことについて、政府や国民も、共通認識を持つようになった。このような背景の下で、第 2 回目の外国語学習の隆盛期を迎えるわけである。

　1980 年代は、貿易だけではなく、文化・教育・科学技術・金融などの分野においても、先進国に学ぶという姿勢で、自国民による海外での経験を、中国の発展に生かそうとした。そのためには、外国語に長けている人材がいなければ、外国の優れたものを学び取ることもできないため、語学に秀でた人材の養成を重要な国策に位置づけたわけである。もちろん、どんな人材を養成するか

は、大きな問題であったが、当時の需要を考えて、まず、各専門分野で活躍している人材を選出し、外国へ留学させ、その国の先進的な技術を学ばせることが近道だという考えに至ったのである。外国留学には、外国語の運用能力が必須であるため、成人向けの外国語教育が始められたのである。

しかし、1990年代後半になると、あまりにも速すぎるスピードで成し遂げた経済発展に伴い、中国社会は、従来の社会主義の「計画経済」から、一気に「市場経済」へと移行していった。世界各国との連携が緊密になるなかで、グローバル化の時代を迎えるようになった。そこから、英語教育を中心とする外国語教育は、小学校から必修とされ、高校3年までの10年間、小中高一貫教育が行われるようになった（付克1986）。

3）個人の資質を向上するための外国語教育（90年代以降〜2010年代半ば）

グローバル人材育成のための英語教育は、小学校3年から始まり、小学校3・4年生では、20分授業が週4回、5・6年生では、20分授業が週2回、40分授業が週2回導入された。中学、高校の6年間では、45分授業が週4回になった（中華人民共和国教育部2001）。学校によっても、カリキュラムは異なるが、中国では政府や地方行政機関が指定した、重点中学や重点高校、また、モデル校などの優秀校があり、これらの学校では、他の一般の学校より、英語教育はさらに重点が置かれている。

こうして、学校の英語教育が急速に発展していった。現在、約2億人の生徒が、学校で英語を学習していると言われているが、中国人にとって、英語が日常生活で必要とされているわけではない。しかしながら、英語が個人の能力を示す指標、あるいは資格試験の合格最低基準、就職試験の最低条件として導入されているために、人々は英語を学ばざるを得ない。英語は、グローバル社会に生きる人間の指標として位置づけられ、あるいは最低条件に設定されている。例えば、外資系企業では、就職試験の参加資格として、大学6級以上を設定するところもある。また、大学4級の試験に合格できないと、卒業しても学位の認定をしない大学もあるという（中華人民共和国教育部2005）。

以上のように、中国における外国語教育が、近代中国の経済建設の中で確立し、発展してきた状況を振り返った。建国当初の政治主導の年代には、社会主義建設路線の下、大量の翻訳人材、語学教員の養成が当面の急務となり、「専門職」に従事できるような実務人材の育成を中心とする教育が行われた。ま

た、1978年以降、中国は「改革・開放」政策を実施し、「経済発展に奉仕する」という新しい位置づけが教育に関する政策方針の中で明確化された。それに応じて、外国語教育は「経済発展」に資する担い手を提供する本拠地とみなされ、「四つの近代化」の実現に貢献する「エリート人材」の育成が最大の課題となった。「市場経済」時代では、自力で就職先や進路を開拓せざるを得ない窮地に追い込まれた。この時代になると、「経済発展」に資する人材の内実に大きな変化が見られた。そのため、外国語の習得は、グローバルな人材を育成する上で重要なプラスの要素となった。中国では、このような人材を「複合型」人材と呼んでいる。「複合」という言葉に含意された「多様」や「各種」といったニュアンスにも示されるように、より「主体的」で、「個性」や「多様性」のある人材が目標として掲げられるようになったことがわかる。このような変遷は、歴史的な発展の法則に導かれた必然的な結果であるともみなされるが、これらの新しい理念は、決して教育の「内在的な要請」に応じるために導かれたものではなく、実質的には「市場経済体制」の中で生まれた産物だと言えよう（喬穎 2013）。

2. 「人的・文化的交流」（人文交流）をねらいとする外国語教育 （2014年〜現在）

1) 言語教育と人文交流

「一帯一路」の周辺地域には、60か国余りの国が存在し、合計人口は、43億人にのぼり、世界全体の 63% を占めている（図1を参照）。「一帯一路」戦略では、次の5つの「互連互通」（または互通）（相互接続）が提唱されている。(1)政策面でのコミュニケーションを図る。(2)道路の相互通行を行う。(3)貿易の円滑化を図る。(4)通貨の流通を強化する。(5)国民の心を互いに通い合わせる。中国が「一帯一路」と「アジアインフラ投資銀行」などの重大プロジェクトを推進しているなかで、マイナー言語人材を育てることが喫緊の課題となっている。つまり、「小語種」（マイナー言語）外国語人材および地域国別研究人材の需要が増えているにもかかわらず、従来の国内の外国語教育には単一化の問題が目立ち、高水準のマルチリンガル人材を育成するスピードも発展の需要に追いつかず、不足しているという問題が浮き彫りになっている。

「一帯一路」は、周辺の国々との相互接続（connectivity）をねらいとした中国

第3部　マイノリティの言語政策とサスティナビリティ

図1　「一帯一路」のイメージ図
出所：中国中央電視台（CCTV）参照

の世界戦略である。この相互接続には、次の3つの意味を包含している。(1)交通運用、情報通信技術、エネルギーなどの領域における「物理」の相互接続。(2)貿易および投資の自由化と利便化、相互協議あるいは調整、地域運送協議などの領域における「制度」の相互接続。(3)教育、文化、観光などの領域における、「ヒト」の相互接続。つまり、「一帯一路」の提唱の発展を推進するための基礎は、民心の意思疎通でもある（李向陽 2015）。カネ、モノ以外に、ヒトの相互連結、いわゆる、異なる国同士の間の相互理解と切り離すことはできない。一方、「一帯一路」周辺諸国の公用語は、60種類以上にも及び、英語、フランス語、スペイン語、ロシア語、アラビア語などいくつかの言語のほかは、すべて使用地域の言語とみなされている。これらの国は、地理的には中国から遠くないが、あまり理解されていないのが現実である。そのため、いかによりよい「民心の意思疎通」を実現させるために、マイナーな周辺国の言語に長けた人材を養成するかが喫緊の課題となっている。例えば、ネパールは、中国の隣国ではあるが、現在ネパール語のできる人材を育成しておらず、交流の際は英語を使っているのが実情である。

　こうして、マイナー言語の人材不足に陥ってしまった、これまでの中国の政策を是正する手立てを考える必要が出てきたのである。この現状の課題を改善

第 9 章　中国の外国語教育政策の動向

するために、中国では、「ヒト」の相互接続をするためのプロジェクトが新し
く創設された。「人的・文化的交流」（人文交流）は、国同士の歴史的、文化的
の紐帯感と共有する価値観を基にするものとし、一般的な交流より、さらに
進化した協力形態を目的としたものである。これに従って 2015 年より、段階
的に以下のような外国語教育の政策が実行されてきた。これらは、「一帯一路」
の周辺国と、戦略的協力パートナシップの内実化を図るものだと言える。

2）マイナー言語人材育成策

　前項で述べた、マイナー言語の人材育成にあたっては、これまで、以下のよ
うな政策が導入されてきた。

①「中国・アラブ諸国大学学長フォーラム」

　2015 年「第 3 回中国・アラブ諸国大学学長フォーラム」[1] が、寧夏回族自治
区の銀川市で開催された。フォーラムでは、今後 5 年間に、中国とアラブ諸国
が高等教育において「一帯一路」構築をめぐり、双方の学生交流の規模拡大や
言語教育、シンクタンクの構築および科学技術協力の強化などの面で、一層緊
密に協力していく協議が結ばれた。

　また、フォーラム期間中、中国とアラブ諸国の大学と、新たに 161 件の協力
協定が締結された。その中には、双方の協力による学校運営、人材の共同育成、
教員・学生の人材交流、ハイレベルな翻訳・通訳者の育成などのプロジェクト
が含まれている。人材育成の面では、アラブ諸国側の大学は、学士課程 211 名、
修士課程・博士課程 51 名の授業料免除の定員枠を、中国に提供することを決
定し、中国側も、2016 年から毎年 300 万人民元（約 5000 万円）で特定プログラ
ムを設立し、アラブ諸国の学生を中国へ留学させると発表した。加えて、中国
側は、アラブ諸国の学生の中国留学を支援するため、2016 年から、毎年 300
万人民元の経費を投入すると発表した。

②北京外国語大学シルクロード研究院

　2015 年、北京外国語大学シルクロード研究院が設立された[2]。国家戦略の

1　「中国とアラブ諸国、高等教育分野での協力を強化」『中国教育報』2015 年 9 月 23 日
2　北京外国語大学ホームページ（http://global.bfsu.edu.cn/ja/?p=331, 2017 年 8 月 10 日閲覧）

157

「一帯一路」に資するために、シルクロード研究院は「多言語特色」「異文化優勢」を利用して、戦略のシンクタンクとしての役割が期待されている。中国とシルクロード周辺諸国の人文交流に懸け橋を構築し、国家戦略の実施に貢献するという[3]。2016 年、同大学に「中国・インドネシア人文交流研究センター」と「ベトナム研究センター」が設立された。ほぼ、同時期にズールー語カリキュラムの開講式が行われた。これらの施策は「一帯一路」における人文交流メカニズムの発展および周辺国同士との、全面的な戦略的パートナーシップの発展の需要に応えて、外国語人材の育成に努めるものであると大学側が公表している。

③「マイナー言語人材育成基地」

2016 年、上海外国語大学では中国初の「マイナー言語人材育成基地」が設立された。教育目標としては、「マルチリンガル + α」の人材育成を試みるものである[4]。そして、「一帯一路」プロジェクトに目を向け、ウルドゥー語やウズベク語をはじめ、戦略的意味を持つ言語の科目や専門学科を設置した。今後 3 年間、タミル語、トルクメン語、カタルーニャ語、ヨルバ語、モンゴル語、アルメニア語などの専攻を新設し、上海外大で教えられる言語の数は 30 に達すると見込まれている。

3) 外国語と中国語同時進行の言語教育政策

このような中国の政策を分析してみると、いくつかの問題があることがわかる。つまり、いくら国の需要に応じて外国人材を育成しようといっても、マイナー言語の外国語人材を大量に育成していくには、限界があるということである。歴史をたどると、多くの教訓が物語っている。中国と使用地域が狭い言語を使う国々との間の関係に左右されやすいことが多かった。関係が良好な時期には、国家間の交流プロジェクトが多く、外国語人材が役立つが、その国の政治体制あるいは政策の大きな方向に変化が起こると、プロジェクトは減少し、外国語人材は失業に直面することになる。しかも、マイナー言語の専門家育

3　戴曼純「培養国家需要的外語人材」『光明日報』2016 年 10 月 16 日

4　上海外国語大学ホームページ（http://ja.shisu.edu.cn/about/introducing-sisu/, 2017 年 8 月 10 日閲覧）

成には時間も労力もかかっている。中国は、このような歴史的な反省を踏まえ、人材不足の現状を解決するには、中国では、現在 2 つのステップに分けて解決しようと計画している[5]。1 つ目は、メジャー言語を学んだ外国語人材にマイナー言語を学ばせる方法である。例えば、英語科出身者にネパール語を学ばせる。こうすれば、ネパール語の用途が少ないときでも、彼らが失業することはない。2 つ目は、周辺諸国の人材に中国語を教える方法である。またネパール語を例に挙げると、現在、北京や四川、チベットでは多くのネパールの若者が中国語を学んでおり、そのうち大部分は中国政府が提供する奨学金に頼っている。また、中国の政府は資金を出して、外国の若い研究者を招聘し、彼らに中国語を学んでもらい、中国を理解するように育成することができる。これも「一帯一路」のために翻訳人材を蓄えることになるという目論見である。

　マイナー言語に精通する通訳と翻訳の人材を育成しなければならないことはすでに述べてきた。先に挙げた、上海外国語大学では、伝統的な中英バイリンガル通訳・翻訳に加え、最近、アラビア語、英語、中国語の三言語を組み合わせた通訳・翻訳大学院コースを開設した[6]。今後は韓国語、スペイン語、タイ語、日本語、ペルシア語などでも、中英と組み合わせた卓越した三言語通訳翻訳人材プログラムが展開される方針である。他方、同大学でのジャーナリズムとメディア、国際関係、法学、経営管理などの大学院課程も、マイナー言語専攻出身の学生に向けて募集を始めた。こういう形で、既存の学科資源を利用し、国際事務、国際金融の多角化人材育成を目指し、力を注いでいる。特に「一帯一路」周辺国家の学生に向けて一連のカリキュラムの整備、通訳・翻訳人材のほか、法律、ジャーナリズム、金融などの専門知識を有する複合人材、関係国をよく理解する地域研究専門人材などの育成にも取り組む考えである。さらに、イノベーション的複合型人材育成モデルを取り入れ、通用知識教育の改革を推し進め、朝鮮語（国際ビジネスコース）、フランス語（国際関係コース）と外交学（フランス語とフランス国家研究コース）の人材共同育成の試みを始めた。そして、大学院教育の改革について、自主的に国際法と地域ガバナンス、国際ビジネスと地域ガバナンス、国際関係と地域研究、国際コミュニケーション学の 4 つの博士課程を新設し、新たな人材育成モデルを考案している。

5　彫兆麟「拓展“小語種”朋友遍天下」『解放日報』2015 年 11 月 12 日
6　沈騎「許国璋外語教育思想梳理」『光明日報』2015 年 12 月 22 日

考察と結論

　友好的かつ善意のある「人文交流」は、経済貿易協力よりも優先されるべき戦略的な考えである。「一帯一路」戦略を繰り広げている背景の下で、この方向性の意味は一層深く感じ取られるようになる。人文交流は心の通い合いを目指しているが、「一帯一路」戦略の実現に向け、欠けているのは政治的な知恵ではなく、お金でも物でもなく、心が「相通ずる」ことである。それは、「一帯一路」周辺にある各民族、各国との「心が通じ合う」ことである。「ことばは心の声であり」、心の通い合いの核心問題は言語にある。言語は話す時の道具だけでなく、知識と情報、さらに感情を伝えるものであり、心の使者と言っても過言ではない。2014 年 3 月、習近平総書記がドイツで孔子学院の教師と学生に会ったときにも強調したように、言語はただの道具ではなく、心の扉を開く鍵でもある[7]。それがなければ、人、民族、国家間の「心の鍵」を開けることは難しく、「一帯一路」戦略の扉を真に開くことも考えられない。他国、他民族の言語を理解運用する力と、自国の言語を対外的に伝える力とが一体となって、一国の広義的外国語能力を構成する。それは一国の総合的実力を示す目安の一つであり、国の戦略的資源でもある。相手国の言語を身につけることはその国を理解する基盤であると同時に、他者を知ることにより自身を顧みる鏡にもなる。自国の言語を対外的に伝えることは積極的なコミュニケーションであり、共通認識に達し、互いの気持ちを結びつける主なルートでもある。ビッグデータの時代となった今日、言語はさらに情報データの獲得と蓄積における核心的な媒体にもなる。中国は現在マイナー言語人材の育成計画を立て、それに関連する対外中国語教育計画も同時進行しているということで、いずれも人文交流の強化と国家言語戦略資源の蓄積につながる着実な措置である。ここに、政府部門が国家の外国語能力建設計画に力を入れ、「国家外国語能力発展計画」などの政策文書と支援策を制定することを提案したい。それにより、かつて外国語教育に見られた全体的、戦略的な計画に欠け、部門間の協調が不足で効率性が悪い状況を変えることができる。「一帯一路」というかつてない戦略を前に、より高いレベルに立った外国語能力の推進計画が必要となる。単一の学科と専攻の角度からではなく、国家戦略の角度から「一帯一路」に合わ

7　李宇明「"一帯一路"需要語言鋪路」『人民日報』2015 年 9 月 22 日

せて外国語知識とその他の知識との関連性を高め、外国語資源の配置と外国語
能力の開発を全面的に整え、外国語人材の育成目標と方式をさらに改善し、外
国語教育の全体的、戦略的効果を向上させるのである。

　国際化とは、ただの英語化ではない。マルチリンガルを含む外国語戦略を有
するべきであり、国際化教育を進めることは大勢の赴くところである。しかも、
言語と文化の多様性を基調としたこの時代に、中国は日に日に重要性を増す大
国として、早急に未来に向けてマルチリンガル外国語戦略を確立させなければ
ならないのである。

　中国における外国語教育は、歴史の発展経緯から、次のような特徴が見られ
る。⑴外国語教育は単純な言葉の教育というよりも、時代の需要、国家の開
放度および社会経済の発展水準を反映し、左右されているものである。⑵ あ
る種の外国語の普及は往々にして、その国の国民の国際意識、国の開放度を反
映し、国家未来の発展の行き先をあらかじめ示している。⑶ 外国語の教育は
社会全体一人ひとりの個人の発展、就職就業など幅広い面と関連し、注目され
ているため、発展性のある第三次産業と市場でもある。⑷ 外国語教育は外国
語言語および翻訳人材の育成だけでなく、専門と結びつけて、外国語に精通す
る高級人材を育成しなければならない。つまり、外国語人材は、地域研究者に
なることを期待されている。⑸ 外国語教育の発展と外国語政策と密接に関連
し、政府の指導と支持は外国語教育の発展の方向性を保証する上で重要な役割
を果たしている。

　ここまで、中国の外国語教育が、いかに社会経済発展のために役割を果たし
てきたかは、歴史の発展から振り返ってきた。しかし、教育の視点に立ち戻れ
ば、学校の中で行われる外国語教育は、国家を前提とするものというよりも、
個人を対象とするものへと、学校教育と融合する方向性を持つことを求められ
る時代がやってきている。この意味で、学校教育における外国語教育は、それ
がどの「国の言葉」かという問題ではなく、世界の一員（公民）となることが、
学習者自身によって求められているのだと言えよう。国家の需要と個人の発展
との間、そのバランスをいかにとるのかは今後の外国語教育政策を改善・充実
する上で重要な課題である。「一帯一路」政策は、一部では中国の覇権主義的
な世界戦略であると捉えられる傾向が強い。しかし、シルクロードはアジア、
アフリカ、欧州を結ぶ重要な通商交易ルートとして発展してきた。「一帯一路」
建設は、古代シルクロードで形成された互恵の精神を受け継ぐ延長線上にある

とも言える。そうした意味で、中国語教育が、その先兵的な役割を果たしているとも捉えられている。そのためにも、中国は、その経済的、文化的、政治的な戦略が、「一帯一路」を通して、周辺諸国に、いかに理解してもらえるかを、より深く謙虚に考察し、摩擦や誤解、対立のない近隣諸国に対する外交を展開しなければならない。そうではないと、「一帯一路」政策は、これまで以上に、中国への不信感を高めることになり、さまざまな人的、物的な投資が無駄になってしまう危険性がある。「一帯一路」政策は、どうしても、「シルクロード経済ベルト」と「21世紀海上シルクロード」を画策した、中国の「国家資本主義的」戦略と見られがちであるが、双方の言語を理解し合うことで、結果的には、中国を理解してもらうというメリットを、中国政府は自国民にも理解させないと、この政策は、水泡に帰す可能性がある。こうしたことを、国家指導部は強く意識しながら、確実な政策の実行に努めるとともに、関係国との良好な関係を維持すべく、さらなる平和外交を追求しなければならない。最後に、こうした「一帯一路」政策を通して、外国語学習、中国語教育政策を活性化させ、中国自体を国際化、グローバル化させる戦略を採る場合、忘れてはいけないのは、国家主導型の言語政策だけでは、必ずしも成功せず、国民一人ひとりの自覚を高めることが最善の方策だということを、常に意識しなければならない。国家に戦略的な政策があるように、その国家を形成する国民にも、それぞれ多様な言語の捉え方、向き合い方があることを、日本を含めた「一帯一路」の周辺国は、これまで以上に、中国にわかりやすく提言していく義務がある。

文献

北京外国語大学ホームページ（http://global.bfsu.edu.cn/ja/?p=331, 2017年8月10日閲覧）

戴曼純（2016）「培養国家需要的外語人材」『光明日報』2016年10月16日

付克（1986）『中国外国語教育史』上海外国語教育出版社

関志雄（2015）「動き出した一帯一路構想——中国版マーシャル・プランの実現に向けて」（http://www.rieti.go.jp/users/china-tr/jp/150408world.html, 2017年6月24日閲覧）

李向陽（2015）『一帯一路——定位、内涵及び関係処理の優先順位』中国社会科学文献出版社

李宇明（2015）「"一帯一路"需要語言鋪路」『人民日報』2015年9月22日

彫兆麟（2015）「拓展"小語種"朋友遍天下」『解放日報』2015年11月12日

喬穎（2013）「中国の大学専攻日本語教育における『人材育成』の系譜」『早稲田日本語教育学』第14号、27-48頁

上海外国語大学ホームページ（http://ja.shisu.edu.cn/about/introducing-sisu/, 2017年8月10日

閲覧）

沈騎（2015）「許国璋外語教育思想梳理」『光明日報』2015 年 12 月 22 日

中国教育報（2015）「中国とアラブ諸国、高等教育分野での協力を強化」2015 年 9 月 23 日

中華人民共和国教育部（2001）『小学校英語課程的指導意見』

中華人民共和国教育部（2005）『全国大学英語四、六級考試改革方案（試行）』

中央教育科学研修所編（1983）『中華人民共和国教育大事記 1949-1982』教育科学出版

第3部　マイノリティの言語政策とサスティナビリティ

第10章

文化の持続可能性と部族言語
──インド・サンタル語の事例を通して

野沢恵美子

要　旨

　近年、バランスの取れた平等な社会を構築するために、環境、経済、社会、文化の持続に配慮した開発の重要性が求められるようになっている。国連も2015年に持続可能な開発目標（SDGs）を採択し、2030年までに貧困の撲滅や環境保護、教育アクセスの保障などを達成するという国際的な目標を掲げている。

　本章では、文化的持続可能性、特にインド東部の部族言語、サンタル語の保持に焦点を当て、その現状などについて論ずる。現地調査からは、学校など公的領域では使われていないものの、若い世代の間でも部族語が保持されていることがわかった。また部族語の識字教育は、部族団体の運営する村の教室で教えられ、草の根レベルで言語保持活動が行われていた。現地のサンタル語の保持活動は「伝承」と文化の発展や多元化を目指す「変革」の一見矛盾する側面を有しており、話者、教育者、学習者などがその両面において中心となっている。

はじめに

　文化的持続可能性とは、政策や学術研究で1990年代から用いられるようになった概念で、近年関連する研究が広がっている。本章では、まず文化的持続可能性という概念、言語とアイデンティティについて議論した後、文化的持続性の一例として、インドの先住部族の言語、サンタル語の保持について、ジャールカンド州東スィンブーム県の農村地域での事例研究をもとに報告する。

164

第 10 章　文化の持続可能性と部族言語

　インドでは数百の言語や方言が話されているが、公用語としての地位を享受している言語はごく一部である。多くの言語には公的な地位がなく、私的な領域での使用に限られている。若い世代では部族言語の代わりに、公用語や地域の大言語を話す人が増えるなど、存続が危ぶまれる言語もある（Mohan 2004; Mohanty 2008; Mohanty, Panda, & Pal 2010; Mishra 2010）。サンタル語はインド東部を中心に、約650万人と大きな話者集団を持っているが、政治経済的に周縁化されていること、複数の州にまたがって居住していることなどから、公用語や、学校での教授用語としては使用されていない。今回ジャールカンド州東部での若い世代の言語使用と言語教育について調査し、そこからサンタル語が、私的領域で持続的に話されていることが確認された。また地域社会では、ノンフォーマルなサンタル語の識字教育に多くの人が積極的に取り組み、草の根レベルでサンタル語の保持の努力が行われていることが明らかになった。

1. 持続可能性と文化的多様性

　「持続可能性」とは、環境や開発の分野から生まれた比較的新しい概念である。「持続可能な開発」とは、環境破壊や資源枯渇、生命や生活の破壊、社会的不均衡などの負債を次世代へ残さない開発を指し、1987年に環境と開発に関する世界委員会の報告書 "Our Common Future" で紹介された。持続可能な開発のためには、社会、経済、環境面での配慮が不可欠であり、計画的な資源利用や地域社会との調整などが開発計画に取り入れられるべきと論じられている（United Nations 1987）。「持続可能な開発」は、環境や社会の次世代への「継続」と、そのための発展モデルの「転換」の両面を内包し、経済成長一辺倒の開発モデルに一石を投じ、開発言説を大きく転換させた。2015年には、多分野にわたる「持続可能な開発目標（Sustainable Development Goals: SDGs）」が国連で採択され、2030年までに、環境を保全しつつ、平等、包摂的な社会構築のために開発を行うことが国際的な目標となった。

　持続可能性に関わる学際的な研究、サスティナビリティ学について、宮崎（2016）は自然科学、社会科学、人文科学といった従来の学術分野の枠を超えて新しい価値や規範を作り出し、社会システムの変革を目指す研究としている。しかし実際には自然科学研究が中心で、人文社会科学の貢献は限られてきた。この現状について宮崎は、サスティナビリティ学が、その「守備範囲を狭小化

165

第3部　マイノリティの言語政策とサスティナビリティ

してしまい、限定化させているという点では、普遍性のあるグローバルな超学にはなりえていない」のではないかと警鐘を鳴らしている（宮崎 2016: 35）。

　従来、環境、経済、社会的側面が持続可能性の三本柱とされてきた。しかし1995年のUNESCOの報告書 "Our Creative Diversity" 以来、持続可能性の文化的側面も重要な柱と考えられるようになり、近年人文社会学分野における持続可能性に関する研究も増加している。Hawkes（2001）は文化的持続可能性を、環境、社会、経済に次ぐ第四の柱と位置づけ、社会や環境は、価値観や知識といった「文化」を通して理解されており、持続可能性についての議論もまた、文化的産物を媒介として行われていると論ずる。文化的持続性に関する研究が活発になるに従い、そのテーマや目的、目標の範囲が拡大し、概念そのものの意味するところも多様化している。

　文化的持続可能性をめぐる活動に関しては、文化保持の試みと、文化的多元主義への価値の転換の両面が内包されている。Wesson（2013）の指摘するように、文化遺産持続のためには、文化の「保持」と、少数者の価値観を反映させる仕組みづくりなど、「変化」の両面を共存させることが不可欠である。周縁化された文化の保持には、経済的利益や利便性優先の価値観からの転換が求められ、また周縁化された集団を権利主体とする新しい民主主義や統治への模索も議論に含まれるからである（Fishman 2001; May 2012）。また特に言語については、社会変化に伴い新しい語彙や言葉の遣い方が表れるなど、本質的に常に変化し続けていることにも留意しなければならない。言語持続のためには、受け継いだ言葉をそのまま残すだけでは不十分で、時代状況に合わせて変化に対応していく必要がある。Fishman（1990）の主張するように、言語などの文化遺産の保持は、時代の変化に背を向けた反近代的な主張ではなく、周縁化されたグループの権利や地位の回復と、そのための社会変革を求めるダイナミズムが根底にあり、保守と価値や社会制度の変革という両面を射程に収めた議論と言える。

2．文化、言語、アイデンティティ

　一般的にアイデンティティの形成や保持において、言語は中心的な役割を果たすと考えられている。May（2012）はアイデンティティ形成や保持における言語の役割について、3点を挙げている。まず、民族グループの文化的、政治

的権利を求める運動では、言語が中心的な争点となる傾向がある。また文化活動が民族言語を介して行われることも多く、文化的事象を表現する際に、民族言語が最も適していることも多い。ただし言語の重要性を強調しすぎると、文化と言語の関連を自明のこととする本質主義に陥る危険性もある。都市化やグローバル化の影響で、土地を離れ、先祖伝来の儀礼を民族言語以外で行う人も増加しており、言語をアイデンティティの基盤とし本質化することは、そういった多様なアイデンティティのあり方を否定し、固定化させることにもつながりかねないためだ（Valdés 2017）。しかし May はそういった批判を考慮しつつも、それが民族文化と言語との関連を完全に退けるほどには強い主張足り得ないとし、文化と言語との密接なつながりを、現代でも十分認められるものとしている。

　さらに May は、言語の衰退や消滅は政治的関係性と無縁ではなく、民族間の力関係の結果として起こっている点を看過するべきではないと指摘している。少数言語から多数言語へ、「社会的地位の低い」言語から「高い」公用語などへの言語シフトは、よりよい経済、教育、社会的機会を求めた結果として、「自然な流れ」、または少数者自身の「自発的な選択」の帰結と考えられがちである。Edwards（2006）は、消滅危機言語の保持は、自然の流れに逆らったアカデミック主導のエリート主義的な運動で、言語集団内の多くの「庶民」には利益がないと批判している。これに対し、May は、言語シフトは言語集団内部だけではなく、外側からの圧力や文化集団同士の不均衡な関係性によって引き起こされている点を強調している。例えば、Bourdieu（1977）の述べるように公用語とは、特定の言語グループによる、長年にわたる政治的な言語活動の賜物であり、その地位は、行政、教育など日々の実践を通じて常に強化されている。少数言語話者が母語よりも公用語や共通語を使用したほうが有利だと考える「自発的な選択」の裏には、このような言語グループ間の政治的、社会的格差が外的要因としてあるのだ。

　May はまた、社会的制度なども含めた幅広い分野での変革にまで議論を広げ、文化・言語も含めて民族集団の自己決定権が認められるべきとしている。民族集団を本質化することを注意深く避け、集団内の差異や、彼らの決定が必ずしも言語保持の方向へは進まない可能性も受け入れた上で、民族集団には、自身の言語の将来を決める自己決定権が与えられるべきと論じているのである。

3．インド東部サンタル語の状況

　本章後半では、インドの少数言語の一つ、サンタル語の持続可能性について、若い世代の言語使用と、言語学習との関連から論ずる。インドの公用語はヒンディー語と英語だが、そのほかに 22 の言語がインドの「主要な言語」として憲法の第 8 附則で指定されている。インドの州編成は一般に「言語州」とも呼ばれ、言語分布に沿った編成になっており（Mawdsley 2002; Sonntag 2002）、各州はそれぞれの地域で優勢な、文字を持つ言語を公用語としている。しかし同時に、それぞれの州内では公用語以外にも数多くの言語が話されている。

　サンタル語は固有の文化を有するとして憲法で指定された「指定部族」の一つ、サンタル族の人々の言葉である。オーストロアジア語族・ムンダ語派に属し、インド連邦の公用語であるインド・ヨーロッパ語派のヒンディー語とは異なった言語グループに属する。「指定部族」とは、国が社会的に不利な立場にあるとし、特別な措置の必要な「先住民」と認定した部族を指す。サンタル族はインド東部のジャールカンド州、ビハール州、西ベンガル州、オリッサ州、アッサム州の山あいに約 647 万人が住み、さらにバングラデシュ、ネパールにも居住する大きな部族である。インド諸言語の中でも、話者数は 14 番目に多く（Government of India 2001）、2001 年にはインド憲法の定める「インドの主要な」22 言語のうちの一つに数えられるようになった。Crystal の分類に当てはめると、話者数の多い順に上から 3 番目、「100 万人から 990 万人の話者を持つ言語」に当てはまり、「部族言語」とはいえ、世界のすべての言語のうち、上位 5.2% に位置し、最も消滅の危険性の低い "Viable" に分類するのが適当かと思われる（Crystal 2014: 19）。

　ジャールカンドは先住民族が多く、長年にわたる政治運動の結果として、2000 年に北隣のビハール州から分離した新しい州である。人口の 25.3% を指定部族が占め、そのうち約 241 万人（州人口比約 9%）がサンタル族で、州内最大の指定部族である。州公用語はインド・ヨーロッパ語族のヒンディー語とウルドゥー語で、2001 年の国勢調査によると、ヒンディー語母語話者 57.7%、サンタル語 10.7%、ベンガル語 9.7%、オリヤー語 1.7%、マイティリー語 0.5%、パンジャービー語 0.3%、そしてムンダ語、コルク語などほかの部族言語を含む「主要な言語以外」が 10.3% である（Government of India 2001; Mishra 2010）。州内の公的な書類や公立学校での教授用語はヒンディー語である。言語が社会

的地位を確立する上で、法制化および公的領域で承認、使用される制度化が必要だが、サンタル語は憲法上認められてはいるものの、実質的な言語使用の面で重要な制度化はされていないと考えるのが妥当である[1]。インド全体として見るとサンタル族の人口は大きいものの、居住地域を横断して州境が引かれていること、州内に他の先住民族の人々も居住していること、社会経済的に周縁化されていることなどが理由として挙げられる。

　サンタル語の表記には、「オル・チキ」と呼ばれる文字が使用されている。オル・チキはサンタル人のラグナート・ムルムが 1920 ～ 40 年代に考案した、独自の表記法である。サンタル族は公用語の異なる複数の州に居住しているため、各州の公用語であるヒンディー語、ベンガル語、オリヤー語とは別の新しい文字を発展させ、統一の表記方法としている（長田 2001; All India ASECA n. d.）。しかし学校など公的領域では使用されないため、オル・チキの識字率は低く、10 ～ 30% 程度と推測されている（Ethnologue 2016）。州政府は初等教育での部族語教育の導入を検討しているが、実効性のある教育の実施への壁は高い。部族語の知識を十分に持った教員の不足が指摘されており（Mishra 2010）、現状はインド連邦の多文化主義や、すべての子どもの母語教育を提唱する憲法とも矛盾しており、サンタル語を含めた先住部族言語の社会的地位や、話者の言語保持の権利などが十分に保障されているとは言いがたい（野沢 2017）。

　ジャールカンド州の指定部族の言語に関する Patanayak（2013）の調査では、80% 以上の部族出身者が家庭では母語を話していると回答しており、部族言語が私的領域では保持されていることが報告されている。ただ部族ごとの分析がないため、サンタル語がどのような領域で使用されているかは示されていない。部族語とヒンディー語の使い分けに関する Mohan（2004）の調査によると、指定部族の多くはヒンディー語を社会経済的な成功をもたらす言語、「国の統一の象徴」として受け入れており、ヒンディー語に対する敵愾心はない。一方で、他の指定部族に比べて、サンタル族は部族語をアイデンティティの基礎と考える人の割合が高く、ヒンディー語へのシフトは低く、またヒンディー語が親密圏に入ってくることへの抵抗も際立って強かった。Mohan は言語運動が盛んで憲法に付されている点や、さまざまな表記法が併存する他の部族言語に

1　言語の法制化（legitimation）と制度化（institutionalization）の詳細に関しては、May（2012: 6）を参照のこと。

第3部　マイノリティの言語政策とサスティナビリティ

対し、サンタル語では表記法を統一するなど、言語重視の民族運動を行っていることが影響しているのではないかと考察している。Mohan の研究は興味深い結果を提示しているが、他方、部族語教育についてはあまり触れられていない。本調査では、ジャールカンド州東スィンブーム県でのサンタル語保持について、農村に住む若者へのアンケート調査と、サンタル語保持活動の実践の場の一つとして、オル・チキの識字教室の参与観察と関係者への聞き取り調査を実施した。

４．サンタル語の言語領域調査

2016 年 3 月、サンタル族の若い世代に、家庭や近隣社会、学校でどのような言語を使用しているのか、アンケート調査を行った。ヒンディー語で学校教育を受け、携帯電話などの通信手段を持ち外部の影響を受けやすい若者の言語使用を見ることは、その民族言語の将来を占う意味でも重要である。

アンケート調査では、ジャールカンド州東スィンブーム県の工業都市、ジャムシェドプルから 25 キロ圏内の農村に住む 18 〜 26 歳の 33 名（男性 25 名、女性 8 名）に言語使用と言語教育に関して、質問票への記入を依頼した。調査協力者は、国営鉱山開発会社の就職支援プログラムの受講生である。うちサンタル族が 29 名（男性 21 名、女性 8 名）、サンタル族以外が 4 名だったが、本章ではサンタル族の回答のみを分析している。回答者の学歴は比較的高く、約 3 分の 2 が中等教育以上で、高等教育を受けた参加者も 48% にのぼった。言語使用領域からそれぞれの言語の役割や地位を理解するために、(1) 家庭、地域や学校での言語使用状況、(2) 初等から高等教育までの言語学習状況、の 2 項目に焦点を当てる。調査票は英語だが、事前の口頭説明は英語、ヒンディー語、サンタル語で行った。

またサンタル語の言語教育活動について理解するために、2016 年 3 月と2017 年 8 月に農村、公立の初等教育学校、オル・チキ教室で参与観察と関係者への聞き取り調査を行った。近隣の農村と公立初等・中等学校 2 校、民族団体の運営するオル・チキ教室 1 つと事務所 2 箇所を訪れ、初等・中等学校の教師 3 名、オル・チキ教室運営担当者 7 名、講師 4 名に、それぞれ 20 〜 60 分のインタビューを行った。

170

5. 言語の使用領域と運用能力

　領域ごとの言語使用について、「家庭内」「近隣社会」「学校」の3か所で、それぞれどの言語を話しているのか自由に記載してもらったところ、全般的に、家庭内や村の中ではサンタル語、学校ではヒンディー語を使用していた。家庭内では、回答者のほとんど（78.6%）がサンタル語のみを使用し、2言語以上を話すと回答した人は、2名がサンタル語とヒンディー語、1名がサンタル語、ヒンディー語、およびベンガル語を話すと答えている。農村では三世代で暮らす拡大家族が多く、回答者のほとんどが家庭でサンタル語のみを話していることから、サンタル語は主に家庭内で世代を通して伝わっていると推測される。

　一方、近隣社会でサンタル語のみを話す人は大きく減り（18%）、ほかの多くはサンタル語に加え、ヒンディー語、ベンガル語、オリヤー語など複数言語を使用すると答えている。農村ではサンタル族が多数を占めるが、ヒンディー語、ベンガル語、オリヤー語、別の部族語を話す人も居住する複雑な言語状況で、小さな共同体での会話でも、人々は複数の言語を使い分けていることがわかる。

　公的領域である学校ではヒンディー語が優勢で、友人との会話で多いのはヒンディー語のみで42%、あとはヒンディー語、サンタル語の2言語、または英語も加えた3言語の使い分けで、サンタル語のみという回答はなかった。「学校の友人との会話」と先の「近隣社会での会話」での使用言語について、どちらもサンタル語とヒンディー語の2言語を挙げる回答者が最多だが、同一の回答者でも近隣社会での会話では、「サンタル語とヒンディー語」、学校の友人との会話では「ヒンディー語とサンタル語」と回答し、順序が逆転している。この順番には、使用頻度の違いが影響しているのではないかと推察され、近隣社会ではサンタル語が優勢だが、学校の友人との会話では、ヒンディー語を話す機会がより多いのではないかと考えられる。一方、同じ学校領域でも、教師との会話でサンタル語を話すという回答は一切見られず、ヒンディー語のみ、またはヒンディー語と英語だった。

　一部の英語教授用語の私立学校を除くと、ほとんどの学校ではヒンディー語を教授用語とし、学校での部族語使用は禁止されていることも多い。最近は部族出身の教師も増えてきているが、訪問先の学校では、サンタル族の教員2名とも、サンタル語で指導を行うことはない、と話していた。この状況に、オル・チキ教室の運営に携わる男性関係者は、学校で初めて触れるヒンディー

語での授業は子どもたちには難しく、部族の子どもの低い就学率、進学率の大きな原因であると述べていた。ジャールカンド州政府は母語教育を行うため、2016年4月からサンタル語を含んだ5つの部族語を使用した教科教育を導入するとしていた（The Telegraph 2015; The Indian Express 2016）。しかし同年9月、2017年8月の調査でも学校での導入は確認されなかった。部族語を教えられる教師が少なく、また新しい教員の雇用も進んでいないため、インタビューをした関係者の多くも、期待をせずに推移を見守っている様子だった。

　アンケート調査の結果と人々への聞き取りを照らし合わせると、総じてサンタル語は日常の話し言葉として家庭や近隣社会といった私的な領域で広く使用される一方で、より公的な性質の高い領域では使われず、部族言語と公用語の間には階層関係が見られた。

　若者の言語使用能力に関する設問では、サンタル語、ヒンディー語の運用能力について「とても流暢」「流暢」「コミュニケーションをとることができる」「困難がある」「知らない」の5段階から選択してもらった。サンタル語での「話す」「聞く」の2技能では、ほぼ全員が「とても流暢」との回答だった。ほとんどの参加者が家庭ではサンタル語で話す、という言語使用状況を鑑みると、妥当な結果と言える。しかしサンタル語での読む力・書く力となると、「とても流暢」が減る一方で、「流暢」や「あまりできない」が増加し、16.6%の学生はサンタル語をまったく書けないと回答した。また参加者29名のうち、地域のオル・チキ教室に通った経験があるのは6名のみだった。通った期間は、2週間から3か月くらいの短期間が一般的で、オル・チキ教室のコースが初級、中級、上級と分かれているのを鑑みると、どのくらいオル・チキの識字が定着しているのかについては疑問も残る。

　一方でヒンディー語の言語能力では、「話す」「聞く」「読む」「書く」の4技能とも、「とても流暢」と「流暢」の回答がほとんどだった。比較すると、全般として「話す」「聞く」能力はサンタル語のほうが高いが、「読む」「書く」力となると、サンタル語よりも第二言語のヒンディー語のほうが顕著に高いという結果だった。この傾向に関しては、学校教育がヒンディー語で行われていることが大きく影響していると思われる。調査参加者全員が初等教育をヒンディー語で受けており、初等から高等教育までの公教育において、サンタル語教育を受けた参加者はいなかった。

6．オル・チキ教室と言語運動

　オル・チキによるサンタル語の識字学習は、学校教育の代わりに、週末のノンフォーマルな部族語教室で行われている。調査地では主に2つの部族の団体が村のオル・チキ教室を支援し、1つは1964年に設立された Adivasi Socio Educational and Cultural Association（ASECA）で、文化や教育活動を通して先住民（特にサンタル族）の地位向上を図っている。各教室には、活動に共鳴する3名のオル・チキ・マスターと呼ばれる講師がいて、1教室当たり50名ほどの生徒を教えている。全部で600ほどの教室では、毎年初等から高等教育までの生徒を中心に2000〜3000人が学んでいる。サンタル語の知識が仕事に直結することはないものの、1年に1回 ASECA 主催の試験が行われ、それが学習者たちの励みになっている。

　もう1つはインドの鉄鋼大手、タタ・スティールの CSR 部門、Tribal Cultural Society（TCS）が支援する、オル・チキ考案者の名前を冠した組織、Guru Gomkey Pandit Raghunath Murmu Academy（GGPRMA）である。TCS はタタ・スティールの工場がある同県最大の都市、ジャムシェドプルを拠点に、指定部族のへのコミュニティ・サービスを行う企業の社会的責任（CSR）活動団体である。こちらでは7000人ほどの生徒が学び、TCS からは講師へ月々3300ルピーが支払われている。しかし運営開始から日が浅く、ルールや謝礼などが頻繁に変更され、まだ不安定な状態である。講師への報酬は ASECA が無償、GGPRMA の教室でも小額で安定しているとは言えず、講師たちはボランティア精神で地域の人々へのオル・チキの指導に当たっている。

　平日は公立・私立学校の教師をしている講師が多く、参与観察をした教室でも、生徒の注意を惹きつける指導や、適格な課題の出し方など、熱意や教育経験が豊富であることが伝わってきた。生徒たちは、初級クラスでは歌を歌ったり、部族の詩を唱和したりして、サンタル語そのものに親しむことに焦点を当てていた。対して中・上級クラスでは、文章レベルの読み書きを学び、講師による板書の間違いを、すかさず複数の生徒が指摘するなど、週末だけの学習であるにもかかわらず、しっかりとした識字能力が身についていることがうかがわれた。

　オル・チキの識字活動は、部族の言語伝承活動であると同時に、まったく新しい文化活動でもある。農村の40代以上の人たちは学校教育を受けられず、

サンタル語、ヒンディー語によらず非識字者が珍しくはない。また年配の有力者や知識層でもオル・チキを学ぶ機会がなく、読めない人も多い。オル・チキ教室で使う教科書開発に加え、オル・チキの新聞、ニュースレターや雑誌などの定期刊行物も、部族団体が中心になって発行している。新聞の発行部数は約1000部と少ないが、ヒンディー語のメディアでは取り上げられない、部族の人々の生活や文化、政治家の部族に関する発言などについての記事が掲載されている。「ナワ・タラス（新しい光）」と名づけられた雑誌には、オル・チキ教室の講師や学習者たちが自作の詩や物語を寄稿しており、現代を生きる若者がサンタル語で創作活動を行っている。部族の文字を学ぶこと、文字表記された部族の伝承文芸を読むこと、印刷物の流通があまりない農村で定期刊行物の発行に関わること、オル・チキを使って創作活動を行うことそのものが、部族の文化の中では革新的な出来事なのである。オル・チキ教室関係者の中には初等教育でのサンタル語の導入や、高等教育でのサンタル文化や言語の教育研究を充実させる文化振興を訴えるなど、より政治的な発言をする者も少なからずいた。

　農村に住む ASECA の男性オル・チキ講師によると、オル・チキ学習熱は高まる一方で、ここ数年は多くのサンタル族の子どもや若者が教室で学び、サンタル族以外でも、教養として学ぶ人が増えている。ただ先述のアンケート結果を参照すると、オル・チキ教室に通ったことのある者は5人に1人に留まり、関係者とそれ以外の人々との間での意識の差があることも推測された。

むすび

　現地調査から、サンタル語の保持活動には、「伝承」と「変革」の一見相反する両面があり、多くの地域の人々が活動の中心となっていることがわかった。ジャールカンド州東スィンブーム県では、サンタル語とヒンディー語の間には、社会的地位という点で階層性が見られた。しかし農村の私的領域では、若い世代でもサンタル語を話し、サンタル語を高いレベルで保持している。家庭内ではほぼ部族語のみが話されており、Fishman (1990) の言葉を借りると、世代間のコミュニケーションを通じて部族言語が伝承され、聞き取り調査でもサンタル語に関する否定的な発言はなかった。草の根レベルでの保持の活動も盛んで、地域の人が主体となってオル・チキ教室が開かれ、主に初等から高等教育の学

生がサンタル語の識字を学んでいた。教室には公的な支援はなく、メンバーが支えあう部族団体や民間企業の支援を得て運営し、年に一度の試験も開催されている。以前に比べ、オル・チキに対する人々の関心は高まっていて、サンタル語以外を第一言語とする学習者も増えている。

　オル・チキ教育は言語文化の持続を目的とし、一見保守的な「伝統文化の伝承」活動のように思える。しかしオル・チキは近代になって作られた表記法であり、オル・チキを学ぶこと、文字を使って口承文芸を記録し広めることや創作活動を行うことは、サンタル族の人々にとっては新たな試みである。オル・チキで書かれた雑誌も発刊され、現代を生きる部族の人々の声が文字となって掲載されている。このような活動は、多元主義的な価値観、共同体・国家観への転換の可能性を内包している。また言語の保持活動はエリート主義的と批判されることもあるが（Edwards 2006）、調査地でのオル・チキ教育には講師や生徒として多くの地元の人々が積極的に参加していた。

　言語保持は、ともすれば言語を固定化したモノのように捉え、過去から引き継いだままを次世代に伝承することと考えられがちである。しかし言葉は人と人との間で交換されることで立ち現れるもので、社会の変化に合わせて常に新しく更新されている。またコミュニケーションの道具として共通理解を醸成するためには、伝承や標準化と、変化との間のバランスをとることが大切である。そのためにも、言語を共有するさまざまな人たちが、それぞれの立場から行為主体として関われる共通の「場」の存在は、その言語の持続性を高めるのに重要な役割を果たしている。

　農村の若い世代は現在サンタル語を日常的に話しているが、都市化、グローバル化の進むなか、将来の世代にどのようにサンタル語が伝わっていくのか、今後は都市に住む人々も含め、より多くの参加者を対象にした継続的な調査が必要である。またオル・チキ教室の運営に CSR が関わるなど、企業と部族文化の関係性も認められた。大企業による開発と部族との複雑な歴史的背景を考えると、そこには一筋縄ではいかない関係性がある。経済開発と文化持続の関連にも視野を広げ批判的に省察するさらなる研究が求められる。

文　献

Abbi, A. (1995) "Small Languages and Small Language Communities: Language Contact and

Language Restructuring: A Case Study of Tribal Languages in Central India," *International Journal of Sociology of Language* 116: 175-185.

All India ASECA, (n. d.) http://www.allindiaaseca.org/

Bourdieu, P. (1977) "The Economics of Linguistic Exchange," *Social Science Information* 16(6): 645-668.

Crystal, D. (2014) *Language Death*. Cambridge: Cambridge University Press.

Edwards, J. (2006) "Players and Power in Minority-group Settings," *Journal of Multilingual and Multicultural Development* 27: 1, 4-21.

Ethnologue: Languages of the World (2016) http://www.ethnologue.com/language/SAT (Retrieve September 1, 2016)

Fishman, J. A. (1990) "What is reversing language shift (RLS) and how can it succeed?," *Journal of Multilingual and Multicultural Development* 11: 1-2, 5-36.

Fishman, J. A. (2001) "Why is it so Hard to Save Threatened Language," In Joshua A. Fishman (ed.), *Can Threatened Language Be Saved?: Reversing Language Shift Revisited A 21st Century Perspective*, Clevedon: Multilingual Matters Ltd. pp.1-22.

Government of India (2001) Census of India.

Government of India (2013) Statistical Profile of Scheduled Tribes in India 2013.

Government of India (2016) Ministry of Tribal Affairs. http://www.tribal.nic.in/Content/AnnualReportsOtherLinks.aspx (Retrieve April 30, 2017)

Hawkes, J. (2001) *The Fourth Pillar of Sustainability: Culture's Essential Role in Public Planning*. Melbourne: Common Ground Publishing Pty Ltd.

Jhingran, D. (2009) "Hundreds of Home Language in the Country and Many in Most Classrooms: Coping with Diversity in Primary Education in India," In Tove Skutnabb-Kangas, Robert Phillison, Ajit K. Mohanty, and Minati Panda (eds.), *Social Justice through Multilingual Education*. Bristol: Multilingual Matters, pp.263-282.

Khubchandani, L. M. (1983) *Plural Languages, Plural Cultures: Communication, Identity, and Sociopolitical Change in Contemporary India*. Hawaii: An East-West Center Book.

May, S. (2012) *Language and Minority Rights: Ethnicity, Nationalism and the Politics of Language,* Second Edition, New York: Routledge.

Mawdsley, E. (2002) "Redrawing the Body Politic: Federalism, Regionalism and the Creation of New States in India," *Commonwealth & Comparative Politics* 40: 3, 34-54.

Mishra, A. K. (2010) *Tribal Languages and Tribal Language Education at Elementary Level in India*, New Delhi: Lakshi Publishers & Distributors.

Mohan, S. (2004) Tribal Identity and Acceptance of Hindi: A Sociolinguistic Study of Tribals in Jharkhand. Ph.D. Dissertation.

Mohanty, A. (2008) "Multilingual Education in India," In Jim Cummins and Nancy H. Hornberger (eds.), *Encyclopedia of Language and Education*, 2nd Edition, Volume 5: Bilingual Education, New York: Springer, pp.165-174.

Mohanty, A., Panda, M., and Pal, R. (2010) "Language Policy in Education and Classroom Practices in India: Is the Teacher a Cog in the Policy Wheel?" In Kate Menken and Ofelia Garcia (eds.), *Negotiating Language Policies in Schools: Educators as Policymakers*. New York: Routledge: pp.211-231.

Pattanayak B. (2013) *Language Diversity in Jharkhand: A Study of Sociolinguistic Pattern and it's Impact on Children's Learning in Jharkhand.* Ranchi: JTWRI.

Sonntag, S. K. (2002) "Minority Language Politics in North India," In James W. Tollefson (ed.), *Language Policies in Education: Critical Issues*, New York: Routledge. pp.165-178.

The Indian Express (2016) Jharkhand school books to go local: Tribal students to start with text in own languages. January 16, 2016 (http://indianexpress.com/article/india/india-news-india/jharkhand-school-books-to-go-local/, Retrieve September 2, 2016)

The Telegraph (2015) Governor, tribal textbooks in sight- Ethnic kids of Classes I & II to open new page next year November 27, 2016 (http://www.telegraphindia.com/1151127/jsp/jharkhand/story_55256.jsp#.V-NhfjX31_n, Retrieve September 19, 2016)

UNESCO (1995) *Our Creative Diversity: Summary Version.* Report of the World Commission on Culture and Development. (http://unesdoc.unesco.org/images/0010/001055/105586e.pdf., Retrieve January 8, 2017)

United Nations (1987) *Our Common Future: Report of the World Commission on Environment and Development: Our Common Future*

Valdés, G. (2017) "From language maintenance and intergenerational transmission to language *survivance*: will 'heritage language' education help or hinder?" *International Journal of Sociology of Language* 243: 67-95.

Wasson, C. B. (2013) "Rumors of Our Demise Have Been Greatly Exaggerated: Archaeological Perspectives on Culture and Sustainability," *Sustainability* 5: 100-122.

長田俊樹（1994）「インド東部におけるアーディーワーシーの戦い」内藤雅雄編『解放の思想と運動』明石書店、367-410 頁

長田俊樹（2001）「オル・チキ文字」河野六郎・千野栄一・西田龍雄編『世界文字辞典』（言語学大辞典、別巻）三省堂、206-211 頁

野沢恵美子（2017）「理念としての多文化主義と部族語教育の実践——インドの部族言語、サンタル語教育に関する現地調査より」杉野俊子監修、田中富士美・波多野一真編著『言語と教育——多様化する社会の中で新たな言語教育のあり方を探る』明石書店

藤井 毅（1999）「現代インドの言語問題——言語権の保証とその運用実態」『ことばと社会』2号、137-170 頁

宮崎里司（2016）「持続可能性からとらえた言語教育政策——アウトリーチ型ならびに市民リテラシー型日本語教育支援に向けて」『早稲田大学大学院教職研究科紀要』8 号、35-53 頁

第4部

専門分野別言語教育とサスティナビリティ

　第4部では、「専門分野別言語教育とサスティナビリティ」を主テーマに、ビジネス場面、観光場面、そして司法場面における言語サービスの課題や、持続可能な言語政策を目指した提言を含む3章がまとめられている。

　栗飯原は、専門日本語言語教育における、これまでの「ビジネス日本語」の定義を再考し、持続可能性の観点から考察した。とりわけ、日本社会の持続可能性を専門日本語教育の下位分類であるビジネス日本語を例に、社会の変容に対する定義を捉え直し、日本語の変容の要素を探った。

　藤井は、2003年のビジット・ジャパン事業開始（観光立国宣言）後、日本を訪れる外国人観光客のうち、急増している中国語圏（中国・台湾・香港）からの観光客に注目し、観光情報の多言語化の中で、簡体字と繁体字の2種で表記されている中国語による案内表示について、旅行文化の違いなども考慮して受入れ態勢の整備を行う必要があると指摘している。また、観光だけではなく、日本で生活する在留外国人のための多言語対応も再考しながら、持続可能な多言語対応・多言語サービスにも触れている。

　中根は、「司法手続における言語権と多文化社会」と題し、日本の司法手続における言語使用と言語権について、他国の例と比較し検証した。その上で、移民が、受入れ社会の市民と人権を尊重し合い共存していくための言語政策、さらには、持続可能な地球社会における、グローバルな視点からの言語政策への提唱を試みた。

第11章

変容する社会における専門日本語言語教育とは
—— ビジネス日本語定義の再考から見える
　持続可能な専門日本語教育

粟飯原志宣

要　旨

　現在、世界はグローバル化し、個々の社会は多言語・多文化化が進んでいる。こうした社会の変容に伴い、言語はどのように変化していくのであろうか。本章では日本社会の持続可能性を専門日本語教育の下位分類であるビジネス日本語を例に、社会の変容に対すべく定義を再考し、日本語の変容の要素を探る。

はじめに

　筆者は1998年より、海外の高等教育機関や生涯教育機関において日本語教育、特に「ビジネス日本語」と呼ばれる専門日本語教育領域に携わってきた。2013年よりビジネス日本語研究会の幹事を務めているが、そこで耳にする問題は1998年から変わっていない。それは「ビジネス日本語とは何か」という素朴な疑問であり、ビジネス日本語教育に携わる者なら一度は抱く疑問である。1998年より2017年の現在まで、この疑問が払拭されていないのは、ビジネス日本語研究が「ビジネス日本語の多様性」ということばの下、学術的レベルの理論構築と教育内容に対する精査と分類を怠ってきたことを示唆する。

　「ビジネス日本語」「ビジネス・ジャパニーズ」という用語は、1960年代にすでに登場し、現在に至るまで、多くの先達たちにより使用され、すでに用語として定着した感がある。しかし、その内容に至っては、春原（2010）は『日本ビジネス・ビジネス日本語研修事例集』において、「『ビジネス日本語』には、かなり現実的、実際的な就職支援に関するものから、日本社会・文化等への理解、更にその適応に関するものまで、幅広い内容が含まれ、『ビジネス日本

第4部　専門分野別言語教育とサステナビリティ

語』という名称では不自然さを感じるほどであり、今後、この用語の見直しが必要かもしれない」と述べているように、研究者ごとの定義が存在し、一定の共通理解が認知され、浸透した段階にあるとは言いがたい。

　定義の代表的なものに『応用言語学事典』(2003) の「ビジネス・ジャパニーズ」の詳述がある。そこには「日本のビジネスの場で日本人とのビジネスを達成するために、日本のビジネス・コミュニケーションの在り方を踏まえて使用される日本語の理解とその運用」とある。ここから、辞書編纂時のビジネス日本語モデルは、日本あるいは日本語文化圏の社会文化が無批判に採用されたコミュニティ内のビジネス接触場面において使用される、日本語母語話者間のコミュニケーションスタイルを主とした日本語というイメージであったことがうかがえる。

　しかし、辞書が編纂される以前より、ビジネス日本語は、日本国内だけではなく、海外でも使用されてきた。また現在、日本語を使用するのは日本語母語話者だけではなく、共通言語が日本語である外国人同士の間においても使用されるケースも増えている。

　また、モデルとなったビジネス日本語が話されてきた日本社会も日本語母語話者がほとんどを占める単一民族社会から、さまざまな在留資格を持つ外国人がさまざまな外国語を話しながら生活し、地域によっては文化背景を共有する外国人がコミュニティを形成して生活している多言語・多文化社会に変容しつつある[1]。これまで外国人とのコミュニケーションは、海外と関係のある限られた日本人だけのものという発想が多数を占めてきたように思われる。しかし現代において日本語母語話者は、日本国内、しかも都会だけではなく地方においても、多様な外国人と、外国語や日本語でコミュニケーションをとらざるを得ない時代に生きていることを自覚しなければならない。

　こうした現実とはかけ離れたところに存在する従来の定義のもと、国内のみならず海外のビジネス日本語接触場面においても、日本語文化圏のビジネス・コミュニケーションのあり方をそのモデルとして、ビジネス日本語教育が行

1　筆者は1993年から2012年まで香港に滞在したが、上級ビジネス日本語コースを担当した1998年当時、学生全員が業務で日本語を使用していた。また2012年、日本の上場企業の国際部に勤めるスペイン人学生は、国籍が多岐にわたる部員（中国、タイ、インドネシア、シンガポール等）の間で日本語がリンガフランカであったと述べている。

第11章　変容する社会における専門日本語言語教育とは

われてきた。日系企業が発展途上国に進出した場合など、経済の力関係が作用する現実のビジネス接触場面では、日本語文化圏の優位性は避けがたい事実ではある。しかし、異文化間コミュニケーションの視点から言えば、決して望ましいものではない。少なくとも研究者としては、現実の不均衡を踏まえつつも、日本語文化圏のビジネス・コミュニケーションスタイルを海外でもモデルとして教育とすることには問題があると指摘する必要があった。しかし声が上がらなかったのは、こうした「ビジネス日本語」という用語の定義の曖昧性が要因であり、ビジネス日本語教育理論の脆弱さを示唆する。

　我々が生きる現在の日本社会はさまざまな要素により大きく変化しつつある。言語のあり方もその要素の一つであろう。筆者は変容する日本社会が、漠然とした表現ではあるが「よい社会」であることを望み、日本語はその持続可能性の大切な要素の一つであると考えている。

　本章では、専門日本語のうち、社会活動の一大要素である経済活動に関わるビジネス日本語を事例とし、まずは「ビジネス日本語とは何か」という疑問に答えることで、変容する日本社会にふさわしい専門日本語教育の枠組み理論に対する一考を目的とする。

1．ビジネス日本語の定義

　筆者は言語教育を、社会言語学の枠組みの中で捉えている。すなわち、言語教育は、社会の一員が、特に特定の社会に適合するために発生する社会化の過程にあると考えている。この枠組みからビジネス日本語教育を考えると、「日本語母語話者間のビジネス・コミュニケーションの在り方」や「日本の企業文化」に向いていた視点は、まず、ビジネス日本語が使用されビジネス場面が具現化する場である「社会」との関係を明らかにすべきであることがわかる。その上でビジネス日本語の定義を論じるべきであると考えられる。この枠組みからビジネス日本語の定義を再考すると、従来のビジネス日本語モデルでは、多様化する日本社会におけるビジネス接触場面に対応できないことが見えてくる。そこに新しいビジネス日本語の定義の必要性が存在する。本節では、従来の定義と本章における定義の違いを扱うが、1項では、ビジネス日本語モデルにおけるアクターの変容について述べる。2項においては、アクターがビジネス日本語を使用される場（社会）の変容に着目して述べる。3項では、本節のまと

183

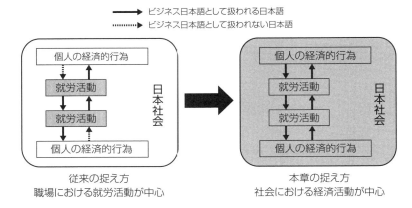

図1　ビジネス日本語に関わる人々・場の解釈
出所：筆者作成

めとしてビジネス日本語の定義について述べる。

1）ビジネス日本語モデルにおけるアクターの変容

　図1は、ビジネス日本語と言われる日本語が、誰がどこで使っているものなのかを従来と本章での定義の違いを表わしている。従来、ビジネス日本語に関わる人（アクター）は、オフィスのような「職場」において「就労活動」にある者のみをイメージしてきたと思われる（図1の左側）。例えば、銀行の行員同士の会話はビジネス日本語として容易に認識される。一方、顧客と話す行員の言語行動は、就労活動という業務上の言語行動であるため、ビジネス日本語とみなされる。しかし、その行員と同一接触場面の参加者である預金者の言語行動は、就労活動ではなく、社会にあっても私的な日常生活における経済活動であるためにビジネス日本語ではなく、「生活日本語」や「地域の日本語」といった専門日本語の一つに分類されてきた。同じ接触場面でありながら、片方はビジネス日本語、片方は生活日本語に分類され、共通場面における日本語の教育内容がそれぞれの専門分野で個々に開発されてきた。筆者はこの事実に長い間違和感を覚えてきた。教育内容として同一接触場面の言語行動を、共通した教育内容として統一するために、本章においては、ビジネス接触場面におけるアクター（ビジネスに関わる「人々」）とは、就労活動に携わる者だけではなく、

第 11 章　変容する社会における専門日本語言語教育とは

日本社会で生活するために市民リテラシー[2]を発揮し、さまざまなビジネス日本語に対処して行かなければならない市民でもあると考える。ビジネス日本語が使われる場は職場も含めた社会そのものに拡大する（図1の右側）。ビジネス日本語モデルのアクターと場の拡大により、これまで「ビジネス日本語」と、「生活日本語」や「地域の日本語」、その他の専門日本語教育に共通しているにもかかわらず分離していた教育内容は、理論上統合されることになる。しかし、「ビジネス日本語」と他の専門日本語教育の内容がすべて統合されるわけではない。各専門日本語教育に共通するにもかかわらず、各専門日本語教育がそれぞれ単独で扱ってきた「日本社会における市民リテラシー」に関わる言語活動の多くが統合されるだけで、各種の就労活動に必要な専門的な日本語表現や語彙、業界文化に応じた内容は、そのままそれぞれの専門日本語教育領域に存在する。つまり、専門日本語教育においては、それがある社会における言語活動である限り、すべてに共通するものと、それぞれの特徴をなす教育内容と、2種類あることになる。本章においては前者を社会の一員として必要な基本的な日本語という意味から「社会人基礎日本語」と称する。

　ビジネス日本語モデルのアクターが、就労活動を行う者から、日本で生活するために経済活動を行う市民に拡大することにより、ビジネス日本語モデルの場も自ずと変わる。従来モデルでは、就労活動が行われる場つまり日本にある企業で行われるビジネス・コミュニケーションが、ビジネス日本語教育のモデルとなってきたが、本章においては日本社会そのものがビジネス日本語モデルの場となる。次項においては、ビジネス日本語モデルの場が日本の職場（就労活動の場）から、日本社会に拡大されることにより、従来とどのような違いが

2　市民リテラシーとは、「市民生活に必要な能力」であり、この場合の社会とは「民主主義社会」を指す。その実現を促すための教養とも言える。民主主義社会が実現される社会に必要な市民リテラシーは、既存、特定の規範・価値を習得して内在化させるものではなく、個々人が自らの規範・価値観を形成していくものであるとする。「道徳教育」との違いは、それが「価値伝達の教育」であるのに対し、市民リテラシー教育は各人の価値観の形成を促す機会提供の教育である。市民リテラシーを支えるのは批判的思考能力であるが、その基盤には説明を能動的に聞くこと、特に明確化するために問いを出し、論理的に考え、価値に基づいて意思決定をする批判的思考の能力、態度、スキルが重要だとしている。さらに、専門家には、これらの能力を土台にした専門能力と市民への対話力を含む高次のリテラシーが必要と考える（楠見 2008）。

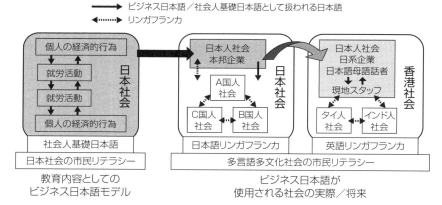

図2　ビジネス日本語が使用される社会の変容
出所：筆者作成

見えてくるのかについて述べたい。

2）ビジネス日本語が使用される場（社会）の変容

　前項においては、ビジネス日本語モデルのアクターは就労活動に携わる者のみならず、生存するために私的経済行動を行う<u>日本社会の市民</u>であるという新しい解釈を提示した。本項では、日本語ビジネス接触場面の場の変容が、ビジネス日本語モデルの形成にどのような影響を及ぼすのかについて述べたい。

　まずは、日本社会の変容について述べる。従来ビジネス日本語が使用される「社会」は、図2の左側のように日本語母語話者を主体とする日本語文化圏であった。ビジネス日本語接触場面のアクターが、主に日本国内の日本語母語話者と限られた日本語学習者であったため、「日本語文化圏のビジネス日本語」がモデルとなってきた。モデルが形成された日本社会には、市民リテラシーを発揮し社会生活を送るために日本語母語話者により長い時間をかけて形成されてきた「社会人基礎日本語」が存在していたと考えられる（図2の左側）。その当時から、海外の日本語母語話者と日本語学習者、あるいは場所を問わず母語の異なる日本語学習者同士もアクターとして存在していたと思われるが、少数であったためビジネス日本語のモデルとして想定されていなかった。それは、日系企業の進出先において日本が経済力において有利に立っていたこと、日系

企業は進出先においても日本社会の企業文化を優先させる方針であったこと、そして赴任した駐在員には日本語以外の言語能力があまり求められなかったことなどを背景に、従来のビジネス日本語モデルは海外のビジネス日本語教育にも無批判に導入された。

しかし、日本社会は昨今急激な変化を見せている。またビジネス日本語を使用する場（社会）も、日本社会のみならず、日系企業が進出する国外のグローバル社会の両方に拡大している。図2の右側にある「日本社会」と「香港社会」がそれを示す。本章においては、「日本社会」に対する「国外のグローバル社会」の具体例として筆者が20年間滞在した「香港社会」を取り上げる。日本社会は過去においては図2の左側が示すような日本語文化圏が単一で存在するような社会であったと考えられる。日本社会の市民リテラシーは社会人基礎日本語により力を発揮していたであろう。しかし現在はさまざまな在留資格を持つ外国人が増加し、その絶対数はまだ少ないにしても、日本語以外の言語文化圏の言語行動を背景とするコミュニティが形成されつつあると言えるのではないだろうか[3]。そうだとすれば、日本社会はもはや日本語母語話者の単一社会ではなく、さまざまな言語文化圏のコミュニティが複数存在する「多言語・多文化」日本社会へと変容していると言えるのではなかろうか（図2の右側の日本社会）。では、そこでの言語活動はどのような様相を示すのであろうか。

日本は憲法において公用語[4]を規定していないが、「裁判所法」第74条には「裁判所では日本語を用いる」とあるように、実質的には日本語が公用語としての機能を果たしている。身近で言えば、市役所などで公的に使用が認められる言葉が公用語であり、日本で生きていくためには日本語を理解する必要がある。日本語を理解できなければ市民リテラシーは発揮できないことになる。日本社会において、市民リテラシーを発揮する際の言語として、日本語以外が日本語に取って代わる可能性は低いであろう。そう仮定した上で論を続ける[5]。従来、市民リテラシーを発揮する日本語とは日本語母語話者間で醸成されてき

3　筆者の自宅がある新潟県上越市の中国人介護士や、コンビニでときどき見かけるタイ人と、オランダ人である筆者の夫のリンガフランカは日本語である。

4　堀田（2015）を参照。さらに公用語は「国家、官庁などの国家機関、公的団体などが、対外的・対内的にその使用を公的に認めている言語」（『言語学大辞典』1996）と定義される。

た社会人基礎日本語がその基礎にあるが、外国人が公用語として使用する日本語は社会人基礎日本語を基礎としてはいても、それそのものではない。筆者が言いたいのは、これまで日本社会では、社会人基礎日本語でコミュニケーションをとってきたが（図2の左の日本社会）、今後在留外国人の増加に伴い、共通語としての日本語でコミュニケーションをとることになろうということである。さらに多言語・多文化化が進むと、日本社会において母語を異にする外国人同士が共通語としての日本語でコミュニケーションをとり始める。この「母語としての日本語」が介在しない所で醸成される日本語が日本語リンガフランカである。日本語リンガフランカが形成され始め、外国人のコミュニティがより増加すると、日本社会における社会人基礎日本語の地位は、日本語リンガフランカの形成に影響を与える一要素にすぎなくなるかもしれない。日本語リンガフランカの基礎は社会人基礎日本語であるが、その形成過程における取捨選択は決して日本語母語話者には委ねられないのである。庵（2016）が提唱する「やさしい日本語」は日本語母語話者が考えた非日本語母語話者にわかりやすい日本語であるが、日本語リンガフランカではない。しかし、日本語母語話者がこうした非母語話者にわかりすい日本語をという視点から、日本語を捉え直し始めた事実は、日本の社会構造の変容に伴い、社会人基礎日本語が非日本語母語話者の日本語に影響を受けていることを示唆する。この国内における一例を見ても、言語は母語話者のものではなく、そこに住む人々のものであることがうかがわれる。多言語・多文化化が進むと、社会人基礎日本語は日本語母語話者だけではなく在留外国人の日本語、すなわち日本語リンガフランカに影響を受けるようになろう。

　また、影響は国内からだけではない。日本語リンガフランカは海外からも影響を受ける。海外において、社会人基礎日本語の使用が期待されるコミュニティは、その社会のほんの一部にすぎない。図2の「香港社会」を見るとそれがわかる。香港社会では中文と言われる中国語と英語が正式な公用語である。香港はさまざまな文化背景を持つコミュニティが多数存在する多言語・多文化社会である。そこではさまざまな文化背景を持つ人々が英語をリンガフランカ

5　公用語として英語を採用しようという英語公用語論がある。これは1872年の森有礼に始まるが、現時点ではその実現可能性や文化の根本問題に対する配慮から、多くの反論を経て、現在その勢いを失っている（尾崎2005）。

としてコミュニケーションをとっている。香港は広東語文化圏であるが、広東語はその母語話者間の口語のための言語という地位にあり、主たる経済活動は英語によるコミュニケーションを基礎にしている。香港社会における日本語ビジネス接触場面のアクターは、(1)日本語母語話者と香港の日本語学習者、または(2)日本語学習者同士である。日本語リンガフランカは海外からも影響を受けると言ったのは、特に(1)の場合である。日本語母語話者は香港のビジネス日本語に社会人基礎日本語を持ち込むが、学習者とのかかわりの中で変容し[6]、香港の学習者の来日や駐在日本人の帰国とともに、いずれ日本国内に持ち込まれ、社会人基礎日本語にも影響を及ぼすことになるであろう。香港の英語リンガフランカの中で取捨選択された日本語母語話者の社会人基礎日本語は、日本社会に引き出されたときにも、おそらく日本語リンガフランカとして残る要素となるのではないかと思われる。香港社会の日本語コミュニティの中で変容する社会人基礎日本語は、将来の日本社会の日本語リンガフランカの姿を先取りしていると言えるのではないだろうか。

　以上、日本の社会構成の変容に伴い、ビジネス日本語モデルは、従来の社会人基礎日本語が市民リテラシーの基礎であった日本社会から、日本語リンガフランカが市民リテラシーの基礎となる日本社会へと変容し、これまで無視されてきた海外のアクターたちがビジネス日本語モデルに大きな影響を及ぼす存在としてその価値を認められるようになってきたと言えるのではなかろうか。

3) ビジネス日本語の定義

　1項と2項では、ビジネス日本語アクターと、日本社会の大きな変容は、ビジネス日本語モデルの形成において、大きな影響があることを認識し、それに合わせ、モデルも変化しなければならないと述べてきた。こうしたビジネス日本語を取り巻く環境の理解の上に、本項においては、本章におけるビジネス日本語の定義について述べたい。本章において筆者はビジネス日本語を「日本社会で生存する者として必要な日本語のうち、その生を支える最も典型的な活動である経済活動（ビジネス）に関わる日本語」と定義する。ここでいう「日本社会」とは、多言語多文化社会に変容しつつある社会であり、「生存する者」

6　粟飯原（2012）では、日本語母語話者ビジネスパーソンのメールの件名の選択基準が、異文化体験を経て変容することを調査している。

第4部　専門分野別言語教育とサスティナビリティ

とは使用言語の如何にかかわらず、そこで生活を営む市民を意味する。市民生存のためさまざまな活動を行い、社会人基礎日本語を使って社会生活を充実させていく。その中で特に経済活動に関わる日本語がビジネス日本語であると定義する。では、「経済活動（ビジネス）」とはどのようなものであろうか。

「ビジネス」はそもそも経営学における専門用語であり、専門分野においてもはっきりと定義されているわけではない。本章においては片岡（1994: 45）に従い、「ビジネス」を「一定の目的（利潤目的、公共目的など）と計画によって、人間の社会生活に必要な商品やサービスを、一定の主体（個人、法人）が継続的に提供する経済的活動を事業（business）という」とし、「ビジネス」に関わる日本語教育全般を「ビジネス日本語」と定義する。上述の中にある「人間の社会生活」に視点を移し、市民リテラシーや社会人基礎日本語との関係から定義すると、「日本社会における市民生活に必要な能力（市民リテラシー）のうち、その生を支える最も典型的な活動である経済活動に関わる日本語」をモデルとした日本語教育分野とも言い換えられる。

このように定義されたビジネス日本語は、本章の専門日本語教育の下位分類の中、社会人基礎日本語との関連において、どのような位置にあるのであろうか。2節においては専門日本語教育におけるビジネス日本語と社会人基礎日本語の位置をイメージにまとめてみたい。

2．専門日本語とビジネス日本語

ビジネス日本語は専門日本語あるいは目的別日本語教育と呼ばれるものの下位分類である。本章はビジネス日本語の定義に関する論考であるが、前節において筆者はビジネス日本語には、他の専門日本語と共通する「社会人基礎日本語」があると述べた手前、専門日本語の分類の中で社会人基礎日本語やビジネス日本語がどのような位置にあるのかを体系的に述べる必要がある。また、ビジネス日本語をはじめとした専門日本語教育の各下位分類には、社会人基礎日本語の他に、専門にまつわる日本語があると述べた。つまりすべての下位分類は「社会人基礎日本語＋ α（ビジネスといった専門性）」で構成されていると表現できる。では、αに当たる部分はどのようなものであろうか。そこで筆者はαに当たるものをイメージするために、専門日本語の分類図を試作した。それが図3[7]である。図3は、専門日本語教育の分類に影響を与えている ESP 理論[8]

第 11 章　変容する社会における専門日本語言語教育とは

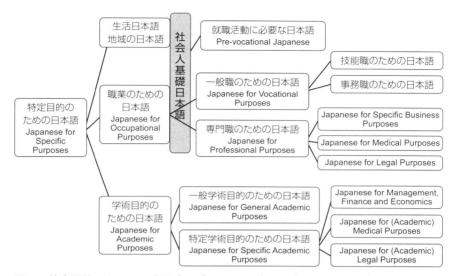

図3　特定目的のための日本語（JSP）における専門日本語の分類図（粟飯原試作）
出所：ESP 理論を参考に筆者作成

を援用し作成した。現時点では、目的別日本語教育の下位分類として「生活日本語」「職業のための日本語教育」「学術目的のための日本語」の 3 つを想定し、「生活日本語」と「職業のための日本語」の基底部に社会人基礎日本語を配置した。その下位分類が a に当たる「専門にまつわる日本語」である。この分類により、これまで「職業のための日本語」と分離されていた「生活日本語」は、社会人基礎日本語を通じて直接つながり、a 部分とも緩やかにつながることになる。また、「専門日本語」という用語は広義では「特定目的のための日本語」、狭義では「専門職のための日本語」と「特定学術目的のための日本語」の 2 つを含む。図 3 においては、その意味するところの違いがはっきりとわかる。

7　図 3 の詳細説明、例えば大概念「特別目的のための日本語」とは「一般的目的のための日本語」に対する分類上の概念であるとか、使用している専門用語に対する ESP 理論の影響などの説明が必要であるが、本章では、紙幅の都合にて、割愛させていただく。
8　ESP 理論：Dudley-Evans & St John（1998）による ESP（English for Specific Purposes）理論は、目的別日本語教育（専門日本語教育）の分類に大きな影響を与えているが（佐野 2009）、その詳細について述べている論考は少ない。

第4部　専門分野別言語教育とサスティナビリティ

　では、*a*としてのビジネス日本語はどこに位置するのであろうか。これまで一般的に「ビジネス日本語」と言われてきた日本語の主要なテキストを見ると、「謝罪」「依頼」「断り」など日本語文化圏の言語行動にまつわる内容が多くを占め、社会人基礎日本語がビジネス日本語として重要であることがうかがえる。そして「社会人基礎日本語＋一般職のための日本語（事務職のための日本語）」と「社会人基礎日本語＋専門職のための日本語（ビジネスのための日本語）」の両方を含んだ総称であったと思われる。そして後者、特に経済、経営、金融、医療関連などは、特別学術目的のための日本語と直結する場合も多い[9]。この分類図は、それぞれの日本語教育の具体的な内容を完全に分類しようという趣旨のもとで試作したのではない。筆者はビジネス日本語教育に携わる者が、自分の教えるビジネス日本語が、概念的にどこに位置するものであるのかを整理するときに役立ててほしいと願い試作したものである。

　*a*の存在価値は、社会における経済活動の中で初めて認められ、社会の様相は、前節で述べてきたように、構成員である人々の変化により変容する。また、社会の様相はその大枠を運営しているさまざまな政策からも大きな影響を受ける。次節においては、専門日本語教育の一つであるビジネス日本語と言語政策について、持続可能性という視点から述べたい。

3．専門日本語と言語政策

　河口（2006）は、持続可能性には、「（人類が生存可能な）地球環境」という生態学的な側面と、「人類が今までに構築した文明社会・社会システム」という社会システムの側面があり、人類が生存し続けるには双方持続が必要であると述べている。本章は、専門日本語について後者の側面から考える。

　社会の持続性を考えるときのキーワードは「人権」である。「人権」とは、「人類社会のすべての構成員の、固有の尊厳と平等で譲ることのできない権利」（世界人権宣言）であるが、現実社会において、現代の日本人にとっては自分が生存する社会で、「当たり前とされる生活基盤」[10]が保障された上での社会的権利であると思われる。

9　ESP理論においても金融や医療等の特定のESAP（English for Specific Academic Purposes）とEPP（English for Professional Purposes）は直結するとある。

この人権をキーワードにした持続可能性を、本章のテーマである専門日本語に落とし込んで考えてみると、それはビジネス日本語が使用される「グローバル化の進展する国際社会と、多言語・多文化化が進む日本社会は、持続可能であろうか」ということではないだろうか。市民リテラシーの発揮には言語が必要である。つまり人権を行使するには、言語が必ず必要であり、現在の日本において、その言語の基礎は社会人基礎日本語であろう。しかし、多言語・多文化化が進めば、社会人基礎日本語を学んだ外国人によって取捨選択された日本語リンガフランカが人権行使の言語へと移り変わっていくであろう。外国人に取捨選択されるのは、言語形式だけではなく、外国人がよいと思った日本語文化圏の社会言語行動も含まれる。言い換えると日本社会の持続可能性は、外国人が継承したいと思われるよい社会言語行動がどれだけ存在しているかという日本に定住する外国人の視点に影響を受けることを示唆する。日本らしさや、日本の良さの持続可能性は外国人定住者に左右されるとも言えるのかもしれない。

　日本語の将来を左右する定住外国人であるが、これらに影響を及ぼすのは個人であるよりも、政策の影響が大きい。社会は個人の集合体である。物理的なものばかりではなく、個人の意志また、それが集合し、世論として存在する場合もある。個人の意志が社会を左右することもあるが、政府が集合意思として政策を打ち出すこともある。

　では、専門日本語教育に関わる政策にはどのようなものがあるのか。筆者がビジネス日本語教育に関わるなかで身近であった2つについて述べようと思う。一つは厚労省による技能実習制度、もう一つは経産省による高度人材に関わる政策である。

1）国内の専門日本語政策（厚労省）

　厚労省は、国内の労働力不足という喫緊の課題を解決するために、技能実習

10　河口（2006）では「当たり前の生活基盤」として「人が生まれて、安全な住居で保護されて育ち、教育を受け、必要に応じて医療サービスを受け、就業年齢に達すると自分で選択した職業に就き、自由意志で結婚し、住居を構え、参政権をもち、休日には映画を鑑賞し、スポーツやショッピングを楽しみ、老後の生活のために年金に加盟する」と述べている。これは市民リテラシーを発揮して享受すべき市民生活と共通する点が多い。

生という制度を利用し、短期的な解決を図ろうとしている。実習生の長期滞在化は視野に入れていない。本件に関わる日本語教育は、「受け入れる法制は整備したので、実習に必要なコミュニケーションツール、すなわち日本語教育は企業のほうでやるように」という投げ出された状態にある。

　現在、技能実習生の形で短期滞在者が激増している。そうした現状下、日本は移民先進国であるドイツやオランダ、フランスから学ぶことは多い。これらの移民先進国が実施してきた移民政策とその結果である現在の状況、例えば短期の単純労働者として入国した者のうち、長期の定住者にシフトした者が想定外に多く、さまざまな社会問題が言語の問題から発展したと言われる。こうした移民先進国の例から学べば、現在日本政府が民間に投げ出された日本語教育の部分に大きな予算を投じなければ、同じ轍を踏むことは明らかである。

　厚労省には法制の整備だけではなく、将来を見据え「長期外国人定住者と共生していく日本」というビジョンのもとで、どうすれば彼らの人権を侵すことなく、日本語文化圏のよいところを保持した日本社会を持続できるのか、その方法の模索が求められている。

　現在起きている技能実習制度にまつわる問題は、政界と財界にはすべて織り込み済みのレベルであり、制度改正には相当に苦労すると言われている。そこで現状できることは、技能実習を受けている企業の方を変えることである。まず、(1)しっかりと本来の人材育成を行い、それから(2)育成できた人材を数年で帰国させてしまうという矛盾を解決できるように働きかけることではないか。しかし国内の国民に対する派遣3年切りを見ていると、短期外国人労働者に対する配慮が行われる可能性は低いと予想される。

2）国内の専門日本語政策（経産省）

　経産省では一般財団法人海外産業人材育成協会（HIDA）を通し、高度人材育成日本語教育プログラムへの予算が投じられている。日本にとって望ましい外国人定住者である高度人材候補の囲い込みである「留学生30万人計画」とビジネス日本語教育の関連の強さを考えれば、ビジネス日本語政策は存在しなかったとは言えない。アジア人材資金構想のコンソーシアムなどは、言語政策主導によるビジネス日本語教育に当たると思われる。しかし予算をばらまき実施したプログラムをまとめた事例集を見ると、どのような人材を育成するのかという軸が見られず、ただ「やってみた」という印象の事例もある。それは

第 11 章　変容する社会における専門日本語言語教育とは

経産省におけるビジネス日本語教育政策として、日本が欲しい「人材育成モデル」が曖昧であったか、また、こうした人材が日本社会に大きな影響を与えることが、十分周知されなかったからではなかったのか。

　以上、厚労省、経産省の政策を受け、現在日本では定住者が増加傾向にあり、先に述べたように技能実習生の形で短期滞在者が激増している。そうした現状、日本は移民先進国から、発生した社会問題を先例として学ぶことは多々あろう。海外の事例を注意深く調べ、日本の進むべき道を照らす光を見つけなければならない。そのためには、我々が希望する社会、国家の像を描く必要がある。

　昨今の難民関連問題、パリの事件などで、世界的に移民については、ハードルが上がったと言われているが、諸々考えるとやはり「どういう社会を創っていくのか」という議論とビジョンを抜きに、教育は存在し得ないのではないかと思う。言語政策は、日本社会の言語、すなわち、経済に直結するビジネス日本語や、社会に直結する専門日本語、そして市民リテラシーを支える社会人基礎日本語に大きな影響を与える。政策により社会の変容が起き、その持続可能性にも大きな影響を与える。言語政策から目を背けてはいけない理由はここにあると筆者は考えている。

まとめ

　ビジネス日本語は、従来、海外における日本関連経済活動、あるいは日本における海外関連経済活動に使用される日本語が主流であり、海外人材と言ったときには必ず外国と日系企業が取り沙汰されてきた。しかし、第 1 節 2 項でも述べたように、現在国内に定住する非日本語母語話者は、日本人一般市民と同様に、一市民として個人的経済活動や就職先でのビジネス接触を行うようになりつつある。したがって、経済活動が市民リテラシーの重要な地位を占める限り、ビジネス日本語教育はグローバル化した日本経済と、安定した日本社会の保持のために必要であり、同様にビジネス日本語の上位概念である専門日本語の基底部にある社会人基礎日本語は欠かせない教育分野であると思われる。

　本章においては、まずはビジネス日本語のアクターをビジネスマンから市民まで拡大し、次にビジネス日本語モデルを日本社会の日本語母語話者だけではなくグローバル社会で日本語を使う日本人と、日本で日本語を使う非日本語母語話者も含めなければならないと考えた。また、ビジネス日本語を含む専門日

第 4 部　専門分野別言語教育とサスティナビリティ

本語の基底部には社会人基礎日本語があり、これが市民リテラシーを発揮させるツールであると述べた。社会人基礎日本語に内包される日本語文化圏の社会文化行動がどれだけ多言語・多文化化した日本社会で使われる日本語リンガフランカとして淘汰されるかにより、日本社会の様相が決まる。そして、日本語リンガフランカの形成に影響を与える非日本語母語話者定住者の質には、言語政策を含んださまざまな政策が、大きな影響を与えるのである。

　日本社会の持続可能性を考えるとき、我々研究者は政策から目を背けることはできないのである。

文 献

Dudley-Evans, Tony and Maggie Jo St John. (1998) *Developments in English for Specific Purposes. A Multi-Disciplinary Approach.* Cambridge University Press.

粟飯原志宣（2012）「ビジネスメールの件名に探る日本語母語話者の言語行動の選択基準——本音と建前：『問い合わせ』か『謝罪』か」日本語教育研究学会秋季大会予稿集

庵 功雄（2016）『やさしい日本語——多文化共生社会へ』岩波新書

尾崎哲夫（2005）「英語公用語論に関する一考察」『Kansai University, Forum for Foreign Language Education』4 号、11-21 頁

片岡信之編著（1994）『要説　経営学』文眞堂

亀井 孝・河野六郎・千野栄一編著（1996）『言語学大辞典』三省堂

河口真里子（2006）「持続可能性『Sustainability サスティナビリティ』とは何か」『経営戦略研究』9 号（夏季号）、30-59 頁

経済産業経済産業政策局産業人材政策室（2013）「『アジア人材資金構想』事業結果まとめ（平成 19 年度～平成 24 年度）」

小池生夫編集主幹（2003）『応用言語学事典』研究社、836 頁

財団法人海外技術者研修協会（2010）「日本ビジネス・ビジネス日本語研修事例集」（http://www.aots.jp/jp/project/nihongo/asia/r_info/pdf/h21_jireishuu.pdf, 2011 年 12 月 2 日閲覧）

佐野ひろみ（2009）「目的別日本語教育再考」『専門日本語教育研究』11 号、9-14 頁

独立行政法人 労働政策研究・研修機構（2015）「諸外国における外国人受け入れ制度の概要と影響をめぐる各種議論に関する調査」労働政策研究・研究機構資料シリーズ No.153（http://www.jil.go.jp/institute/siryo/2015/153.html, 2015 年 12 月 5 日参照）

堀田英夫（2015）「スペイン語圏諸国と日本の公用語規定」『愛知県立大学大学院国際文化研究科論集』16 号、1-22 頁

宮崎里司（2011）「市民リテラシーと日本語能力」『早稲田日本語教育』8・9 号、93-98 頁

文部科学省（2008）「『留学生 30 万人計画』骨子の策定について」（http://www.mext.go.jp/b_menu/houdou/20/07/08080109.htm, 2012 年 7 月 1 日参照）

第12章

中国語圏からの外国人観光客受入れに求められる多言語対応について

藤井久美子

要　旨

　2003年のビジット・ジャパン事業開始（観光立国宣言）後、日本を訪れる外国人観光客が急増したが、中でも、中国語圏（中国・台湾・香港）からの観光客増加は顕著である。こうした動きに対応して、中国語による案内表示もさまざまな場所で見られるようになり、現在では情報を多言語表示する場合、中国語は英語に次いで多用される言語の一つとなっている。

　しかし、中国語の表記法には簡体字と繁体字の2種が存在したり、また、中国語圏からの観光客といっても、旅行行動には差が見られたりする。そこで、今後は、旅行文化の違いなども考慮して受入れ態勢の整備を行う必要がある。在留外国人のために始まった多言語対応・多言語サービスは、その後、一旦は訪日外国人の方に目を向けたように見えたが、観光場面で「コト消費」が拡大することで、日本で生活する在留外国人のための多言語対応も再考することになる。こうした循環こそが、持続可能な多言語・多文化社会に求められるものであろう。

1．訪日外国人観光客の現状

　本節では、まず2003年のビジット・ジャパン事業開始（観光立国宣言）後の訪日外国人観光客の状況について明らかにしておきたい。

1）観光立国から観光先進国へ

2001年当時の海外旅行に関する状況を見ると、日本人が年間1600万人以上

第 4 部　専門分野別言語教育とサスティナビリティ

国外に出かけるのに対し、日本を訪れる外国人は 480 万人弱であった。そこで、2003 年 1 月、当時の内閣総理大臣・小泉純一郎氏は総理主導で「観光立国懇談会」を 4 回開催し、次のような観光立国宣言を行った[1]。

　　　国際交流の増進、我が国経済の活性化の観点から、自然環境、歴史、文化等観光資源を創造し、再発見し、整備し、これを内外に発信することによって、我が国が観光立国を目指していくことが重要となっている。

　そうして、4 月からは観光立国化のために「ビジット・ジャパン事業」が開始された。これ以降、観光立国化のための法整備が始まる。

　2007 年 1 月には「観光立国推進基本法」が施行された。これは、1963 年に制定された「観光基本法」を全面改正するもので、法令の名称変更の理由については、法令の中の「法律の概要」で、「観光立国の実現を国家戦略として位置づけ、その実現の推進を内容とするものであることにかんがみ、題名を『観光基本法』から『観光立国推進基本法』に改正」と説明された[2]。同年 6 月には、「観光立国推進基本計画」が閣議決定され、2008 年 10 月には、国土交通省の外局として観光庁も設置されるなど、観光立国化の国策化、体制強化が明確に推し進められていった。

　その後、2012 年 3 月には、新「観光立国推進基本計画」が閣議決定され、2013 年から 2015 年にかけては、「観光立国実現に向けたアクション・プログラム 20XX 年」が発表された。2016 年 3 月には、「明日の日本を支える観光ビジョン構想会議」が新たな観光ビジョンを取りまとめ、「観光は真に我が国の成長戦略と地方創生の柱である」と位置づけた。これにより、これまでのアクション・プログラムは、「観光ビジョン実現プログラム 2016」と改められることとなった[3]。かつての観光立国に向けた取り組みは、現在は観光先進国に向

1　「ビジット・ジャパン事業」（観光立国宣言）については「観光立国懇談会」http://www.kantei.go.jp/jp/singi/kanko/index.html（2017 年 5 月 12 日閲覧）を参照。

2　「観 光 立 国 推 進 基 本 法」に つ い て は http://www.mlit.go.jp/kankocho/kankorikkoku/kihonhou.html（2017 年 5 月 12 日閲覧）を参照。

3　「観光ビジョン実現プログラム（観光ビジョンの実現に向けたアクション・プログラム 2016）」については http://www.mlit.go.jp/common/001131373.pdf（2017 年 5 月 12 日閲覧）を参照。

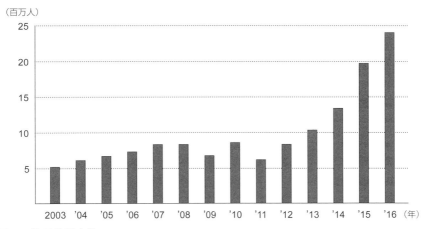

図1　訪日外国人数
出所：日本政府観光局（JNTO）「訪日客数の推移」より筆者作成

けた取り組みへと変化した、と捉えられている。

2）訪日外国人の増加と中国語圏からの訪日客の動向

日本がビジット・ジャパン事業を始めた2003年以降、訪日外国人は2009年と2011年を除いて増加の一途をたどっている（図1）[4]。2012年以降は着実に増加しており、2016年には2400万人を超えた。かつては「2020年に2000万人」という目標を掲げていたが、2015年に1900万人を超えると、2016年以降は倍増、すなわち、「2020年に4000万人」という目標まで示されるようになった。このような訪日外国人急増の背景には、2013年9月の2020年東京オリンピック・パラリンピック開催の決定がある。オリンピックの開催決定以降は、急速に外国人観光客受入れのための方策決定と事業の推進が開始された。それまでも、研究者たちは、例えば、多言語表示の不備や不正確さを問題視して指摘していた[5]が、オリンピックの開催決定前後はマスコミなどもこうした問題

---

[4] 2009年は、2008年の世界金融危機を契機とした景気後退と円高の継続、加えて、新型インフルエンザの流行を原因として、また、2011年は、3月に発生した東日本大震災の影響により、訪日外国人が減少した。

第 4 部　専門分野別言語教育とサステ／ナビリティ

表 1　訪日外国人の上位 5 位の国・地域

	第 1 位	第 2 位	第 3 位	第 4 位	第 5 位
2003 年	韓国	台湾	米国	中国	香港
2004 年	韓国	台湾	米国	中国	香港
2005 年	韓国	台湾	米国	中国	香港
2006 年	韓国	台湾	米国	中国	香港
2007 年	韓国	台湾	中国	米国	香港
2008 年	韓国	台湾	中国	米国	香港
2009 年	韓国	台湾	中国	米国	香港
2010 年	韓国	中国	台湾	米国	香港
2011 年	韓国	中国	台湾	米国	香港
2012 年	韓国	台湾	中国	米国	香港
2013 年	韓国	台湾	中国	米国	香港
2014 年	台湾	韓国	中国	香港	米国
2015 年	中国	韓国	台湾	香港	米国
2016 年	中国	韓国	台湾	香港	米国

出所：日本政府観光局（JNTO）「訪日客数の推移」より筆者作成

を取り上げるようになった[6]。

　訪日外国人数の上位 5 か国・地域までを見ると、表 1 のようになる。

　この 14 年間、順序に入れ替わりはあるものの、東アジアの近隣諸国とアメリカで常に上位 5 か国・地域を占めている。しかし、2014 年以降は、常に 1 位であった韓国が 2 位となり、中国や台湾という中国語圏が 1 位の座を占めるようになった。同じく、2014 年からは、第 4 位と第 5 位も入れ替わり、香港からの訪日客がアメリカよりも多くなった。

　このように、中国・台湾・香港からの訪日客数が増えるにつれ、訪日外国人数全体に占める中国語圏からの割合も大きくなっている（表 2）。2003 年当時は 3 割弱であったものが、ここ数年は約半数を占めるようになった。

5　有馬義治（2008）「案内標識の多言語表記は進むけれど…［コラム Vol.39］」公益財団法人日本交通公社 https://www.jtb.or.jp/column-photo/column-information-sign-arima（2017 年 5 月 12 日閲覧）もこうした問題を指摘している。

6　例えば、日本経済新聞（2013 年 8 月 19 日）には、外国人にわかりやすくするために、国会周辺の道路標識を変更する工事が始まることが掲載されている。http://www.nikkei.com/article/DGXNZO58671620Z10C13A8L60000/（2017 年 5 月 12 日閲覧）を参照。

200

第 12 章　中国語圏からの外国人観光客受入れに求められる多言語対応について

表2　中国語圏からの訪日外国人数

	総数	中国	台湾	香港	中国語圏からの合計	中国語圏の割合
2003 年	5,211,725	448,782	785,379	260,214	1,494,375	28.7%
2004 年	6,137,905	616,009	1,080,590	300,246	1,996,845	32.5%
2005 年	6,727,926	652,820	1,274,612	298,810	2,226,242	33.1%
2006 年	7,334,077	811,675	1,309,121	352,265	2,473,061	33.7%
2007 年	8,346,969	942,439	1,385,255	432,042	2,759,736	33.1%
2008 年	8,350,835	1,000,416	1,390,228	550,190	2,940,834	35.2%
2009 年	6,789,658	1,006,085	1,024,292	449,568	2,479,945	36.5%
2010 年	8,611,175	1,412,875	1,268,278	508,691	3,189,844	37.0%
2011 年	6,218,752	1,043,246	993,974	364,865	2,402,085	38.6%
2012 年	8,358,105	1,425,100	1,465,753	481,665	3,372,518	40.4%
2013 年	10,363,904	1,314,437	2,210,821	745,881	4,271,139	41.2%
2014 年	13,413,467	2,409,158	2,829,821	925,975	6,164,954	46.0%
2015 年	19,737,409	4,993,689	3,677,075	1,524,292	10,195,056	51.7%
2016 年	24,039,053	6,372,948	4,167,504	1,839,189	12,379,641	51.5%

％の箇所を除き、他の数値の単位は「人」
出所：日本政府観光局（JNTO）「訪日客数の推移」より筆者作成

3）訪日外国人の消費動向

　すでに述べたように、中国語圏から訪日客が急増するなか、2015 年には「爆買い」という言葉が「新語・流行語大賞」の年間大賞を受賞した。連日のように、日本を訪れた中国人が大量の買い物をする姿がテレビなどで報道され、中国人観光客といえば爆買いする人々、という印象が強まった。ただし、表3から明らかになるように、「爆買い」をする中国語圏からの訪日客は中国人であって、台湾人や香港人ではない。

　2012 年以降、全国籍・地域の旅行支出総額は、2012 年：13.0 万円、2013 年：13.7 万円、2014 年：15.1 万円と、ここ数年は前年比で毎年 10% 以上拡大し、2015 年には 17.6 万円まで増加した。

　しかし、2016 年には消費支出総額の拡大にストップがかかった。その理由としては、中国からの訪日客の支出が伸びなかったことが考えられる。中国だけでなく、上位 5 か国・地域のいずれにおいても消費幅が縮小した。では、中国からの訪日客の消費にはどのような変化が見られるかといえば、数パーセントではあるが、宿泊料金、飲食費、交通費の割合が高くなっている（表4）。

第 4 部　専門分野別言語教育とサスティナビリティ

表3　訪日外国人1人当たりの旅行支出

	全国籍・地域	韓国	台湾	香港	中国	アメリカ
2012 年 旅行支出額	129,798*	71,707	112,379	135,951	187,970	136,470
買物代	40,786	19,131	42,754	48,355	96,199	19,235
2013 年 旅行支出額	136,693	80,529	111,956	141,351	209,898	170,368
買物代	44,691	22,678	42,381	52,072	110,057	25,482
2014 年 旅行支出額	151,174	75,852	125,248	147,958	231,753	165,381
買物代	53,278	20,137	46,501	51,584	127,443	22,905
2015 年 旅行支出額	176,167	75,169	141,620	172,356	283,842	175,554
買物代	73,662	22,195	59,500	72,145	161,973	29,247
2016 年 旅行支出額	155,896	70,281	125,854	160,230	231,504	171,418
買物代	59,323	19,562	47,122	62,389	122,895	26,111

* 2012 年（平成 24 年）の「年次報告書」冒頭部分の「旅行中支出」としては、パッケージツアー参加費に含まれる部分（「パック内訳」）を除いた金額である 11 万 1983 円が示されている。しかし、翌年以降は「パック内訳」を含む金額を旅行支出額とみなしていることから、2012 年についても表中では「パック内訳」を含む金額を示した。「費目別旅行支出額」の部分は、2012 年についても「パック内訳」を含んだ金額で報告書が作成されている。なお、2013 年（平成 25 年）の「年次報告書」では、2012年の「旅行支出額」は 12 万 9763 円となっているが、本表は当該年である 2012 年の「年次報告書」に示された金額を用いて作成した。
出所：観光庁「訪日外国人の消費動向　訪日外国人消費動向調査結果及び分析　年次報告書」（「平成 24 年」〔2012 年〕から「平成 28 年」〔2016 年〕まで）より筆者作成

表4　2015-2016 年の中国人訪日客の1人当たり費目別旅行支出

	総額	宿泊料金	飲食費	交通費	娯楽 サービス費	買物代	その他
2015 年 金額（円）	283,842	50,116	42,307	21,908	6,308	161,973	1,230
%	100.0%	17.7%	14.9%	7.7%	2.2%	57.1%	0.4%
2016 年 金額（円）	231,504	44,126	38,943	19,917	5,014	122,895	609
%	100.0%	19.1%	16.8%	8.6%	2.2%	53.1%	0.3%

出所：観光庁「訪日外国人の消費動向　訪日外国人消費動向調査結果及び分析　年次報告書」（「平成 27 年」〔2015 年〕と「平成 28 年」〔2016 年〕）より筆者作成

こうした状況に対して、2016年頃から、メディアでは「爆買い」に代わって「体験型」という言葉を多用するようになった。これまでの買い物中心の観光スタイルから、自然や食へと関心が移ったというのである。田村明比古観光庁長官も、2016年10月の長官会見で「爆買い」と言える状況がなくなってきたことを問われ、「消費面について、昨年、流行語大賞になった状況がだんだん変化しているのは事実だと思う」と述べた。ただし、2017年2月の会見では、「モノ消費」から「コト消費」への移行について問われ、「モノ消費に関しても伸びている」とも答えている[7]。しかし、実際の支出金額を見る限り、中国人訪日客による「爆買い」の状況は以前ほどではないことから、今後は「コト消費」の動向を注視する必要があると言える。

そこで、次節では、「コト消費」において重要な役割を果たす言語面での中国語圏からの訪日客対応について、明らかにしておきたい。

２．中国語圏からの訪日外国人のための言語サービス

本節では、訪日外国人が増加するなか、中国語圏からの訪日客に対してどのような言語対応がなされているのかについて明らかにしておく。

1）言語景観研究と訪日外国人

社会言語学の分野においては、2000年頃から、公共空間で目にする書き言葉を「言語景観（linguistic landscape）」[8]という概念を用いて研究することが世界中で行われている。当初は看板など可視的なものを主としたが、研究の拡大とともに、音声など不可視的なものも研究対象の中に含まれるようになった。また、近年はWi-Fiの普及とともに、ネット空間での多言語使用・多言語環境にも目を向ける必要が出てきた。

そもそも、日本で多言語表示が見られるようになった最初の時期は1960年

---

7 「コト消費」についての観光庁長官会見要旨は下記を参照。
　www.mlit.go.jp/kankocho/page01_000543.html（2016.10.19 会見）（2017 年 5 月 12 日閲覧）
　www.mlit.go.jp/kankocho/page01_000549.html（2017.2.23 会見）（2017 年 5 月 12 日閲覧）
8 　2 節 1 項の「言語景観」研究に関する記述は、庄司博史ほか編著（2009: 9-10, 17-18）を参照。

代である。一部地域の看板などで英語を含む西洋言語の使用が顕著に見られたが、これは日本人による日本人のためのものであった。その後、1980年代頃には、こうした日本人向けの非実用的な外国語使用とは異なる、外国人のための多言語表示が出現するようになった。国、自治体、交通機関など、日本人側が外国人のために設置するサービス的要素を持つもので、英語とローマ字表記の日本語を中心に広がりを見せた。現在では、これらに中国語と韓国・朝鮮語も加わり、場合によっては点字も提供されるようになっている。また、他には、日本に在住する外国人が主に自身のコミュニティ内の情報交換のために掲げる日本語以外の多種多様な言語による表示もある。

　日本における言語景観研究は、日本社会では英語以外の言語を含む多言語景観が比較的新しい現象として表れてきたこともあり、近年になって活発に行われるようになった。研究の関心は、⑴国際化に向けた観光客の便宜を図るという施策面、⑵外国人への差別表示という人権問題や外国人支援からの観点、⑶日本の多民族化・多言語化への転換の兆しとみなそうとする視点の3つに大別できるが、この中で本研究が明らかにしようとするのは⑴である。

　日本社会において、多言語による表示を必要とするのは在留外国人か訪日外国人である。このうち、在留外国人数は2016年12月末で238万2822人であった。2016年の訪日外国人数が約2400万人であるのと比べると約10分の1の数である。

　筆者自身、すでに10年近く言語景観研究を行ってきているが、当初は外国人の中でも「在留」外国人の視点から研究を進めた（藤井ほか2008: 13-38など）。研究を通して、在留外国人の場合には、身近に日本語のできる人物（親族）がいる可能性があることや、また、生活を送るなかで日常的に行う行為には習熟が伴うことなどを明らかにし、在留外国人の場合には、多言語表示が不十分であっても、それを解決することが可能な場合がある、ということを述べた。他方、一時的に日本に滞在する外国人の場合には、身近な人物からの援助や習熟による解決などは難しいこともわかった。この一時滞在する外国人の典型が訪日外国人観光客である。

　観光立国化が国策化して訪日外国人が急増するなかで、外国人観光客のための多言語表示が増加し、さまざまな場面で多言語景観を目にするようになった。駅や空港では、写真1・2のように、日本語に加え、英語、中国語、韓国・朝鮮語（ハングル文字）が書かれた表示を目にすることができる。

第 12 章　中国語圏からの外国人観光客受入れに求められる多言語対応について

写真 1　宮崎空港
出所：筆者撮影

写真 2　JR 恵比寿駅
出所：筆者撮影

　このような表示についての基準を示したのが、2014 年 3 月に観光庁から発表された「観光立国実現に向けた多言語対応の改善・強化のためのガイドライン（以下「ガイドライン」）」[9]である。本ガイドラインの「はじめに」では、策定について次のように述べられた。

　　観光立国実現のためには、海外プロモーションによる認知度向上等を通じて訪日旅行に関する期待値を高めるだけでなく、訪日外国人旅行者の快適・円滑な移動・滞在のための環境整備を図り、日本に来てよかったと満足してお帰りいただき、またリピーターとしておいでいただくことが大切である。
　　このため、平成 25 年 6 月 11 日の観光立国推進閣僚会議において決定された「観光立国実現に向けたアクション・プログラム」において、美術館・博物館、自然公園、観光地、道路、公共交通機関等について、外国人目線に立った各分野に共通するガイドラインを策定し、多言語対応の改善・強化を図ることとされたところである。(中略)
　　とりわけ、多言語対応については、関係者が共通の理解や認識に立って、その改善・強化を図ることが重要である。2020 年にオリンピック・パラリンピック東京大会開催を迎え、数多くの訪日外国人旅行者に、東京は

9　「観光立国実現に向けた多言語対応の改善・強化のためのガイドライン」については、http://www.mlit.go.jp/common/001029742.pdf（2017 年 5 月 12 日閲覧）を参照。

第4部　専門分野別言語教育とサスティナビリティ

　もとより、国内各地を訪れて、日本の素晴らしさを堪能していただくためにも、関係者が総力を挙げて多言語対応に取り組んでいく必要がある。

　「ガイドライン」の策定・発表により、多言語表示、多言語サービスの基準はかなり明確にされたと言える。具体的な対訳語が、英語・中国語・韓国語で、用語のみならず文章表現（避難指示など）についても、「ガイドライン」全体の約半数のページ数（全73ページのうちの33ページ）を用いて示された。
　これまで複数の表記法が存在した英語での表記方法にも基本方針が示され、例えば、「富士山」は「Mt. Fuji」、「東大寺」のような、普通名詞部分を含めた全体が不可分の固有名詞として広く認識されている場合は「Todaiji Temple」などと表記することが定められた。「温泉」は日本由来の普通名詞として、「Onsen」と決まった。ローマ字としてはヘボン式ローマ字が採用されている。他の言語に関しては、中国語と韓国語が取り上げられ、これらの表記方法についても具体例とともにルールが示された。中国語の表記ルールには、以下の2点の注記が加えられている。

　　①日本語の漢字表記と全く又はほぼ同じ場合は、なるべく中国語表記を
　　　省略する。
　　②中国語における外来語の表記は表意表記が多いとされるが、表音表記
　　　や表音と表意の混合など様々なパターンがある。そのため、ネイティ
　　　ブチェックや辞書での確認を行い、表現が中国語圏からの旅行者にとっ
　　　て自然かどうか確認することが望ましい。

　中国語には簡体字と繁体字という2種類の表記方法があり、「ガイドライン」中の例としては簡体字が用いられているが、この注記に関する部分については検討すべき点があるので、以下で取り上げる。

2）中国語の表記法
　簡体字と繁体字と呼ばれる中国語の2種類の表記法のうち、簡体字は、1956年に中華人民共和国が繁体字をもとに人民への文字普及のために字画を簡易化して定めた正書法である。日本語の漢字表記と比べて画数の少ないものが多い。他方、繁体字は、台湾が中華民国建国以来の正書法として採用している。香港

の場合は、1997年の中華人民共和国への返還以降、簡体字の使用が増加している。が、返還以前は繁体字が使用されていたこともあり、簡体字使用を主としつつも、継続して繁体字も使用されている。「国立」と「東京」を例にして両者を比較すると、次のような相違が見られる。

日本語表記	簡体字	繁体字	日本語表記との違い
国立	国立	國立	…繁体字で異なる
東京	东京	東京	…簡体字で異なる

　しかし、「出口」「入口」のように、日本語、簡体字、繁体字のすべてで同じ字体と言ってよい場合もある。また、異なっていたとしても、中華人民共和国で1990年代に繁体字ブームのような社会現象が起きたり、台湾で「臺灣」と書かずに画数の少ない「台湾」で済ませる場合があったりして、相互に意思疎通が可能な場合も多い。とはいえ、画数の多い繁体字から簡体字を予測するほうが容易なようである。

3）外国人観光客のための中国語による言語サービス

　1節2項で述べたように、現在は、訪日外国人の半数以上が中国語圏から来ており、その中では観光客の占める割合が高い。2016年の観光庁による「訪日外国人消費動向調査」[10] によれば、日本滞在中に役立った旅行情報源として最も選択率が高かったのは「インターネット（スマートフォン）」で、中国・台湾・香港のいずれの地域でも65％程度を占めていた。これは、近年の観光スタイルの主流で、多くの場合は自分の母語による情報をスマートフォンを利用して得ている。スマートフォンにパソコンやタブレットも加えたインターネット利用による情報入手を除けば、次に多いのは、中国語圏3地域とも、「空港の案内所」「観光案内所（空港除く）」「宿泊施設」であった。他には、「フリーペーパー（無料）」などもあり、これらは、日本での中国語による言語サービスとみなすことが可能である。

　中国語版のパンフレットやWEBサイトの場合、現在は簡体字版と繁体字

10　「訪日外国人消費動向調査　平成28年（2016年）参考表2」http://www.mlit.go.jp/kankocho/siryou/toukei/syouhityousa.html（2017年5月12日閲覧）を参照。

第4部　専門分野別言語教育とサスティナビリティ

版が併存している場合が多いが、2000年代前半頃までは繁体字版が多かった。なぜならば、中国語圏からの観光客といえば、中国からよりも台湾・香港からが多かったからである。日本国内での地域差についていえば、空港の場合には直行便のある国・地域で使用されている表記法を用いて情報提供を行っている場合が多い。例えば、写真1で示した宮崎空港の場合には、台湾・香港との間に直行便があることから、繁体字が使用されている。

　このように、地域差を考慮しつつ、必要な場面では簡体字と繁体字の両方で情報提供を行っている場合が多いが、内容については課題を有する。というのも、両方が準備されてはいるものの、内容的には、どちらか一方による版を作成した後、もう一方の表記に文字を置き換えて作成しただけと考えられるものが多いからである。それぞれを一から作成するよりも効率的であるが、しかし、字体だけ変えれば問題ない箇所と、語彙や文法、文化差にまで留意すべき部分とがあって、本来ならばさらに注意を払う必要があるといえる。

　筆者は、以前、台湾人留学生と共に宮崎市の観光パンフレットの改訳を行ったことがあるが、その際に明らかになった語彙差には次のようなものがあった。

		簡体字版	繁体字版
毎週	：	「毎周」	「毎週」
花火	：	「煙花」	「煙火」
サーフィン	：	「沖浪」	「衝浪」
タクシー	：	「出租車」	「計程車」
自転車	：	「自行車」	「脚踏車」

　相互に意味が理解不能というわけではないが、「おもてなし」が求められる観光場面での情報提供においては、こうした差異も考慮すべき点と言える。以前、台湾人にインタビューした際には、自分たちが日常的に用いる用語が使われているパンフレットなどを見ると、その地域が自分たちを本当に歓迎してくれているようでうれしい、という意見を得た[11]。

　今後の課題としては、旅行文化の差異への考慮も求められるであろう。中国

11　2015年11月に台湾のF旅行社を調査で訪問した際に、営業担当者からこのような意見を聞き取った。

208

と台湾とでは歴史的に形成された旅行文化が異なるために、観光旅行においても行動に差異が見られる。中国の場合、近年の経済発展とともに、観光旅行という文化が広がっていったのに対し、台湾の場合には、日本による植民地統治の時代に旅行文化が持ち込まれており、旅行の楽しみ方などに共通点（例えば、鉄道の旅を好む点）が見られる。言語サービスだけでなく、文化差などにも配慮することで、逆に、言語に頼りすぎない対応も可能になるのではないかと考える。

まとめ

　日本が観光立国から観光先進国にステップアップする上で、中国語圏からの訪日外国人をどのように受け入れるのか、そのためにはどのような言語サービスを提供することが求められるのかを検討することは大きな課題といえる。今後は、「コト消費」の拡大が予想されることから、これまでのような「買い物中国語」ではなく、「体験型」の場面で必要となる中国語での情報提供の方法を模索しなければならない。

　このように、今後は「体験のための中国語」サービスを検討しなければならないが、これは「日本国内で何かをするための中国語」という意味で、「在留外国人」（本研究では「在留中国人」）のための中国語を考えることにつながる。かつて、在留外国人のために始まった多言語対応・多言語サービスは、その後、一旦は訪日外国人の方に目を向けたように見えたが、観光場面で「コト消費」が誕生し、拡大することで、結果的に在留外国人のための多言語対応も再考することになっていると考える。2020 年のオリンピック・パラリンピック時の外国人観光客受入れに向けては、一層の多言語化が進展するであろうが、観光場面での多言語化の充実は在留外国人にも役立つものでなければならない。こうした循環こそが、持続可能な多言語・多文化社会に求められるものであろう。

文 献

庄司博史・バックハウス、P・クルマス、F 編著 (2009)『日本の言語景観』三元社

藤井久美子ほか (2008)「宮崎市周辺の多言語表示について──居住と観光の観点から」『宮崎大学教育文化学部紀要　人文科学』19 号、13-38 頁

第4部　専門分野別言語教育とサスティナビリティ

第13章
司法手続における言語権と多文化社会

中根育子

要　旨

　持続可能な地球社会に向けたグローバルな視点からの言語政策においては、移民が受入れ社会の市民と人権を尊重し合い共存していくための言語政策が必要である。本章では、日本の司法手続における言語使用と言語権について他国の例と比較・考察し、持続可能な地球社会における言語政策への提唱を試みる。

1．司法手続における第二言語・非母語話者の言語権

　日本の司法制度における第二言語・非母語話者の言語使用や言語支援に関しては、法廷通訳に関する研究が数多く見られる。その一方で、「移民」や「第二言語・非母語話者」が日本語で司法手続に参与するケースもある。このような問題を言語政策の視点から考えるにあたり、まずは日本や、筆者の在住するオーストラリアをはじめとする他国の司法手続において言語権がどのように保障されているのか制度的な面を概観する。

　言語権とは、鈴木（2000: 8）によれば、「自己もしくは自己の属する言語集団が、使用したいと望む言語を使用して、社会生活を営むことを誰からも妨げられない権利」である。平高・山田（2010）は、日本社会において言語権の保障に対する意識が高まり、日本人と外国人とが平等に社会参加できるように日本語教育の取り組みを進めていく必要性を訴えている。また、日本国憲法31条によっても、言語コミュニケーションで不利な処遇を受けない「言語的デュープロセス」に準じた手続が保障されている。

　日本では裁判所においては日本語を用い（裁判所法74条）、国語に通じない

210

者に陳述をさせる場合には通訳を介させる（刑事訴訟法 175 条）という法令が、通訳支援に関する制定をしている。言語支援がより明確に保障されているものとしては、日本が批准している国際人権規約（International Covenant on Civil and Political Rights）の第 14 条があり、そこには自分の「理解する言語で速やかにかつ詳細にその罪の性質及び理由をつげられること」(a)、また、「裁判所において使用される言語を理解すること又は話すことができない場合には無料で通訳の援助を受けること」(f) が含まれている（外務省 2015）。捜査段階や公判手続においては、捜査機関や裁判所の判断で通訳や翻訳[1]の手配が行われているが、通訳人の確保が難しい場合などは、通訳言語が被告人や証人の母語でなくとも「理解する言語」であり、「意思の疎通」ができれば言語権が保障されていることになる場合が多い（田中 2006; 小田 2014）。

　多文化社会として知られるオーストラリアでは、他のコモン・ローの国々と同様、通訳援助は要求すれば与えられる権利としては保障されておらず、裁判所・捜査機関が通訳の必要性を判断しているが、連邦レベルでは、通訳をつけない場合はその正当性を裁判官が証明する責任を負っている（Gibbons 2003）。しかし、州レベルでは、南オーストラリア州のように、「証人の英語がそれほど流暢でない」場合、通訳を介して証言する権利を保障しているところもある。Gibbons (2003) が指摘するように、「それほど流暢でない」というのは具体的にどのような言語能力であるのか、上記の「理解する言語」の解釈と同じく、判断する者によってかなり解釈に差が出る可能性がある。

　通訳の言語支援に関してさらに一歩踏み込んだものとしては、アメリカの Federal Court Interpreters Act（連邦裁判所通訳法）によって、認定を受けた通訳者が法廷通訳として言語支援を行うことが義務付けられている例があり（Benmaman 1999: 110）、通訳へのアクセスだけではなくその質も、法のもとにおける平等な保護の一部として必要であると解釈されている。これは日本をはじめ多くの国々において法律により保障されていない権利である。

　国際人権規約における言語権は司法手続に参与する人々すべてに保障されているわけではなく、証人・陪審員や民事事件の参与者には通訳支援が保障されない場合もある（Eades 2010）。しかし、ヨーロッパでは、欧州人権条約によっ

1　本章では、紙幅の関係などから翻訳に関して詳しく述べることができないため、通訳の支援を中心に考察を行った。

て、国際人権規約の通訳援助を受ける権利が被告人だけではなく被疑者にも保障されている。また、陪審員に通訳支援が保障されている例として、Eades（2010）はアメリカのニューメキシコ州（スペイン語モノリンガル）、カナダのいくつかの先住民言語のモノリンガル話者、アメリカの多くの州における手話使用者などを挙げている。日本でも裁判員のために手話通訳が行われたケースがあるが、その他の言語の通訳も将来的に考える必要があると言える。

　また、土着語と英語などの公用語とされる2つの言語を法廷で使用する権利が存在する国々もある。例えば、ニュージーランドでは、先住民のマオリ語が公用語として認められ、どのような司法手続においても、英語の能力にかかわらずマオリ語を使用する権利が保障されている（Lane ほか 1999）。イギリスのウェールズでは、Welsh Language Act（1993）により、証人を含むすべての法廷参与者に、英語の能力があっても希望すればウェールズ語を使う権利が保障されている（Colin & Morris 1996: 76-77）。旧イギリス植民地である香港では、英語と中国語（主に広東語）が司法制度における公用語だが、裁判が英語で行われる割合が高い一方、英語の運用能力が十分でない証人や被告人が参与する場合も多いため、法廷通訳が入っている裁判のほうが普通である（Ng E.N.S. 2015）。しかし、英語を話せる証人が、英語の裁判において広東語を用い英語通訳の支援を得る権利は保障されていないようである（Leung 2008）。また、香港では陪審員は英語の能力があることが前提とされているのに、市民の中には英語能力があるとして陪審員に選任されても法廷の英語を正確に理解できない人もおり、広東語通訳の援助が必要ではないかと言われる（Ng E.N.S. 2016）。一方マレーシアは、国際人権規約の批准国でないが英語とマレー語が混在する裁判が普通で（Powell 2008）、刑事訴訟法 269・270 条により被告人も証人も、言語能力にかかわらず希望する言語で裁判手続に参与する権利が認められており、言語権の保障に柔軟な対応が見られる（Richard Powell 私信）。

　以上、司法手続においては、(1)使用言語に関する権利、(2)通訳・翻訳による言語支援を受ける権利、(3)平等な法の保護を受けるために質の高い言語支援を受ける権利、(4)権利を受けることが保障されている司法手続の参与者、などが言語権に関して制定されている。司法手続における言語権の保障はそれぞれの司法制度においてさまざまな形で認められているわけであるが、実践としてどのように行われているのか次節で考察する。

２．司法手続における言語権保障の実践

　ここでは司法手続に参与する移民・第二言語話者や日本語の運用能力に乏しい話者はどのような言語支援を受け、どのような形で彼らが司法手続におけるコミュニケーションに参与しているのかについて、取調べや裁判における言語使用・言語支援を取り上げて論考する。

１）通訳をつける権利

　日本では、1980年代から、来日・在留外国人が増えるにつれ、警察取調べや裁判で通訳を介した手続も多くなった。来日外国人数は2014年には1415万人と過去最高を記録し、2015年には在留外国人が223万人を超え（入国管理局2016）、第二言語として日本語を使って生活している外国人も増えている。2014年の外国人の検挙人員数は1万519人で全体の検挙人数の4.2%、通訳を要した裁判の終局人員は2383人であった（法務省2015）。通訳人事件の裁判は2003年には通常第一審終局人員の14%を占める1万1179人とピークに達した（法務省2004）が、その後、入国検査が厳しくなったり、違法在留だけでは裁判にならなくなったことなどもあり、通訳人事件の数は減少している（法務省2015）。ただし、2009年から導入された裁判員裁判においては、被告人通訳事件の割合は刑事事件全体の割合より高く、2014年は1202人中130人と約10.8%を占めている（最高裁判所2016）。

　法廷通訳人は2015年現在、全国で61言語、3909人の登録者がおり（最高裁判所2016）、通訳人の供給レベルは大幅に向上したと言える。警察通訳に関しては、法廷に比べ情報が少ないが、猿橋（2005: 125）によれば、2001年には内部職員が3431名、外部通訳者が5486名通訳として確保されており、各県警で内部、外部通訳者共に確保への取り組みが行われている。ただし、統計に挙げられているものは、主要な18言語と「その他」の言語を一括したものであるため、全体の言語数は把握できていない。これに関連し、田中（2006）は、少数言語の能力のある通訳人が確保できていないという問題を指摘している。また、通訳を必要とする範囲に関し、本上（1998）は、ベトナム人被告人が取調べの段階で、捜査官も本人も片言しか日本語を話せないという理解があったにもかかわらず通訳を介さず取調べが行われたとして合法性を争った事件について述べているが、刑事訴訟法175条の「国語に通じないものに陳述をさせる場

第 4 部　専門分野別言語教育とサスティナビリティ

合には通訳人に通訳させなければならない」という規定に照らし、被告人が日本語の理解力に比べ弁明力がかなり劣っていたので防御権が保障されなかったのではないかと論じている。犯罪捜査規範 233 条では、「外国人であって日本語に通じないものに対し、当該外国人の理解する言語に通じた警察官以外の警察官が取調べその他捜査のため必要な処置を行う場合においては、通訳人を介してこれを行うものとする」（捜査実務研究会 2005: 30）とある。しかし、「日本語に通じる」から通訳を手配しないで取調べを行う場合、具体的な言語能力の基準は決められていない。

　通訳へのアクセスに関しては、通訳自体が得られなかったという問題よりも、その言語選択（例えば、ウルドゥーとパンジャブ語）についての問題がこれまでにかなり指摘されている（田中 2006; 小田 2014; 長尾 1998）。田中（2006）は、この点に関し、通訳言語が母語でないことは違法ではなく、母語の通訳人の確保が難しい場合などは、理解・会話が可能であれば母語以外の言語で通訳を行うこともやむを得ないとして、適正手続であるとしいくつかの判例を挙げている。しかし、田中（2006）は、現代のテクノロジーを利用すれば、母語での通訳を可能にし、より権利の保障を確保できる方法があるはずだと主張する。小田（2014）は、2011 年の裁判員裁判において、広東語の母語話者に対し英語と北京語で行われた捜査通訳にコミュニケーションの問題があったことが認められ無罪の判決が出された例を挙げている。裁判員裁判の導入で司法通訳に関する報道が増え、日本でことばと司法への関心・意識が高まったのは司法手続における言語権の保障を推進していく上で大きな進展である。

　筆者と水野真木子氏は、通訳アクセスの問題の一つとして裁判でこれまでに争われたものとして通訳言語の選択に関する判決文の分析を行っているが、国際人権規約にある証人や被告人が「理解する言語で」通訳の援助を受ける権利に関し、母語でないとしても「理解できる」言語能力について具体的に明示されておらず、裁判手続を詳細まで理解できていなかったり、防御のための主張が十分に行えなくともこの権利が保障されたという判断がされていた可能性のある例も見受けられた。通訳言語の選択については、受け入れる移民・在留外国人の母語背景も世界で起きているその時々の紛争や情勢によって変わっていくものであり、それに応じて母語の選択ができるだけ可能になるよう通訳人を確保・養成していく必要がある。

　オーストラリアでは、通訳が必要であるのに、移民として長年英語を使って

生活しているため、あるいは日常会話程度の英語であれば話せるため、通訳支援が得られない場合もある。Gibbons（2003）は、州都であるシドニーの人口の約半分近くが英語の第二言語話者であるにもかかわらず、ニューサウスウェールズ州の司法手続において通訳の使用率が 25% であることを挙げ、北部準州でも同様に十分に通訳が使用されていない状況を嘆いている。しかし、行政レベルで言語支援への取り組みが行われていないわけではない。連邦政府法務長官室のオーストラリアの司法制度における通訳アクセスに関する報告書（Commonwealth Attorney-General's Department 1991: 45）には、「コミュニケーションのために必要な英語を話したり理解したりできない証人に通訳者をつけるのを法廷が拒否して不正義が起こるよりも、通訳をそれほど必要としない証人に通訳者を提供した上で不正義が起こったほうがはるかによい」（筆者訳）と述べられている。Eades（2010: 67）は、語句の微妙な意味合いや、尋問に隠された前提や三層構造の質問文など、裁判の尋問によく見られる話しことばの複雑さに対応できる言語能力が参与者に求められることを指摘しているが、Gibbons（2003）によれば、カリフォルニア州の裁判規則には通訳の必要性を判断するための質問が記載され、法廷手続に関する質問も含まれている。ニュージャージー州では、言語能力の評価が、信頼性のあるテストにより専門家が判断した結果によるものでなければいけないという規定があるという。日本でも、市民感覚を司法手続に反映させることが目的の一つである裁判員制度が始まり、微妙なことば遣いや意味合いが裁判員の心証、ひいては量刑・判決に影響する可能性があるとすれば、生活者として日本語を使用している第二言語話者が増えるなか、日本語の能力が裁判や捜査取調べ段階で理解・表現が十分にできるレベルであるか慎重に評価することが求められる。

2）通訳援助の質の確保

　言語権の保障が通訳援助の形をとる場合、司法手続への参与を母語話者の経験するものと同等のレベルに保つためには、質の高い通訳が確保されなければならない。司法通訳研究の第一人者である Hale（2010: 443）は、司法通訳には、高度なバイリンガル能力と、倫理規定の理解、そして「司法制度、法的場面、に言語における法律用語と、法廷独特のディスコースの習わしや戦略的使用に通じていること」が求められると述べている。オーストラリアでは、National Accreditation Authority for Translators and Interpreters（NAATI）という国の通訳翻

訳者認定制度があるが、Hale（2010）は、このような認定だけではなく、司法手続における通訳に必要な特殊な技能や専門知識を備えるためのトレーニングが必要であると提唱している。一方、Benmaman によれば、アメリカでは、司法通訳の資格認定システムが導入されて 1999 年の時点で 16 州に存在し、資格のある通訳者以外は選任できない規定がある（Benmaman 1999: 110）。しかし、警察取調べ通訳に関しては、Berk-Seligson（2009）が、スペイン語話者の警察官が中立の立場を離れた通訳を行ったり、言語能力が通訳の任務には足りていない例を挙げ、アメリカの取調べ通訳の深刻な問題点を指摘している。

　日本では、司法通訳だけでなく国の通訳資格制度は、通訳ガイド以外にはまだ存在していない。取調べ通訳は、外部の通訳者が任務に当たることもあれば、通訳教育を受けた警察官や警察内部の通訳専門職員が通訳に当たることも多く、内部職員の通訳者は各県ごとに条件が定められている（猿橋 2005 参照）。外部通訳人の選考基準は主に、語学力、司法手続の知識、信条や価値観などであり、内部では、語学学習経験、海外居住あるいは留学経験、語学研修受講歴、外国語検定資格などがあるが、国際捜査官と言われる外国語能力があり通訳業務経験がある警察官が、直接外国語を使用して取調べを行う場合もある（猿橋 2005）。

　法廷通訳に関しては、各裁判所に登録された通訳人のリストの中から裁判所が事件に応じて選任するが、その登録は主に本人が提供する言語能力を示す情報、数回にわたる通訳人事件の裁判傍聴、そして裁判官との面接というプロセスを通して行われる。通訳に求められる能力としては「外国語」あるいは日本語非母語話者の場合は日本語能力で、通訳養成コースの経験、通訳の資格などは特に必要とされていない。そのため、留学経験や海外居住経験だけでも通訳の条件として十分とされることもある（最高裁判所 2016 参照）。このような選任過程について、日本の司法通訳研究者たちは法廷通訳の問題点を分析考察し、資格認定制度や倫理規定を導入する必要性を論じてきた（水野 2005, 2008; 長尾 1998 など）。また、裁判員裁判が始まってから、通訳の正確性ついての報道が多くなり、司法手続における通訳の質を確保する必要性が浮き彫りになっている。司法機関によりワークショップや研修が行われ、質の確保のために努力がなされているのは確かだが、未だに「語学力」や「海外居住経験」があれば通訳の任務が務まるという意識も強く根付いているようでもある。

　通訳人自体の能力確保以外にも、手続を進める法律家がコミュニケーション

第13章　司法手続における言語権と多文化社会

の修正を行うことも適正手続を保障するための手段となる場合がある。日本では、最高裁判所監修の『特殊刑事事件の基礎知識——外国人事件編』（2003: 74）に「通訳が介在するために、平易な言葉を使い、日本人事件にも増して分かりやすい公判進行に努めるべきであるとされている」とあるように、通訳事件では平易なことばを使うことが望ましいとされている。また、法律家の間で交わされたやりとりについては、「解決のついた後、裁判官において、その間の経緯をまとめて通訳してもらう例が多い」（最高裁判所 2003: 74）。しかし、このような形で行われる言語支援もある一方で、司法手続は言語の正確性なしでは成り立たない部分もあり（Gibbons 2003）、法律家以外の参与者が理解できない言い回しが必要な場合もある。石田（2015）は、裁判所主催の法廷通訳セミナーで、法的文書の読み上げや鑑定結果など難解な内容の発話は、日本人でも理解できないのだから、わかるように訳すのではなく、難解なら難解なまま訳すべきだという解説を受けたという。これに対し石田（2015: 179）は、「自分が裁かれているにもかかわらず、被告人にその内容が理解できなくても構わないという日本の裁判が変わらなければ解決できない問題である」と述べている。

3）司法手続における第二言語使用

「犯罪白書」（法務省 2015）によると 2014 年の通常第一審通訳人事件の終局人数は 2383 人で、外国人終局人数は 3379 人であるから「外国人事件」で「要通訳人事件」でないものが 29.4% あり、そのカテゴリーに属する事件では、外国籍の被告人が日本語で司法手続に参与していたことになる[2]。そのような人々が第二言語としての日本語でコミュニケーションをどのように行っているのかは、まだあまり知られていないが、筆者の裁判傍聴では、通訳媒介モードと日本語のみのモードが混在している通訳人事件の尋問や、通訳を介さずに行われた反対尋問でコミュニケーションに問題が見られた事件もあった。実際に、『特殊刑事事件の基礎知識——外国人事件編』（最高裁判所 2003）には、外国人被告人の尋問に際して、（通訳を介してかどうかは特定していないが）複雑な文を避ける、平易なことばを使う、主語・述語・時制を明確にするなどが留意点として挙げられている。しかし、日本の裁判では検察側と弁護側がそれぞれの主張

2　この中には法的には「外国人」だが第一言語が日本語というケースもある。逆に、「日本人」であっても通訳人がついた事件もあると考えられる。

217

第 4 部　専門分野別言語教育とサスティナビリティ

を闘わせる形をとる対審主義的な面もあるため、被告人がいわゆる「言語弱者」である場合に、反対尋問などでことばの壁により誤解を招き、それが判決あるいは量刑に影響することもありうる。司法手続における言語とパワーの問題は先行研究でそのメカニズムがかなり明らかにされており（Conley & O'Barr 2005; Eades 2008, 2010; Berk-Seligson 2009 など）、第二言語話者とのコミュニケーションに関する法曹関係者の意識も高める必要がある。

　警察における被疑者や証人の取調べにおける第二言語としての日本語使用についても、先行研究がほとんど見当たらないが、犯罪捜査規範には、裁判で言語権の保障を理由に手続きの適正さが争われる場合に備え、「日本語に十分通じていても後日公判において日本語がわからないと申し立てられる場合があるため、取調べを行うときは通訳人を確保するか、供述調書に日本語が十分理解できる理由を詳細に記載しておく必要がある」（捜査実務研究会 2004: 30）という指摘がある。筆者と水野真木子氏の判決文の分析でも、過去に第二言語話者の取調べにおける日本語あるいは第一言語でない言語の通訳で被告側が理解・説明が十分できないまま取調べを受け、供述調書が裁判で証拠採用されたため言語権が保障されなかったという主張を弁護側が行ったケースがいくつかあった。ほとんどの場合、これらの主張は、被告人は日本語で意思の疎通ができる、あるいは日常会話が支障なくできる、などの理由で退けられている。日本の場合、取調べが録音録画されていないため、取調べを見直すことができない。この現状は、言語権の保障を確保するのに大きな障害となっている[3]。

　このような司法手続における言語支援のアクセスと言語権に関する問題は、当然日本だけに限られているわけではなく、特に移民の多い国々では問題視されている。オーストラリアでは、2011 年の国勢調査によれば人口の約 20% が家庭では英語以外の言語を使用している（Australian Bureau of Statistics 2011）。Gibbons（2001）は、ニューサウスウェールズ州の警察取調べで使用される被疑者の権利告知（黙秘権など）の定型文が、英語の第二言語話者にとって難しいものであることを指摘し、複雑な長文をいくつかの文に分け、それぞれの文について理解を確認し、難解な単語を平易化することを提案している。ま

3　2019 年から、裁判員裁判に該当する事件については警察・検察の取調べで録音録画が義務付けられる。また、近年、一部の検察の取調べでは録音録画が行われ、裁判で証拠として採用されている。

た、オーストラリアの先住民アボリジニの被疑者取調べにおいては、黙秘権の告知内容が実際には理解できていないにもかかわらず、Yes の一言で理解したとされるケースが多く見られ、それが言語の複雑さだけではなく、アボリジニのコミュニケーションの慣習と司法手続におけるやりとりのスタイルが相容れないものであるためだということがわかっている。そのため、北部準州（New Territories）では「アナンガ規則（Anunga Rules）」というものが制定され、アボリジニ被疑者取調べの際には、権利告知の内容を被疑者が自分のことばで説明することで理解の確認を図るプロセスが義務付けられている。

　法廷における証言に関しては、文化的なディスコース慣習の違いなどから、英語の運用能力があると判断されても、アボリジニ証人の法廷での証言には通訳あるいは文化の橋渡し役による支援を導入するべきだという見解が存在する。アボリジニの証人がその説明を裁判官や弁護人には的外れのものとして扱われ発話を遮られたり、法廷における証人尋問を通し、アボリジニの少年たちが文化と言語の壁によって社会で周辺化し非行少年のレッテルを貼られる過程がこれまで批判的に論じられている（Eades 2008, 2010）。先住民の受刑者の割合はオーストラリア人口全体受刑者の割合の 12 倍であり、10 ～ 17 歳のアボリジニの少年たちは一般人口の同じ年齢層の 24 倍も拘留される確率が高いという（Australian Institute of Criminology 2015）。Cooke（1996）は、英語で証言を行っていたアボリジニの証人が、被害に遭ったときの自分の精神状態を説明する段階になるとアボリジニ言語になったが、裁判官が通訳の支援により英語に通訳させたため、より詳しく正確な証言を行うことができた例を論じている。アボリジニの言語・コミュニケーションを専門とする言語学者は法曹界と協働し、すでに貴重な貢献をしてきているが、こういった現状を変えていくには、文化的社会的な面も配慮にいれた言語権の保障に向けたさらなる努力が望まれる。

　Angermeyer（2008）は、アメリカの少額裁判所法廷の通訳å研究で、裁判所のイデオロギーが多言語社会の現実を無視したものであると指摘する。筆者も日本の法廷で通訳を介したモードと日本語のみのモードが混在する尋問に遭遇したことがある。そこにはリスクもあるが、そのような「スタンドバイ通訳」（Angermeyer 2008: 391）は、多言語話者が独自の言語能力やアイデンティティーを持つ個人として司法手続に参与する権利を確保する一つの方法とも言える。しかし、多言語話者の言語能力と言語使用の複雑さを考慮に入れた言語支援を法が求める精密な手続において実践するのは、非常に難しい課題でもある。

刑務所における問題については、Gibbons（2003: 220-221）が Maher et al.（1998）のオーストラリアについての報告書に触れ、マイノリティーの女性受刑者の中には英語がほとんどわからない人たちがおり、希望しても通訳援助を得られずに書類に署名してしまったという例もあったと述べている。さらには、刑務官や、医療、福祉、教育関係の人々とのかかわりにおいてもコミュニケーションにさまざまな問題が生じていたという。通訳が手配できない場合、他の受刑者がとりあえず通訳を行うという状況だったという。日本では、非母語話者の受刑者に対する日本語教育をはじめとした言語支援の必要性が認識され、実践に向けて動きが始まっているが（宮崎 2015）、通訳支援については筆者の知る限り受刑者の言語権保障のための法的処置はなく、日本においても他国においても大きな課題であると言えよう。

3．司法手続における言語権の尊重に向けて

これまでの研究では、取調べや裁判でその手続きを理解し、事件について自己の持つ情報を正確に伝え、説明を行うために必要なコミュニケーション能力、また司法手続におけるコミュニケーションの特徴やスタイルについて明らかにされつつある。同じ裁判の手続きにおいても、法的文書を読み上げる形をとるコミュニケーションもあれば、口頭で質問と答えのやりとりが行われ、法律家が独特のコミュニケーション戦略を使ったりすることもある。また、証言の内容や、それぞれの場面によって、十分な理解と説明を可能にするために求められる言語能力も変わってくる。そこで、言語能力を多面的・多層的に捉え、それに応じた言語支援のタイプと実際の言語支援をモデルにすると、図1のようになる。

さまざまな言語文化背景を持つ人々が共生する移民社会において言語的デュープロセスを確保するには、通訳支援を提供するだけなく、通訳言語の選択、質の高い通訳の確保、多言語話者の理解に加え、司法手続に参与する専門家が必要に応じてコミュニケーションを修正する必要があると言える。司法の場における移民と言語の問題を市民社会の枠組みの中で捉えると、移民への地域ぐるみの日本語支援を行うことで、社会で周縁化しかねない言語弱者のエンパワーメントにつながり、持続可能な移民社会に向けた有意義な動きとなるであろう。しかし、高い日本語リテラシーと教育レベルを持つ司法の専門家自身

第 13 章　司法手続における言語権と多文化社会

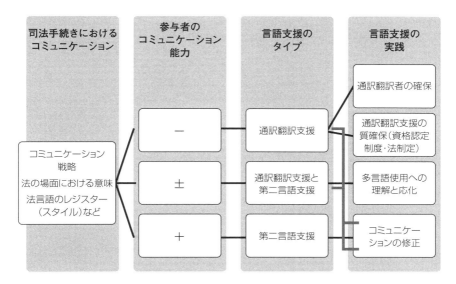

図 1　司法手続きにおけるコミュニケーションと言語支援アプローチ
出所：筆者作成

がそのような言語弱者とのコミュニケーションを向上させるための言語教育も必要である。それには市民リテラシー（宮崎 2011）の醸成を目的とした言語政策への取り組みが望まれる。そのような取り組みでは、裁判員に選ばれる市民や、法律家、そして刑務所の刑務官なども母語話者・非母語話者の二極的枠組みを超えて、日本語教育や第二言語としての日本語、そして日本社会における日本語のコミュニケーション、また多言語多文化間コミュニケーションのあり方を捉えることが課題となるだろう。司法手続では、言語の使用自体が直接的にも間接的にも被告人の今後の人生に大きく影響しうる。法の場における言語権の保障は、さまざまな言語背景を持つ人々が共に生きていく社会を持続可能なものにしていくために重要な要素である。

文 献

Angermeyer, P. (2008) "Creating Monolingualism in the Multilingual Courtroom," *Sociolinguistic Studies* 2(3): 385-403.

第 4 部　専門分野別言語教育とサスティナビリティ

Australian Bureau Of Statistics (2011) (http://www.abs.gov.au/ausstats/abs@.nsf/Lookup/2071.0main+features902012-2013, 2016 年 12 月 30 日閲覧)

Australian Institute of Criminology. 2015. "Indigenous Justice." (http://www.aic.gov.au/crime_types/in_focus/indigenousjustice.html, 2016 年 12 月 28 日閲覧)

Benmaman, V. (1999) "Bilingual Legal Interpreter Education," *Forensic Linguistics* 6(1): 109-114.

Berk-Seligson, S. (2009) *Coerced Confessions: the Discourse of Bilingual Police Interrogations.* Berlin: Mouton de Gruyter.

Colin, J., and R. Morris (1996) *Interpreters and the Legal Process.* Winchester: Waterside Press.

Commonwealth Attorney-General's Department (1991) *Access to Interpreters in the Australian Legal System.* Canberra: Australian Government Publishing Service.

Conley, J. M, and W. M O'Barr (2005) *Just Words: Law, Language and Power.* Chicago: University of Chicago Press.

Cooke, M. (1996) "A Different Story: Narrative Versus 'Question and Answer' in Aboriginal Evidence," *Forensic Linguistics* 3(2): 273-288.

Eades, D. (2008) *Courtroom Talk and Neocolonial Control.* Berlin: Mouton de Gruyter.

Eades, D. (2010) *Sociolinguistics and the Legal Process.* Bristol: Multilingual Matters.

Gibbons, J. (2001) "Revising the Language of New South Wales Police Procedures: Applied Linguistics in Action," *Applied Linguistics* 22(4): 439-469.

Gibbons, J. (2003) *Forensic Linguistics: An Introduction to Language in the Justice System.* Oxford: Blackwell.

Hale, S. (2010) "Court Interpreting: the Need to Raise the Bar: Court Interpreters as Specialized Experts," In M. Coulthard and A. Johnson (eds.), *The Routledge Handbook of Forensic Linguistics.* Abingtdon: Oxon: Routledge. pp.440-469.

Lane, C., McKenzie-Bridle, K., and Curtis, L. (1999) "The Right to Interpreting and Translation Services in New Zealand Courts," *Forensic Linguistics: The International Journal of Speech, Language and the Law* 6(1): 115-136.

Leung, E. S. M. (2008) "Interpreting for the Minority, Interpreting for the Power," In J. Gibbons and M. T. Turell (eds.), *Dimensions of Forensic Linguistics.* Amsterdam/Philadelphia: John Benjamins. pp.197-211.

Maher, L., V. Roumeliotis, C. Webster, and H. Moore. (1998) *A Report on the Needs and Services for NESB Women at Mulawa.* Sydney, NSW: NSW Department of Corrective Services.

Mizuno, M. (2008) "Nick Baker Case: the Challenges Encountered in Improving the Quality Control of Legal Interpretation in Japan," *Kinjo Gakuin Daigaku Ronshu Studies in Social Sciences* 5(1): 34-41.

Ng, E. N. S. (2015) "Judges' Intervention in Witness Examination as a Cause of Omissions in Interpretation in the Hong Kong Courtroom," *The International Journal of Speech, Language and the Law* 22(2): 203-227.

Ng, E. N. S. (2016) "Do They Understand?: English Trials Heard by Chinese Jurors in the Hong Kong Courtroom." Paper presented at the Second Asian Regional Conference of the International Association of Forensic Linguists, University of Santo Tomas, Manila, Philippines, July 7, 2016.

Powell, R. (2008) "Bilingual Courtrooms: in the Interests of Justice?" In J. Gibbons and M. T. Turrell (eds.), *Dimensions of Forensic Linguistics.* Amsterdam: John Benjamins. pp.131-160.

石田美智代 (2015)「法廷通訳に求められる正確性と現場での実践」『静岡大学教育研究』11号、175-183頁

小田 格 (2014)「司法通訳と通訳言語の選択に関する一考察――漢語方言に関する判例等を素材として」『中央大学人文研紀要』79号、63-116頁

外務省 (2015)「国際人権規約」（http://www.mofa.go.jp/mofaj/gaiko/kiyaku/2c_004.html, 2016年12月15日閲覧）

最高裁判所 (2016)「ご存知ですか　法廷通訳」（http://www.courts.go.jp/vcms_lf/h28.1ban-gozonji.pdf, 2016年10月7日閲覧）

最高裁判所事務総局刑事局 (2003)『特殊刑事事件の基礎知識――外国人事件編』法曹会

猿橋順子 (2005)「言語計画としての多言語政策――日本警察の通訳体制事例から」『言語政策』1号、99-128頁

鈴木敏和 (2000)『言語権の構造――英米法圏を中心として』成文社

田中恵葉 (2006)「外国人事件と刑事司法――通訳を受ける権利と司法通訳人に関する一考察」『北大法学研究科ジュニア・リサーチ・ジャーナル』12号、1-41頁

長尾ひろみ (1998)「英語通訳の現場から⑴」渡辺修・長尾ひろみ編『外国人と刑事手続――適正な通訳のために』成文堂、62-74頁

入国管理局 (2016)「出入国管理をめぐる近年の状況 平成28年版」（http://www.moj.go.jp/content/001211223.pdf, 2016年12月30日閲覧）

平高文也・山田泉 (2010)「言語に関わる権利を考える――言語学習権（日本語・母語）」日本語教育政策マスタープラン研究会『日本語教育でつくる社会――私たちの見取り図』ココ出版、81-94頁

法務省 (2004)「犯罪白書　平成16年版」（http://hakusyo1.moj.go.jp/jp/48/nfm/n_48_2_1_2_2_4.html, 2016年10月7日閲覧）

法務省 (2015)「犯罪白書　平成27年版」（http://hakusyo1.moj.go.jp/jp/62/nfm/n62_2_4_2_2_1.html, 2016年10月7日閲覧）

本上博丈 (1998)「ベトナム人事件の刑事弁護」渡辺修・長尾ひろみ編『外国人と刑事手続――適正な通訳のために』成文堂、252-263頁

水野真木子 (2006)「ニック・ベイカー事件の英語通訳をめぐる諸問題」『季刊刑事弁護』46号、108-111頁

宮崎里司 (2011)「市民リテラシーと日本語能力」『早稲田日本語教育学』8・9号、93-98頁

宮崎里司 (2015)「外国人受刑者と日本語教育――矯正処遇のグローバル化政策の観点から」『教職研究科紀要』早稲田大学大学院教職研究科、7号、47-57頁

おわりに

　個人が海外に出張・旅行・留学などで出かけるときは、本人やその家族の言語習得は個人的な問題になる。しかし、ある一定の人数の集団が他国へ移住し、そこで生活を始めるときには、政府の言語・教育政策の施策の方法、あるいは政策の有無に多大な影響を受ける。グローバル化の前時代のように、圧倒的に優位な力関係を行使して、社会的にも言語的にも同化を推し進めることは、マジョリティ側にはある意味一番楽な方法であったと言えるだろう。しかし、経済発展と自然環境の尊重と持続という sustainability（持続可能）という概念を「linguistic sustainability（言語持続性）」に当てはめた Bastardas-Boada（2014）は、言語の多様性の維持を考慮することなく、ただ単に優勢な言語を押し付けたり拡大したりすることは、環境にかまわず景気を拡大するのと同じように、社会的・文化的に破壊的影響を与える可能性がある、と警告している。

　本書を計画した当初は、ヨーロッパでは英国の EU 離脱の国民投票が進められ、米国ではトランプ氏が大統領に就任する前だった。しかし、この間、この EU 離脱（Brexit：ブレグジット）と米国のトランプ主義（Trumpism）に則した脱グローバル化と保護主義が台頭し、これらの主義主張を危惧した英国のトニー・ブレア元首相が、2017 年 3 月に、2 つの大戦後の安定化、繁栄、安全保障、民主主義と開放性という大規模なシステムを弱体化して国家主義の世界に戻す意図があるとして警告を鳴らすほどだった。一方、日本では、外国人労働力を頼りにする業種が増えていて、2016 年 10 月末の外国人労働者は約 108 万人と過去最高になったほどであり、日本は事実上「移民国家」になったにもかかわらず、政府は未だ公的には「移民」という言葉を使っていない現状がある（朝日新聞 2017 年）。英国やアメリカの脱グローバル化と保護主義をもってしても、世界規模の「人の移動」は未だに続いている。それに伴い、多様な住民に対応した取り組みを真剣に考えざるを得ない。つまり、「移動する側の福祉と人権」と「迎える側の政策や意識の改善と協同」を図ることが、サスティナブル（持続可能な）社会の構築になるであろう。

　本書は、そのようなテーマを念頭に置き、「移民に対する言語教育とサス

ティナビリティ」「多言語・複言語教育政策とサスティナビリティ」「マイノリティの言語政策とサスティナビリティ」そして「専門分野別言語教育とサスティナビリティ」という4つの大きな括りの中で、それぞれの専門性を活かして、言語教育と持続可能を実現する有効な言語政策と施策について論じ、示唆や提言を行っている。先進的な移民政策に取り組んでいる海外の事例を挙げて、日本にとってどのような点が参考になるかを提言している執筆者もいれば、国内外の少数言語話者がかかえる言語・教育の問題点を論議しながら、少数言語話者の立場から多元主義的な価値観を示唆している者もいれば、ビジネスや観光や司法などさまざまな場面における持続可能な言語政策を目指した提言を行っている執筆者もいる。共通して述べていることは、日本では確実に外国人（移民）が増加し、「人の流れ」が変化していて、「移動する人々」にとっての日本語教育と、学習言語として外国語を学んでいる日本人にとっての言語学習を再考する必要がある点である。

　つまり、「多様性」「多言語」「母語維持」「言語権」「言語に対する意識の改革」などの概念などを前提とした言語能力の定着と、ホスト社会への参加と包括性が定住者側に必要になってくると同時に、受入れ側はそのような言語教育の施策の計画と実行や inclusion（多様性の受入れ）という態度や、日本人の言語態度や意識の改革、例えば外国語＝英語あるいは英語母語話者（ネイティビズム）からの脱却など、が必要であると、執筆者たちは示唆している。

　それゆえ、外国人（移民）を単に労働力不足を補う労働力として捉えないで「guest worker」という概念が必要であると思う。これは、特に1970年代の旧西ドイツにおいて国外からやって来た出稼ぎ労働者に使われた文言とは多少違うニュアンスであるかもしれないが、やはり日本に来て頂くお客様であるという意識が必要であると言える。日系ブラジル人児童が全外国人生徒の49％を占める浜松市は、2017年2月のキャリア支援授業の調査を行った。その調査で、外国にルーツを持つ青少年135人（15～19歳）のうち、大半が滞在期間10年以上を占めるものの、「地域活動には参加したことがない」が49.6％にものぼると判明した。このような結果は、ホスト社会である日本社会への参加度がまだ定着していないと言えよう。これは多くの執筆者が本書で指摘した現在の日本社会の問題点の一例である。

　前述のように、大言語主義は社会的・文化的に破壊的な影響をもたらす可能性があり、その破壊的な影響力を受けるのは少数言語話者である。彼らの中に

は、経済的・社会的に進出するために国家や世界的な伝達手段として使われている言語を優先するあまり、自分たちの継承言語を捨てる必要があると思う者もいるが、言語の多様性とアイデンティティ維持に努める者もいる。それゆえ、政策担当者、関連機関、そして言語多数派のみならず言語少数派も社会言語的な多様性を保存していく責任と必要がある。つまり、そうした少数言語派や移民に対して、同化政策や、強制的な社会統合を助長しないような言語サービスや言語（教育）政策を施行して教育の機会を提供するのが、言語持続性の最大の目標である（宮崎 2017）。

つまり、本書を通して、外国人（移民）に対する概地方自治体レベルを超えた政府全体としての体系的な取り組みの必要性は共通の提言である。

ヒトは往々にして、自分と関係のない立場にいる人には無関心の態度を示す傾向にある。少子化により人口減少が続いている上に、高齢化のせいで労働人口が減っている。その点は認識しているのだが、労働力を補っている日系南米人の存在や彼らが抱える経済や教育問題には無関心である。本書は、「移動する側の福祉と人権」と「迎える側の政策や意識の改善と協同」を図ることができるような言語政策を例にとって、持続可能性な方途を考えるとともに、行政、教育機関の教員、学部生、大学院生などにも、広く関心を持たせるようなわかりやすい論考を集めたものである。世界や日本社会の変容に対応すべく言語教育の持続可能性を考えるきっかけになったならば幸いである。

2017 年 7 月 25 日

編者　杉野俊子

文 献

Bastardas-Boada, A. (2014) "Linguistic sustainability for a multilingual humanity," *Sustainable Multilingualism* 5: 134-163.（http://dx.doi.org/10.7220/2335-2027.5.5, 2017 年 1 月 23 日閲覧）
朝日新聞（2017）「『移民』が支える人出不足日本」2017 年 7 月 24 日朝刊
宮崎里司（2017）「多文化社会に揺れる移民先進国の言語政策——オーストラリアの市民権テストをめぐる課題を中心に」『日本言語政策学会 2017 年大会予稿集』

索　引

アルファベット

Adivasi Socio Educational and Cultural
　Association（ASECA）　173
attitude planning（態度計画）　146
CLIL（Content and Language Integrated
　Learning）　91
CSR（企業の社会的責任）　173
EMI（English Medium Instruction）　139
ICT（Information Communication
　Technology）　92
JSP（Japanese for Specific Purposes）　191
languages　84
LOTE（Languages Other Than English）　84
"Our Common Future"　165
Tribal Cultural Society（TCS）　173
World Englishes　108

あ行

アイデンティティ　166
アクターと場の拡大　185
アクターの変容　184
アジア・リテラシー　61, 71, 72
　——期　62
アボリジニ　219
新たな在留管理制度　22
一言語主義思想（monolingual mindset）
　84

一帯一路　151
異文化理解能力（intercultural competence）
　90
移民　15, 17, 135
　——国家　16
　——政策　117
移民言語　120
　——政策　17
インド　164
受入れ社会側の変化　45
内なる国際化　20
英語第一主義　100
エスノ・ナショナリズム　16
オーストラリア　210
オル・チキ　170

か行

外国人　17
　——移民　15
　——会議　20
　——雇用税　40
　——事件　217
　——集住都市会議　21
　——住民政策　17, 20
　——留学生　135
　——労働者　16, 33, 36
在留——　204
非正規——　22

外国籍住民　116

外国籍児童生徒　117

外国にルーツを持つ子ども　27

外籍配偶生活輔導班　39

学習指導要領　94, 122

ガストアルバイター　40

観光先進国　198

観光立国　197

　　——実現に向けた多言語対応の改善・
　　強化のためのガイドライン　205

　　——推進基本法　198

簡体字　206

技能実習　22

　　——制度　33

義務教育　117

教育課程（curriculum framework）　90

共通言語　43, 46

共通語　125

共通認識　41

郷土言語教育　124

教養教育　107

グローバル化　83

グローバル人材　138

　　——育成　100

警察　213

経済活動（ビジネス）　190

継承語　117

結婚移住女性　36

言語

　　——観　119

　　——教育　165

　　——景観（linguistic landscape）　203

　　——権　119, 210

——サービス　25

——サスティナビリティ　100

——支援　218

——シフト　167

——態度（language attitude）　146

——統合　16

——能力　214

——リソース（資源）　110

コミュニティ——（community language）
　84

少数——　120, 167

生活使用——　117

付加的——（additional language）　90

言語政策　15, 17, 192

　　国家主導型の——　162

権利の保障　214

高度人材　135

公用語　187

効率主義期　63

国際結婚移民　32

国際人　100

コト消費　203

コミュニケーション能力　103

互連互通（相互接続）　155, 156

さ行

差異の承認　29

裁判　212

　　裁判員——　214

サスティナビリティ学　57, 165

散在化　27

サンタル語　164

229

自己決定権　167

持続可能性　192

　　文化的――　164

持続可能な開発目標　164

指定部族　168

司法手続　210

市民リテラシー　54, 185

社会人基礎日本語　185

　　――＋α　190

社会統合　15, 41, 117

　　――プログラム　37

集住化　27

縮小　47

新移民法　41

人権　192

人的・文化的交流（人文交流）　157

スキル重視　106

スキルの習得　105

制度化　169

先住部族　164

専門日本語　190

　　――政策（経産省）　194

　　――政策（厚労省）　193

　　――の分類図　190

早期教育　105

相互理解　156

た行

体験型　203

多言語

　　――主義　100

　　――サービス　18, 206, 209

　　――政策　17

　　――対応　209

　　――表示　206

多言語支援　18

　　――センター　22

ダブルリミテッド　24

多文化家族支援センター　37

多文化共生　24, 29

多文化主義（multiculturalism）　84

　　――期　62, 77

多様性　99

地域社会　165

地域日本語教室　28

地方参政権　20

中央教育審議会　96

中国帰国者　16

中国語圏　200

通訳　211

　　――人事件　213

　　法廷――　210

定義の曖昧性　183

伝承　164

同化的・単一文化的傾向　34

東京オリンピック・パラリンピック　199

統合から包摂へ　42

取調べ　213

な行

難民　16

二言語教育　103

日系人　32

日本語教育実態調査　35

230

日本手話　124

日本諸語　119

ネイティビズム　136

ネイティブ　105

　　——信奉　105

は行

爆買い　201

場（社会）の変容　186

バリアフリー　128

繁体字　206

ビジット・ジャパン事業　197

ビジネス日本語

　　——モデル　182

　　——の定義　189

表記法　170

複言語

　　——コミュニケーション　43

　　——主義　100, 123

ブレンド型学習（blended learning）　91

文化的多元主義　166

ヘイトスピーチ解消法　23

法的、財政的根拠　46

訪日外国人　204

　　——消費動向調査　207

母語　111, 214

　　——教育　169

ボランティア　35

　　——依存　36

ま行

モノ消費　203

や行

やさしい日本語　26, 127, 188

ヨーロッパ共通言語参照枠（CEFR）　50,
　52

ヨーロッパ言語ポートフォリオ　58

ヨーロッパ市民　50, 55

ら行

琉球諸語　124

旅行文化　208

リンガフランカ（lingua franca）　83, 111

　　日本語——　188

労働力人口減少対策　42

【執筆者紹介】 執筆順掲載

渡戸一郎（わたど・いちろう） 第1章
明星大学人文学部教授。日本都市社会学会前常任理事、移民政策学会元会長。専門：都市社会学、都市エスニシティ論、市民活動論。2007〜14年、国立民族学博物館の共同研究「日本における移民言語の基礎的研究」「日本の移民コミュニティと移民言語」（研究代表・庄司博史）に参加。主な編著：『都市的世界／コミュニティ／エスニシティ──ポストメトロポリス期の都市エスノグラフィ集成』（共編著、明石書店、2003年）、『多民族化社会・日本──〈多文化共生〉の社会的リアリティを問い直す』（共編著、明石書店、2010年）、『変容する国際移住のリアリティ──「編入モード」の社会学』（編集代表、ハーベスト社、2017年）など。

松岡洋子（まつおか・ようこ） 第2章
岩手大学グローバル教育センター・岩手大学大学院総合科学研究科総合文化専攻教授。文化庁文化審議会国語分科会日本語教育小委員会臨時委員。筑波大学地域研究研究科修士課程修了、修士（地域研究）。専門：移民政策、日本語教育。主著：「移住外国人の言語習得と施策」春原憲一郎編『移動労働者とその家族のための言語政策──生活者のための日本語教育』（ひつじ書房、2009年）、「単言語社会における移民との共通言語構築の方向性」富谷玲子・彭国躍・堤正典編『グローバリズムに伴う社会変容と言語政策』（ひつじ書房、2014年）など。

宮崎里司（みやざき・さとし） 第3章、第4章（翻訳）、第9章
※編著者紹介欄参照

ジョセフ・ロ・ビアンコ（Joseph Lo Bianco） 第4章
メルボルン大学大学院教育学研究科教授（言語・リテラシー教育）。元オーストラリア人文科学アカデミー会長。2012年より4年間、マレーシア、ミャンマー、タイにおけるユニセフ（UNICEF）の平和構築プロジェクト企画および運営に携わる。専門：言語政策、アジア研究、第二言語としての英語教育、少数言語・移民言語政策。主著：Lo Bianco, J. (2017) "Accent on the Positive: Revisiting the 'Language as Resource' Orientation for Bolstering Multilingualism in Contemporary Urban Europe," In H. Peukert & I. Gogolin (eds.), *Dynamics of Linguistic Diversity* (pp.31-48): Amsterdam: John Benjamins Publishing Company.; Lo Bianco, J. (2017) "Resolving Ethnolinguistic Conflict in Multi-Ethnic Societies," *Nature Human Behaviour.* doi:10.1038/s41562-017-0085; Lo Bianco J. & A. Bal (eds.), (2016) *Learning from Difference: Comparative Accounts of Multicultural Education.* Dordrecht: Springer International.

吉浦芽里（よしうら・めり） 第4章（翻訳）
早稲田大学大学院日本語教育研究科修士課程在学中。ブリティッシュコロンビア大学教養学部政治科学科卒業。

執筆者紹介

奥村真司（おくむら・しんじ）　第5章
武庫川女子大学文学部教育学科専任講師。モナシュ大学言語文化研究科応用言語学博士（Ph.D.）。専門：言語教育政策、小学校外国語教育、Technology Enhanced Language Learning。主著：『バイリンガリズムと小学生英語教育——「モノリンガル社会」から脱皮をはかるための緊急提言』（共著、リーベル出版、2003年）、Okumura, S. (2016) "Homeroom Teachers or Specialist Teachers?: Considerations for the Workforce for Teaching English as a Subject at Elementary Schools in Japan," *Asian Journal of Education and Training* 3(1): 1-5.

杉野俊子（すぎの・としこ）　第6章
※編著者紹介欄参照

オストハイダ　テーヤ（Ostheider, Teja）　第7章
関西学院大学法学部・関西学院大学大学院言語コミュニケーション文化研究科教授。大阪大学大学院文学研究科博士課程修了、博士（文学）。専門：社会言語学、言語政策論、言語文化教育学。主著："聞いたのはこちらなのに…"——外国人と身体障害者に対する『第三者返答』をめぐって」『社会言語科学』7巻2号、39-49頁、2005年、Ostheider, T. (2012) "From 'Foreign' Language Education to Plurilingualism: Challenges for Language Education Policy in a Multilingual Japan," *Journal of Social Sciences* 8(1): 109-115. など。

飯野公一（いいの・まさかず）　第8章
早稲田大学国際学術院（国際教養学部、国際コミュニケーション研究科）教授。早稲田大学政治経済学部政治学科卒業後、日本銀行勤務。ペンシルベニア大学大学院博士課程修了（Ph.D.）。カリフォルニア州立大学ロサンゼルス校アシスタントプロフェッサー、桜美林大学助教授、早稲田大学政治経済学部教授などを経て、現職。専門：社会言語学。近著：Iino, M. and Murata, K. (2016) "Dynamics of ELF Communication in an English-Medium Academic Context in Japan: From EFL Learners to ELF Users," In Murata, K. (ed.), *Exploring ELF in Japanese Academic and Business Contexts: Conceptualization, Research and Pedagogic Implications*. Oxon: Routledge, pp.111-132.（2017年度大学英語教育学会賞〈学術出版部門〉受賞）; Goto Butler, Y. and Iino, M. (2017) "Global Leadership Training for High School Students in Japan: Are Global Leadership Competencies Trainable, Universal, and Measurable?" In Choo, S., Sawch, D., Villanueva, A., Vinz, R. (eds.), *Educating for the 21st Century*. Springer, pp.153-170. など。

喬穎（きょう・えい）　第9章
中国華東師範大学日本語学科副教授。早稲田大学大学院日本語教育研究科博士課程修了、博士（日本語教育学）。専門：日本語教育、中国の教育政策。主著：『新界標日本語』（共著：復旦大学出版社）、「中国の大学専攻日本語教育における『人材育成』の系譜」『早稲田日本語教育学』第14号、2013年

野沢恵美子（のざわ・えみこ）　第 10 章
東京大学教養学部附属グローバルコミュニケーション研究センター特任講師。
カリフォルニア大学ロサンゼルス校教育学博士（Ph.D.）。専門：言語教育政策、
比較教育、女性学。主著：「インドにおける言語と学校教育──社会流動性と
格差の再生産」杉野俊子・原 隆幸編著『言語と格差──差別・偏見と向き合
う世界の言語的マイノリティ』（明石書店、2015 年）、「理念としての多文化主
義と部族語教育の実践──インドの部族言語、サンタル語教育に関する現地
調査より」杉野俊子監修、田中富士美・波多野一真編著『言語と教育──多様
化する社会の中で新たな言語教育のあり方を探る』（明石書店、2017 年）

粟飯原志宣（あいばら・しのぶ）　第 11 章
日越大学日本語教育プログラム JICA 専門家／講師、ビジネス日本語研究会
幹事。専門：専門日本語教育、ビジネス日本語教育、異文化間コミュニケー
ション。主著：「ビジネス接触場面における日本語母語話者の問題意識──使
用言語の違いから見る問題意識の共通点と相違点」『早稲田日本語教育学』11
号、109-133 頁、2012 年、「初級からのビジネス日本語教育──香港の大学生
を対象としたコースを事例に」『専門日本語教育研究』15 号、13-16 頁、2013
年、「再考：ビジネス日本語の定義と領域──ビジネス日本語担当者の不安と
疑問の解決を求めて」前田直子編『ビジネス日本語教育の展開と課題』第 6 章、
（ココ出版、2015 年）。

藤井久美子（ふじい・くみこ）　第 12 章
宮崎大学語学教育センター・宮崎大学教育学研究科日本語支援教育専修教授。
大阪大学大学院言語文化研究科博士（言語文化学）。専門：社会言語学、中国
語学、言語政策。主著：『近現代中国における言語政策──文字改革を中心
に』（三元社、2003 年）、「言語景観から考える観光と多言語状況」『宮崎大学
教育文化学部紀要　人文科学』第 29・30 号、1-7 頁、2014 年、「観光における
多言語事情」（山川和彦と共著）平高史也・木村護郎クリストフ編『多言語主
義社会に向けて』（くろしお出版、2017 年）。

中根育子（なかね・いくこ）　第 13 章
メルボルン大学 Asia Institute Senior Lecturer。シドニー大学言語学博
士（Ph.D.）。専門：談話分析、法言語学。主著：Nakane, I., Otsuji, E. and
Armour, W. S. (eds.), (2015) *Languages and Identities in a Transitional Japan:
From Internationalization to Globalization.* Oxford: Routledge; Nakane, I. (2007)
Silence in Intercultural Communication. Amsterdam: John Benjamins Publishing
Company.

【編著者紹介】
宮崎里司（みやざき・さとし）
早稲田大学大学院日本語教育研究科教授、東京大学国際高等研究所客員教授、日越大学日本語教育プログラム総括、日本言語政策学会（会長）。モナシュ大学日本研究科応用言語学博士（Ph.D.）。専門：第二言語習得、言語教育政策、サスティナビリティ。主著：『ことば漬けのススメ』（明治書院、2010 年）（第二回国際理解促進優良図書優秀賞）、『外国人介護職への日本語教育法——ワセダバンドスケール（介護版）を用いた教え方』（編著、日経メディカル開発、2017 年）

杉野俊子（すぎの・としこ）
工学院大学、國學院大學、早稲田大学講師。元防衛大学校教授、元工学院大学教授。テンプル大学大学院博士課程修了、教育学博士（Ed.D.）。専門：英語教育学、社会言語学、言語教育政策。主著：「英語の普及にどう向き合うべきか」山本忠行・江田優子ペギー編『英語でデトックス——世界は英語だけじゃない』（くろしお出版、2016 年）、「日系ブラジル人——時空を超えた言語・教育と格差の中で」『言語と格差』（共編者、明石書店、2015 年）、『アメリカ人の言語観を知るための 10 章——先住民・黒人・ヒスパニック・日系の事例から』（大学教育出版、2012 年）

グローバル化と言語政策
——サスティナブルな共生社会・言語教育の構築に向けて

2017 年 10 月 31 日　初版第 1 刷発行
2021 年 7 月 20 日　初版第 2 刷発行

編著者	宮崎　里司
	杉野　俊子
発行者	大江　道雅
発行所	株式会社　明石書店

〒 101–0021 東京都千代田区外神田 6-9-5
電話 03（5818）1171
FAX 03（5818）1174
振替　00100-7-24505
https://www.akashi.co.jp/
装丁　　　明石書店デザイン室
印刷／製本　モリモト印刷株式会社

（定価はカバーに表示してあります）　　　ISBN978-4-7503-4579-6

JCOPY〈出版者著作権管理機構　委託出版物〉
本書の無断複製は著作権法上での例外を除き禁じられています。複製される場合は、そのつど事前に、出版者著作権管理機構（電話　03-5244-5088、FAX　03-5244-5089、e-mail: info@jcopy.or.jp）の許諾を得てください。

多文化共生と人権
諸外国の「移民」と日本の「外国人」
近藤敦著　◎2500円

移民政策のフロンティア
日本の歩みと課題を問い直す
移民政策学会設立10周年記念論集刊行委員会編　◎2500円

外国人の子ども白書
権利・貧困・教育・文化・国籍と共生の視点から
荒牧重人、榎井縁、江原裕美、小島祥美、志水宏吉、南野奈津子、宮島喬、山野良一編　◎2500円

日本の移民統合
全国調査から見る現況と障壁
永吉希久子編　◎2800円

変容する移民コミュニティ
時間・空間・階層
移民・ディアスポラ研究9
駒井洋監修　小林真生編著　◎2800円

にほんでいきる
外国からきたこどもたち
毎日新聞取材班編　◎1600円

【増補】新 移民時代
外国人労働者と共に生きる社会へ
西日本新聞社編　◎1600円

「発達障害」とされる外国人の子どもたち
フィリピンから来日したきょうだいをめぐる、10人の大人たちの語り
金春喜著　◎2200円

まんが クラスメイトは外国人 課題編
私たちが向き合う多文化共生の現実
「外国につながる子どもたちの物語」編集委員会編　みなみななみ まんが　◎1300円

外国人の医療・福祉・社会保障 相談ハンドブック
移住者と連帯する全国ネットワーク編　◎2500円

多文化共生社会に生きる
グローバル時代の多様性・人権・教育
権五定、鷲山恭彦監修　李修京編著　◎2500円

アンダーコロナの移民たち
日本社会の脆弱性があらわれた場所
鈴木江理子編著　◎2500円

Q&Aでわかる外国につながる子どもの就学支援
「できること」から始める実践ガイド
小島祥美編著　◎2200円

いっしょに考える外国人支援
関わり・つながり・協働する
南野奈津子編著　◎2400円

医療通訳学習ハンドブック
医療現場で役立つ知識！8ヶ国語対応
G・アビー・ニコラス・フリュー、一枝あゆみ、岩本弥生、西村明夫、三木紅虹著　◎3600円

図表でみる移民統合 OECD/EU インディケータ(2018年版)
経済協力開発機構(OECD)、欧州連合(EU)編著
斎藤里美、三浦綾希子、藤浪海監訳　◎6800円

〈価格は本体価格です〉

言語と教育

多様化する社会の中で新たな言語教育のあり方を探る

杉野俊子 監修
田中富士美、波多野一真 編著

A5判／上製／240頁
◎4200円

近年、日本では小学校の英語教育の是非が問われているが、言語教育においては単に賛成／反対の二分論では捉えきれない複雑な問題も多い。国内外の様々な環境における教育の事例を通して、真のグローバル化に対応する言語教育とは何かを摸索する意欲的な論集。

●内容構成●

第1部　国内の事例
第1章　日本手話とろう教育
第2章　母語を生かした英語の授業
第3章　世界の動向に連動する言語教育とは

第2部　海外の事例
第4章　カナダ・ヌナブト準州のイヌイットの社会変化と教育
第5章　グローバル時代におけるマカオの言語教育
第6章　英語教育と先住民族言語復興
第7章　インドの部族言語の教育

第3部　第三の道へ
第8章　言語は中立か
第9章　脱グローバル化時代の語学教育
第10章　日本における英語必要・不要論

JSLバンドスケール【小学校編】

子どもの日本語の発達段階を把握し、ことばの実践を考えるために　川上郁雄著
◎2000円

JSLバンドスケール【中学・高校編】

子どもの日本語の発達段階を把握し、ことばの実践を考えるために　川上郁雄著
◎2000円

日本語を学ぶ子どもたちを育む「鈴鹿モデル」

多文化共生をめざす鈴鹿市＋早稲田大学協働プロジェクト
川上郁雄編著
◎2500円

深化する多文化共生教育

孫美幸著
ホリスティックな学びを創る
◎2400円

多文化クラスの授業デザイン

松尾知明著
外国につながる子どものために
◎2200円

言語を仕分けるのは誰か

貞包和寛著
ポーランドの言語政策とマイノリティ
◎4500円

国際理解教育を問い直す

日本国際理解教育学会編著
現代的課題への15のアプローチ
◎2500円

国際理解教育

日本国際理解教育学会編
教育と実践、交流を通じて国際理解教育の発展をはかる
【年1回刊】
◎2500円

日本国際理解教育学会編

〈価格は本体価格です〉

グローバル化と言語能力

自己と他者、そして世界をどうみるか

OECD教育研究革新センター　編著

本名信行（青山学院大学名誉教授）監訳

徳永優子、稲田智子、来田誠一郎、
定延由紀、西村美由起、矢倉美登里　訳

A5判／上製／736頁
◎6800円

● 内容構成 ●

第Ⅰ部　グローバル化・言語・モチベーション
第Ⅱ部　言語・文化・アイデンティティ
第Ⅲ部　地域・言語・政策
第Ⅳ部　人口移動・言語・移民
第Ⅴ部　言語の学習・方法・目的

言語学習は、コミュニケーションを促進する手段であるだけでなく、アイデンティティや他者性、さらには文化や世界についての理解を深める鍵となる。本書は、グローバル化時代における言語と文化の多様性と、それが教育とどう関係するのかという問題について考察する。

移民大国アメリカの言語サービス
多言語と〈やさしい英語〉をめぐる運動と政策
角知行著
◎2700円

「日本語教師」という仕事
多文化と対話する「ことば」を育む
倉八順子著
◎2000円

言語と格差
差別、偏見と向き合う世界の言語的マイノリティ
杉野俊子、原隆幸編著
◎4200円

世界と日本の小学校の英語教育
早期外国語教育は必要か
西山教行、大木充編著
◎3200円

英語で大学が亡びるとき
「英語力＝グローバル人材」というイデオロギー
寺島隆吉著
◎2800円

リンガフランカとしての日本語
多言語・多文化共生のために日本語教育を再考する
青山玲二郎、明石智子、李楚成編著　梁安玉監修
◎2300円

「往還する人々」の教育戦略
グローバル社会を生きる家族と公教育の課題
志水宏吉、山本ベバリーアン、鍛治致、ハヤシザキカズヒコ編著
◎3000円

言語教育における言語・国籍・血統
在韓「在日コリアン」日本語教師のライフストーリー研究
田中里奈著
◎5000円

〈価格は本体価格です〉

新版 シミュレーション教材 「ひょうたん島問題」

多文化共生社会ニッポンの学習課題

藤原孝章 著

■A5判／並製／176頁 ◎1800円

架空の島を舞台に多文化共生社会の課題をシミュレーションを通して考える教材を改訂。時代状況を踏まえて実践編に新章を設け、解説・資料の充実を図る。YouTubeで視聴できる動画やダウンロード可能なスライド用画像を用意し、オンライン授業にも対応。

● 内容構成 ●

付録〈紙芝居ツール〉〈動画版〉の利用法

第1部 実践編
第1章 3つの島──ひょうたん島物語
第2章 あいさつがわからない──異文化コミュニケーション[レベル1]
第3章 カーニバルがやってきた──祝祭と労働[レベル2]
第4章 ひょうたん教育の危機──教育の国際化[レベル3]
第5章 リトル・パラダイスは認められるか?──居住地域とコスト[レベル4]
第6章 ひょうたんパワーの消滅?──共有財産とは何か[レベル5]
第7章 日本に住む多様な外国ルーツの人々(語りとしてのロールプレイ)
第2部 理論編
第8章 「ひょうたん島問題」とは何か
第3部 資料編

新装版 カナダの継承語教育

多文化・多言語主義をめざして

ジム・カミンズ、マルセル・ダネシ 著
中島和子、高垣俊之 訳

■A5判／上製／248頁 ◎2400円

多文化教育先進国カナダでは、移民が持ち込んだ言語や文化を教育の中にどのように取り入れようとしてきたか。バイリンガル研究の第一人者カミンズとダネシによる1990年の名著に、著者と訳者による過去30年の状況についての補論を追加した待望の新装版。

● 内容構成 ●

第1章 イントロダクション──言語戦争
第2章 多文化のベールを取ると……──カナダ人のアイデンティティの形成
第3章 アンビバレンスの容認──多文化主義から多言語主義へ
第4章 人的資源としての言語──継承語強化の根拠と研究
第5章 声の否定──カナダの学校教育におけるろう児の言語の抑圧
第6章 21世紀の多文化主義と多言語主義──道を切り拓くか,遠くの星を眺めるだけか
付録資料 継承語プログラムの教育的効果
カナダの継承語教育その後──本書の解説にかえて[中島和子]
補章 1990年代以降のカナダの継承語教育──過去30年の進展
カナダ・オンタリオ州の「継承日本語教育」その後[中島和子]

〈価格は本体価格です〉

英語とつきあうための50の問い

英語を学ぶ・教える前に知っておきたいこと

杉野俊子 監修

田中富士美、野沢恵美子 編著

■ A5判／並製／288頁 ◎2700円

小学校での外国語教育も始まり、英語熱が加速する一方、実際の教育現場ではいまだ暗中模索が続く。そもそも「英語」とはどんな言語で、それを学ぶことは何を意味するのか。その根本を見直すことにより、グローバル時代に真に対応できる英語教育のあり方を考える。

●── 内容構成 ──●

第1章　世界で話されている英語
第2章　英語の成立と世界への広がり
第3章　日本での英語の受容と広がり
第4章　英語習得の社会的な意味
第5章　日本で英語を教える・学ぶ
第6章　言語教育の様々なアプローチ
第7章　「多様な英語」への理解を促す教育実践
第8章　日本の英語教育における多様性・テクノロジー化
第9章　世界における言語をめぐる格差
第10章　多言語社会に向けて

持続可能な大学の留学生政策

アジア各地と連携した日本語教育に向けて

宮崎里司、春口淳一 編著

■ A5判／並製／256頁 ◎2800円

働き手として、大学経営の調整弁として留学生が利用されている実態の報道が耳に新しい。本書は、留学生の受入れ機関（大・中・小規模大学）と11にわたるアジア諸国・地域の送り出しの実態を紹介し、持続可能な留学生政策の確立へ向けた考察を行う。

●── 内容構成 ──●

序章　留学生獲得が日本の大学にもたらすもの

第Ⅰ部　受入れ側の実態
　──留学生が持つ価値と国内高等教育機関の期待
大規模大学／中規模大学／小規模大学

第Ⅱ部　送り出し側のホンネ──魅力的な日本留学とは
中国／韓国／台湾／香港／タイ／マレーシア／シンガポール／ベトナム／ウズベキスタン／インドネシア／インド

終章　留学生政策の意義と可能性

〈価格は本体価格です〉